工业和信息化高职高专
"十二五"规划教材立项项目

职业教育财经类"十二五"规划教材

统计理论与实务

Statistical Theory And Practice

杨桂玲 万佳丽 主编
王丽伟 连华娟 副主编

人民邮电出版社
北京

图书在版编目（CIP）数据

统计理论与实务 / 杨桂玲，万佳丽主编. -- 北京：
人民邮电出版社，2013.2（2014.8 重印）
职业教育财经类"十二五"规划教材
ISBN 978-7-115-30874-0

Ⅰ. ①统… Ⅱ. ①杨… ②万… Ⅲ. ①统计学－高等
职业教育－教材 Ⅳ. ①C8

中国版本图书馆CIP数据核字(2013)第015779号

内 容 提 要

本书由两部分组成，一部分为统计理论（包括第一章到第五章），另一部分为统计务实，即企业统计的核心内容（包括第六章到第十章）。第一部分比较全面地介绍了企业统计所用到的理论知识，每章配备实训，加深学生对理论知识的掌握。统计实务部分包括企业经营系统与统计、企业经营要素统计、企业经营成果统计、企业经营统计预测、企业经营综合统计评价。第二部分主要从企业的统计实践出发，将理论知识应用到实践中。

本书可作为高职高专院校、成人高校经济贸易专业和财会、金融专业的教材，也可供职业培训和从事统计工作的人员作为参考使用。

职业教育财经类"十二五"规划教材

统计理论与实务

◆ 主　　编　杨桂玲　万佳丽

副 主 编　王丽伟　连华娟

责任编辑　刘　琦

◆ 人民邮电出版社出版发行　　北京市丰台区成寿寺路 11 号
邮编　100164　　电子邮件　315@ptpress.com.cn
网址　http://www.ptpress.com.cn
三河市海波印务有限公司印刷

◆ 开本：787×1092　1/16
印张：14.25　　　　　　　2013 年 2 月第 1 版
字数：371 千字　　　　　2014 年 8 月河北第 2 次印刷

ISBN 978-7-115-30874-0

定价：30.00 元

读者服务热线：(010)81055256　印装质量热线：(010)81055316
反盗版热线：(010)81055315

广告经营许可证：京崇工商广字第 0021 号

前　言

　　统计因人类社会需求而产生，因人类社会发展而发展。尤其在当今的信息时代，统计信息作为社会经济信息的主体，承担着为国家宏观管理、为企业微观管理及其经营、决策等提供信息、咨询、监督等职能。可见，统计在我国现代化建设中起着非常重要的作用。同时，统计在人们的日常工作及生活中也是一门不可或缺的学问。因此，学习统计基本理论，掌握统计实务处理方法，具备基本的收集、整理和分析统计数据的能力，已成为人们职业素养的重要组成部分。

　　我们组织编写本书的依据是教育部高职高专的人才培养目标及高职高专财经管理类专业教学要求。本书由长期在高校从事统计教学工作的骨干教师和具有企业统计实践经验的专家共同编写。本教材由两部分组成，一部分为统计理论，另一部分为统计实务。

　　本书具有以下特点。

　　（1）体现高职高专人才培养要求：理论"必须"、"够用"，突出实践，达到理论与实践的有机统一。

　　（2）注重理论的完整性。本书内容涵盖了统计基本原理部分，在组织上，将调查与整理融为一章；内容上，阐述了基本理论与方法，突出了重点。

　　（3）理论与实务相结合。本书既有系统理论又有实务，突破只讲理论无实务，或只讲实务无理论的欠缺，适合高职学生阅读。

　　（4）在体例设计上，各章有导读，内容或是统计名人格言，或是统计案例；设有教学重点、难点及教学要求；有小结、思考题、实训题集，体例设计新颖。

　　（5）在编写人员构成上，有从事多年统计教学的教师，又有从事企业统计的高级统计师。

　　（6）统计资料新，分析方法操作性强。

　　本书由山东外国语职业学院教授杨桂玲、高级物流管理师万佳丽主编，由具有丰富统计教学经验的王丽伟、连华娟任副主编，由高级统计师田宏任主审。全书编写大纲、体例设计由主编负责。各章编写分工如下：第一章，杨桂玲；第二章，田宏；第三章，万佳丽；第四章，万佳丽、王璇；第五章，连华娟；第六章，王丽伟；第七章，杨学玲；第八章，申艳；第九章，王丽伟；第十章，万佳丽；附表，薄庚申。

　　在编写过程中，我们参考了相关专家、学者的专著文献，并利用互联网查阅了大量资料，在此向原作者表示衷心的感谢。

　　限于编者水平，书中或有疏漏及不妥之处，恳请读者不吝指正。

编　者

2012 年 12 月

目 录

第一章
总论

【学习目的与要求】

通过对本章的学习，重点了解"统计"的含义、特点及作用；掌握统计活动的基本方法和工作程序；理解统计的几个基本概念并会运用。

【导读】

威廉·配弟（William Pelly，1623—1687）：英国古典政治学创始人，统计学家。他从事过许多职业，主要贡献是最先提出了劳动决定价值的基本原理，并在劳动价值论的基础上考查了工资、地租、利息等范畴，他把地租看做是剩余价值的基本形态。马克思称他为"政治经济学之父"，在某种程度上也可以说是统计学创始人。

威廉·配弟曾说过："我进行的这项工作所使用的方法……即用数学、重量和尺度的词汇来表达我自己想说明的问题。"

"劳动是财富之父，土地是财富之母。"

第一节　统计的含义、特点和作用

一、统计的含义

在当今的知识经济时代，信息传播十分迅速。我们从各种媒体上可以听到或者看到各类的数据，例如某国家或某省、某市国内生产总值（GDP）达到多少亿元，比上年增长了百分之几；国家出口贸易额达到多少亿元，顺差或逆差多少，股市行情如何，物价指数怎样，等等。这些数据意味着什么？如何得到这些数据？如何运用这些数据？这些就是统计问题。

那么什么是统计呢？

根据理解的角度不同，"统计"一词可以有三种含义：统计活动，统计数据和统计学。统计活动是对各种统计数据进行收集、整理和统计分析的活动，通常被划分为统计设计、统计调查、统计整理和统计分析四个阶段。统计数据又叫统计资料，是通过统计调查获得的，用以表现研究现象特征的各种形式的数据资料。统计学是指统计理论和方法，是关于如何收集、整理和分析统计数据的科学。显然，统计的三种含义以统计数据为核心而紧密联系，统计数据与统计活动是统计的成果与过程的关系，统计活动与统计学则是统计实践与理论的关系。

二、统计的特点

统计是对社会经济现象的一种调查研究活动，或者说是对社会经济现象的一种认识活动。因此，统计是认识社会的有力武器，是一种有力工具。它具有如下特点。

（一）数量性

统计的研究对象是社会经济现象的数量方面，包括现象的规模、水平，现象间的数量关系，以及决定现象质量的数量界限。统计研究对象的数量性，是统计区别于其他社会经济调查研究活动的根本特点。必须指出，统计对社会经济现象数量方面的认识是定量认识，但必须以定性认识为基础，要和定性认识结合起来。例如，要了解和研究国内生产总值的数量、构成及其变化，首先必须了解国内生产总值的本质属性，然后才能据此去确定国内生产总值的口径、范围和计算方法。

（二）总体性

统计研究的对象不是个体现象的数量方面，而是由许多个体现象构成的总体的数量方面。例如，劳动生产率统计，不是研究某个人具体的劳动生产率，而是研究一个国家、地区、部门或一个企业总体的劳动生产率及其变动。统计研究对象的总体性这个特点，是由社会经济现象的特点和统计研究的目的决定的。由于社会经济现象错综复杂，各个个体现象所处的条件不同，它们既受共同因素的影响，又受某些个别的、偶然因素的影响。因此，个体现象数量方面的特征和变动趋势是难以说明社会经济现象总体的本质和规律的。只有以社会经济现象的总体为研究对象，即以构成总体的全部或足够多数的个体现象为研究对象，才能消除偶然因素的影响，正确地揭示出社会经济现象的本质和规律性。但是，总体是由个体构成的，要认识社会经济现象的总体，就必须从调查了解个体现象的情况开始，从个体到总体。例如，人口统计就必须从了解每个人的情况开始，然后经分组、汇总、计算、整理等工作，才能过渡到说明人口总体数量的特征。

（三）具体性

统计所研究的对象是具体的数量，而不是抽象的量，这是统计和数学的重要区别。数学虽然是以现实世界的空间的形式和数量关系为研究对象，但是，它是非常抽象的。而统计所研究的量是具体事物在具体时间、地点、条件下的数量表现，它总是和现象的质密切结合在一起。例如，2011 年我国国内生产总值 471 564 亿元，原煤生产总量达 35.2 亿吨等，这些显然不是抽象的量，而是我国在 2011 年这一具体条件下国民生产总值、原煤生产的数量表现。如果抽掉具体的内容，不是在一定的时间、地点和条件下进行研究，那就不能说明任何问题，也就不称其为统计，其数字也就不是统计数字。

（四）社会性

统计研究的数量是社会现象的数量，具有社会性。它主要体现在两个方面。①统计研究对象具有社会性。就是说，统计所研究的是社会现象，是人类社会活动的条件、过程和结果，包括政治、经济、文化、教育、卫生、法律、道德等。他们都是人类有意识的社会活动及其产物，都和人的利益相关，即使表现为人和物的关系，背后也隐藏着人与人的关系。②统计认识主体也具有社会性。统计是一种社会认识活动，要受到一定的社会、经济观点的影响，并为一定的社会集团利益服务。在社会主义制度下，进行社会统计活动的主体是社会主义国家的各级统计组织及其工作人员，他们的工作和人民的根本利益是一致的，能够得到社会和广大人民群众的支持。但是，由于还存在着全局利益和局部利益、集体利益和个人利益的矛盾，这些矛盾必然影响到统计认识的真实性。另外，从社会认识对象和认识主体的相互关系上看，统计的社会性也表现在社会认识活动过程中始终存在着社会矛盾。为了充分发挥统计的作用，我们必须充分认识统计的社会性特点，正视社会矛盾，妥善解决矛盾，坚持实事求是的原则，切实维护统计数字的准确性和科学性。

三、统计的作用

统计的特点决定了它在社会认识的活动中有着极为重要的作用，主要表现在以下各方面。

（一）统计是认识社会的一种有力武器

人们要改造世界，首先要认识世界。人们在自己的社会实践中，为了达到预期的目的，必须了解客观世界的实际情况。但是，由于社会现象与自然现象具有不同的性质，认识社会现象不能像认识自然现象那样可以通过实验的方法，而必须运用符合社会现象特点的手段和方法。统计就是一种有力的工具和手段。统计以它特有的观察和分析研究方法，如实、具体地反映社会经济现象各个领域的情况，帮助人们认识世界，达到改造世界的目的。正如列宁所说，统计是"认识社会的有力武器之一"。社会经济现象是复杂的，统计要从事实的全部总和中，从事实的内部联系中去把握事实。事物的质是根本的，决定着事物的量，但是事物的量又总是反映事物的质，当量变达到一定的界限时，就会引起质变。从数量方面认识事物，可使人们的认识更加全面、具体和深刻。统计是社会认识的一种有力武器，这是统计的基本作用。

（二）统计是制定计划、实行宏观调控的基础

我国是社会主义国家，现在处于社会主义初级阶段，实行社会主义市场经济体制，对国民经济和社会发展仍须实行一定的计划管理，从基层单位直到整个社会都要制订计划，以指导经济建设和文化教育事业的发展。这就必须以正确的统计数字资料为依据，使计划工作建立在科学可靠的基础上。计划制定以后还要进行监督、检查，搞好经济预测，进行宏观调控，这些都要以统计为依据。统计不仅要反映计划的结果，更重要的是在计划执行的过程中，要做好经济监测和预警，检查和监督计划的执行，及时发现问题，提出解决的办法和建议，使社会经济得以顺利发展。

（三）统计是制定政策的依据

各级党政领导机关在制定政策、方针时，都必须根据具体情况，从实际出发。如果离开了对实际情况的了解，想当然地制定政策，则其后果是不可想象的。任何事物都是质与量的辩证统一，从数量方面了解并掌握具体情况是制定政策时必须注意的。

（四）统计是实行管理的手段

世界在飞速地发展，社会分工越来越细，生产技术日新月异，这就要求管理要适应这种要求。社会主义社会是一个包含多部门、多层次的有机整体，各级领导要善于从错综复杂多变的经济联系中抓住主要环节，对瞬息万变的经济情况及时做出反应，这就需要各方面迅速、准确地提供信息。统计信息是各种信息的中心，是最重要的一种信息。因此，无论是宏观经济规划、管理、协调和平衡，还是微观的管理、指挥、调度和组织，一刻也离不开统计。各级统计机构必须及时而有效地提供统计信息、提供咨询、实施监督、参与决策，这是各级党政领导机关实

行管理所不可或缺的。

（五）统计是认识世界、开展国际交流和科学研究的工具

通过统计可以认识世界各国的状况，进行国际对比，开展国际交流，发展对外合作。我国改革开放以来，国际交流日益频繁。其中统计信息交流有很重要的地位，统计资料是人们十分关注的问题。统计已成为认识世界、进行国际交流的工具。

（六）统计是科学研究的工具

自然科学研究自然现象的主要方法是科学试验，可以通过人为创造条件并加以控制，使其反复发生。其中要用到数理统计方法。作为社会科学的统计则是社会科学研究的主要工具。因为，社会科学研究的对象是社会现象，对它不可能完全人为地加以控制和模拟，只能将某种社会经济现象的发生和发展忠实地"记录"下来，然后进行统计、分析、研究，得出结论。比如，人口的性别比研究、国民经济比例关系的研究，等等，都需要用到统计方法。对社会科学的各学科的研究借助于"记录"事实的统计资料，进行分析、比较、研究，才能得到发展。

统计是为达到一定的政治、经济目的而发挥作用的。统计作用的发挥是在一定理论指导下，通过统计特有的方法和具体工作过程实现的。

第二节　统计数据类型和统计研究方法

统计数据是统计含义的核心。统计数据能够揭示社会经济现象的规律。统计数据可按不同标志进行分类。

一、统计数据类型

（一）统计数据按照所采用的计量尺度不同，可以分为定性数据与定量数据两类

1. 定性数据

定性数据是指只能用文字或数字代码来表现事物的品质特征或属性特征数据，具体又分为定类数据与定序数据两种。

（1）定类数据。它是对事物进行分类的结果，表现为类别，由定类尺度计量而成。例如，人口按照性别分为男、女两种类别，人的消费按照支出去向分为衣、食、住、行、烧、用、医、文、娱、健等类别，都属于定类数据。为了便于统计处理（计算机录入等计数处理），常用数字代码来表示各个类别，例如分别用 1，0 表示男性与女性，分别用 1，2，3，4，5，6，7，8，9，10 等表示衣、食、住、行、烧、用、医、文、娱、健等。需要注意的是，这时的数字没有任何程度上的差别或大小多少之分，只是符号而已。

（2）定序数据。它是对事物按照一定的排序进行分类的结果，表现为有顺序的类别，由定序尺度计量而成。例如，学生的考试成绩表示为优、良、中、及格、不及格，课题成果的鉴定等级表示为 A，B，C，消费者对某产品的满意程度表示为很满意、满意、一般、不满意、很不满意，等等，都属于定序数据。同样，定序数据也可以用数字代码来表示，例如学生的考试成绩可以分别用 5，4，3，2，1 来表示优、良、中、及格、不及格。这时，数据代码能体现一种顺序或程度

的不同，但还不能体现事物之间或不同结果之间（例如及格与不及格之间，很满意与满意之间）的具体数量差别。定序数据所包含的信息量大于定类数据。

2. 定量数据

定量数据是指用数值来表现事物数量特征的数据，具体又分为定距数据与定比数据两种。

（1）定距数据。它是一种不仅能反映事物所属的类别和顺序，还能反映事物类别或顺序之间数量差距的数据，由定距尺度计量而成。例如，两位学生的考试成绩分别为85分和55分，不仅说明前者良好，后者不及格，前者高于后者，而且还说明前者比后者高30分。再如，某日甲、乙、丙三地的最高气温分别为30℃、20℃和10℃，说明该日甲与乙之间最高温度的温差等于乙与丙之间的温差，都是10℃。但要注意的是，定距数据一般只适合于进行加减计算而不适合乘除运算，例如气温30℃与10℃相比，并不能说明前者的暖和程度是后者的3倍，因为气温可以是0℃或0℃以下，而0℃或0℃以下并不代表没有温度。这种情况称为不存在绝对零点的现象，类似的还有企业利润等。

（2）定比数据。它是一种不仅能体现事物之间数量差距，还能通过对比运算，即计算两个测度值之间的比值来体现相对程度的数据。它由定比尺度计量而成。只要是反映存在绝对零点的现象（即0代表没有）的数据，都是可以进行对比运算的定比数据。例如企业销售收入3亿元、人的身高176厘米、体重65公斤，物体的长度30厘米、面积600平方厘米、容积9000立方厘米，水稻的平均亩产400公斤/亩，某地区的人均国民生产总值25000元/人、第三产业比重48%等，其中都是定比数据。定比数据是包含信息量最多的数据，绝大多数统计数据属于这一类。

定性数据在一定条件下可以转化为定量数据。例如对于定类数据，通过计数的方法可以计算出各类别的频数及在总体中的比重；对于定序数据，在一定的假设下，可对定序的数字代码进行统计计算（例如计算平均数、标准差等），计算结果在假设范围内有意义。在统计处理与统计分析中，如何使定性数据尽量客观地反映实际并提供尽可能多的信息，是一个非常重要的统计问题。

（二）统计数据按照其表现形式不同，可以分为绝对数、相对数和平均数三类

1. 绝对数

绝对数是用以反映现象或事物绝对数量特征的数据，它以最直观、最基本的形式体现现象或事物的外在数量特征，有明确的计量单位。例如人的身高176厘米、体重65公斤，地区的人口数500万人、属地面积11000平方公里、国内生产总值1250亿元，企业销售收入15亿元、利润2.1亿元等，都是有明确计量单位的绝对数。绝对数是表现直接数量标志或总量指标的形式。

2. 相对数

相对数是用以反映现象或事物相对数量特征的数据，它通过另外两个相关统计数据的对比来体现现象（事物）内部或现象（事物）之间的联系、关系，其结果主要表现为没有明确计量单位的无名数，少部分表现为有明确计量单位的有名数（限于强度相对数）。具体地，相对数又包含结构相对数（例如某地区三大产业比重为12%，48%和40%），比例相对数（例如新生婴儿男女性别比为107∶100），比较相对数（例如A地区的人均国内生产总值是B地区的1.2倍），动态相对数（例如某地区国内生产总值的发展速度为109%），强度相对数（例如某地区的人口密度为300人/平方公里，人口出生率为11‰）和计划完成程度相对数（例如企业产量计划完成程度为120%）6

种。相对数是表现相对指标的形式。

3. 平均数

平均数是用以反映现象或事物平均数量特征的数据，体现现象某一方面的一般数量水平。例如某班级同学的平均年龄 19 岁，某年某企业职工的平均月收入 1 500 元，某年某地区居民的平均月消费支出 800 元等，都是平均数。具体地，平均数可以按计算方式不同分为算数平均数、调和平均数、几何平均数等数值平均数与众数、中位数等位置平均数，按时间状态不同分为静态平均数与动态平均数。平均数是表现平均指标的形式。

通过各种尺度计量而成的统计数据，最终都可以归结为绝对数、相对数和平均数这三大表现形式。这部分内容将在第三章中为大家作详细介绍。

（三）统计数据按照其来源不同，可以分为观测数据与实验数据两类

1. 观测数据

观测数据是通过统计调查或观测的方式而获取的反映研究现象客观存在的数量特征的数据，这类数据是在没有人为控制的条件下产生的。有关社会经济现象的统计数据几乎都是观测数据。

2. 实验数据

实验数据是在人为控制的条件下，通过实验的方式而获得的关于实验对象的数据。自然科学研究中的数据大都属于实验数据，例如生物实验数据、产品性能实验数据、药物疗效实验数据等。随着实验方法在经济等领域的应用，逐步形成了实验经济等学科，在经济等领域出现了许多实验数据。

（四）统计数据按照其加工程度不同，可以分为原始数据与次级数据两类

1. 原始数据

原始数据是指直接向调查对象收集的、尚待加工整理、只反映个体特征的数据，或通过实验采集的原始记录数据。原始数据是统计数据收集的主体。

2. 次级数据

次级数据也称为加工数据或二手数据，是指已经过加工整理、能反映总体数量特征的各种非原始数据。次级数据又包括直接根据原始数据整理而来的汇总数据，以及根据各种已有数据进行推算而来的推算数据。如果次级数据已能满足有关分析和研究需要，我们就不应再去收集原始数据，以免造成浪费。次级数据的来源包括各种统计年鉴、有关期刊和网站等。

（五）统计数据按照其时间或空间状态不同，可以分为时序数据与截面数据两类

1. 时序数据

时序数据是时间数列数据的简称，是对同一现象在不同时间上收集到的数据（空间状态相同，时间状态不同），描述的是现象某一方面（或某几方面）的数量特征随时间而变化的情况。例如把我国 2000 年以来的国内生产总值数据按时间先后顺序加以排列，就形成了我国国内生产总值的时序数据。

2. 截面数据

截面数据是对一些同类现象在相同或近似相同的时间上收集到的数据（空间状态不同，时间状态相同），描述的是在相同时间状态下同类现象的数量特征在不同空间状态的差异情况。例如我

国某年各省、市、区的国内生产总值数据，就是截面数据。

有时，时序数据与截面数据可以结合起来，称为平行数据（时间、空间状态都不同），例如列出历年各省、市区的国内生产总值数据，就成为平行数据。

二、统计数据研究过程

统计数据研究过程，也就是统计工作过程，包括以下四个基本环节：统计设计，数据收集，数据整理，数据分析与解释。

（一）统计设计

统计设计就是制定统计数据研究方案的环节，是关于以后各环节的总体安排。统计设计要在有关学科的理论指导下，根据研究问题的性质、目的和任务，科学地确定统计研究的总体对象，明确所要收集数据的种类，确定相应的统计指标及其体系并给出统一的定义和标准，确定统计数据收集、整理、推断和分析的基本方法，规定研究工作的进度安排和质量要求，拟定研究工作的资源配置和组织实施方式等。统计设计对于统计数据研究的质量至关重要，要求设计者不仅掌握系统的统计学理论和方法，而且具有所研究领域的有关知识和理论素养。

（二）数据收集

数据收集就是按照统计设计的要求，有针对地获取所需的统计数据的环节，也称为统计调查环节。也就是说，要通过统计观测或实验的方式、方法去收集各类计算统计指标所需的原始数据，以及其他已经存在的各类相关数据。数据收集是否准确、及时、完整，直接影响到统计分析的质量。

（三）数据整理

数据整理就是对通过统计观测或实验所获得的原始数据，进行必要的系统处理，使之条理化、综合化，成为能反映总体特征的统计数据环节，也称为统计整理环节。数据整理也包括对已有数据的再加工和深加工。数据整理的手段有统计分组、汇总和计算等，整理结果表现为统计图、统计表或统计指标。

（四）数据分析与解释

数据分析是在数据整理的基础上，围绕统计设计所确定的研究任务，运用各种统计方法对数据进行各种统计分析，得出某些有用的定量结论的环节，也称为统计分析环节。数据分析实质上就是对数据的深加工整理，是整个统计研究的核心，也是统计研究的最终目的。在这个环节，既要用到描述统计方法，又要用到推断统计方法。

数据解释则是对整理和分析的数据或有关数量结果进行说明，即说明为什么会得出这些数据，这些数据的含义分别是什么，从中能得出哪些规律性的结论，需要进一步探讨哪些问题，等等。数据解释是对数据分析的深化。

三、统计数据研究方法

统计数据研究的基本方法有大量观察法，统计分组法，综合指标法，统计推断法和统计模型法。

（一）大量观察法

大量观察法是统计数据收集环节（统计调查环节）的基本方法，即要对所研究现象总体中的足够多数的个体进行观察和研究，以期得到具有规律性的总体数量特征。大量观察法的数理依据是大数定律，即虽然每个个体受偶然因素的影响作用不同而在数量上存有差异，但对总体而言可以相互抵消而显现出稳定的规律性，因此只有对足够多数的个体进行观察，观察值的平均结果才会趋于稳定，建立在大量观察法基础上的统计数据才会给出具有普遍意义的结论。统计学中的各种观测调查方法都属于大量观察法。

【思考】

运用大量观察法，请大家积极思考，解释身边的诸多现象—如公交车到达终点站的时间、餐厅的饭点儿等。

（二）统计分组法

·由于所研究现象本身的复杂性、差异性及多层次性，需要我们对所研究现象进行分组或分类研究，以期在同质的基础上探求不同组或不同类之间的差异性。统计分组法在整个统计研究过程中占有重要的地位，在统计调查环节可以通过统计分组法来收集不同类的原始数据，并可以抽样调查的样本代表性得到提高（即分层抽样方式）；在统计整理环节可以通过统计分组法使各种数据得到分门别类的加工处理和储存，并为编制分布数列提供基础；在统计分析环节则可以通过统计分组法来划分现象类型、研究总体内在结构、比较不同类或组之内的差异（显著性检验）和分析不同变量之间的相关关系。统计分组法有传统分组法、判别分析法和聚类分析法等。

（三）综合指标法

统计研究现象的数量方面是通过统计综合指标来反映的，即运用统计指标来综合反映现象总体的数量特征，常见的综合指标有总量指标、相对指标和平均指标。综合指标法在统计学尤其是社会经济统计学中占有十分重要的地位，是描述统计学的核心内容。如何最真实、客观地记录、描述和反映研究现象的数量特征和数量关系，是统计指标理论研究的一大课题。

（四）统计推断法

在统计研究过程中，我们所观察的往往只是所研究现象总体中的一部分个体，掌握的只是具有随机性的样本观测数据，而认识总体数量特征才是统计研究的目的所在，这就需要我们根据概率论和样本分布理论，由样本观测数据来推断总体数量特征——参数估计或假设检验。这种由样本来推断总体的方法叫做统计推断法。统计推断法已在统计研究的许多领域得到应用，除了最常见的总体指标的推断外，统计模型参数的估计和检验、根据时间数列所做的外推预测等，也都属于统计推断的范畴，都存在着误差和置信度的问题。

（五）统计模型法

在以统计指标来反映现象总体数量特征的同时，我们还经常需要对相关现象之间的数量变动关系进行定量研究，以了解某一（些）现象数量变动与另一（些）现象数量变动之间的关系及变动的影响程度。在研究这种数量变动关系时，需要根据具体的研究对象和一定的假设条件，用合适的数学方程来进行模拟。这种方法叫做统计模型法。统计模型法的三个基本要素是变量、数学方程和模型参数。运用统计模型法，可以使统计分析更具广度和深度，提高统计的认识能力。统计学提供了各种线性的和非线性的、简单的和复杂的统计模型构建方法。

上述各种方法相互联系共同构成统计研究方法体系。

第三节　统计学中的几个基本概念

统计学研究社会现象的数量方面，包括社会现象的规模、水平、结构、比例关系、发展速度等。这些数量方面靠什么来反映？靠统计指标。什么叫统计指标？怎样构成？为了回答这些问题，有必要先介绍统计学中最常用的几个基本概念。这些概念很重要，在统计中要经常用到，应该理解它们的准确含义。

一、统计总体与总体单位

凡是客观存在的，在同一性质基础上结合起来的许多个别事物的整体，就是统计总体，简称总体。例如，高等学校是一个总体，因为高等学校是客观存在的，每个高等学校的职能是相同的（统一性质），即进行教学活动或教学与科研活动，是培养人才的基层单位。各个事物在某一点上的共同性（称"同质性"），是形成统计总体的一个必要条件，也是作为统计总体的一个重要特征。

构成统计总体的个别事物称总体单位。例如，构成"高等学校"这一统计总体的清华大学、山东大学、山东财经大学、山东外国语职业学院等都是总体单位。一个统计总体中所包括的单位数可以是无限的（无限总体），也可以是有限的（有限总体）。例如，在连续大量生产的某种小件（如小铁钉、小弹簧）产品中，总产量可以看做是无限的。在社会经济现象中，统计总体大多是有限的，例如，人口总数、学生总数、企业总数、学校总数等都是有限总体。在统计中，对无限总体不能进行全面调整，只能调查其中很小一部分单位，据以推断总体。例如，对大量连续生产的小件商品，很难全部检验其产品质量，只能抽查其中一小部分产品，据以推断全部产品。对有限总体既可作全面调查，也可只调查其中一小部分，如人口普查（全面）及人口抽查（小部分）。凡是调查总体的一小部分单位时，往往要根据这些局部资料来推算整体。为了保证这种推算的准确性、可靠性，就必须设法使局部资料具有充分的代表性。提高这种代表性有多种办法，其中一个重要方法就是使这个局部资料尽可能多地包括一些单位，因为单位数如果太少，就会出现偏高或偏低的偶然因素，降低代表性。如果单位增多，这种偶然偏差就会趋于互相抵消，从而提高其代表性，有可能显现出总体的真实情况。例如，某市职工是一个总体，每个职工是一个总体单位，如果要了解职工工资的一般水平，只调查少数几个职工是不行的，因为所调查的几个工人恰巧都是老工人、技术工人，其工资可能偏高；而所调查的几个工人如果都是新工人、普通工人，则其工资可能偏低。这种偏高、偏低都不能代表全体。但是，如果抽查足够多的职工，如几千人或几万人，那么就能包含各行业、各类型工人，求其平均数，则抽查到的工人中偏高、偏低因素会相互冲消，偶然性偏差会大大减小，可以得出比较可靠的结论。调查的单位越多，据以推算的总体的可靠性就越高。这个方法在统计中称为大量观察法。所抽出的部分单位实际上也是一个小规模的总体。

总体和总体单位的概念不是固定不变的，而是随着统计研究的目的不同可以转化的。例如，某市纺织工业局所属企业是一个总体，这个总体是我们研究该市纺织工业有关情况的研究对象，每个纺织工厂是这个总体中的一个单位。但是，如果我们要研究一个典型纺织厂的内部情况，则上述统计总体中的某一个单位（该典型企业）又变为总体了。

二、标志与指标

标志是说明总体单位属性和特征的名称，有品质标志和数量标志之分。品质标志是表示事物质的特征，一般用文字叙述，而不能用数值表示，如人的性别、企业的类型。数量标志表示事物量的特征，是用数值表示的，如人的身高、企业的总产值、商店的销售额等。标志的具体表现是在标志名称之后所表现的属性和数值，如某工人的性别是"男"、民族是"汉族"。这里"男"和"汉族"是品质标志名称"性别"和"民族"的属性，是这类标志的具体表现。又如该工人的年龄是 45 岁，工资是 3 500 元，则"年龄"和"工资"是数量标志的名称，而"45 岁"和"3 500 元"则是它们的具体数值表现。

每个总体单位从不同角度考察，可以有许多属性和特征。例如，每一生产工人可以有社会成分、性别、年龄、民族、文化程度、工种、工龄、工资等属性和特征，这些都是工人的标志。这些标志在总体单位之间各有一定的表现，有的相同，有的不相同。因此，标志又可分为不变标志和变异标志。标志如果在总体各单位之间的表现完全相同，则该标志称为不变标志。社会成分在各工人之间都一样，社会成分就是生产工人的不变标志。任何总体的各个总体单位至少有一个共同的、使它们能够结合在一起的不变标志，它构成总体同质的基础。标志如果在总体单位之间的具体表现不完全相同，则该标志称为变异标志。上述除社会成分外的其他属性和特征，均为生产工人的变异标志。它构成统计认识的内容和根据。

根据统计研究目的，确定了所要研究的社会现象的总体和总体单位，然后对总体各单位的标志的具体表现进行登记汇总，最后形成说明总体综合特征的各种数字资料，就是统计指标，统计指标一般具有三个特点：①它是综合性的，是说明总体综合特征的；②它是一定质的规定下的数量方面，反映一定的社会经济范畴；③它是用数字表示的，表现为数字资料。因为，统计指标可以理解为反映一定社会经济范畴的总体综合性的数字资料指标由综合总体各单位的有关资料而形成的，因此也称作综合指标。它包括总量指标，如总产值、净利润、职工总数、工资总额等；相对指标，如男女职工的比重、产品合格率、农产品商品率等；平均指标，如劳动生产率、平均亩产量、职工的平均工资、单位产品消耗等。

统计指标由指标名称和指标数值所构成。指标名称是指标质的规定，它是社会经济范畴；指标数值是量的规定，它是根据指标的内容所计算的具体数值。同一个指标可以表现为不同的指标数值。指标一方面是抽象的社会经济范畴的具体化，另一方面是具体的总体单位变异、变量的抽象化。

（一）统计指标按其内容的不同，可分为数量指标和质量指标

数量指标是指说明现象规律和水平的各种总量指标。质量指标是指反映生产经营效果和工作质量的各种相对指标和平均指标。质量指标通常由两个有联系的数量指标进行对比求得，也可以由两个有联系的质量指标或一个数量指标一个质量指标对比求得。

（二）统计指标按其计量的单位的不同，可分为实物指标和价值指标

实物指标采用实物计量单位，直接反映产品的使用价值数量。价值指标采用货币计量单位，标志着产品的社会必要劳动量。

关于指标和标志的关系，有必要加以说明。指标与标志有明显的区别，又有密切的联系。两者的主要区别有：

（1）指标是说明总体特征的，而标志是说明单位特征的。

（2）标志有不能用数值表示的品质标志与能用数值表示的数量标志两种，而指标都是用数值表示的，没有不能用数值表示的统计指标。

指标与标志的联系，也有两点：

（1）有许多统计指标的数值是从总体单位的数量标志值汇总而来的，如一个工业主管局的总产值是从所属各企业总产值汇总而来的，一个县的粮食总产量是所属各乡、村粮食产量的总和。

（2）指标与数量标志之间存在着转换关系。由于研究的目的不同，原来的统计总体变成统计单位了，则相应的统计指标就变成数量指标了，反过来也是如此。例如，在前面列举某市纺织工业局中，在研究该局的生产情况时，局属各厂的总产值是总体单位的数量标志，各厂总产值的总和是该局的统计指标，即纺织工业局的总产值。现在，如果研究目的改为全市各工业局的总产值之和是全市工业统计指标，而纺织工业局只是这个新统计总体中的一个单位，该局的总产值只成为说明这个总体单位的数量标志了。

一项统计工作往往统计多项指标，由一系列相互联系的统计指标构成统计指标体系。

三、变异与变量

统计中的标志和指标都是可变的，那就是，标志和指标的具体表现各不相同。因此，变异标志（包括品质标志和数量标志）在总体单位之间的不同具体表现一般都可以称为变异。但严格地说，我们把变异仅指品质标志的不同具体表现。例如，性别表现为"男""女"，民族表现为"汉""回""满""蒙""维""壮"……

数量标志的不同具体表现称为变量，如某生产工人的年龄50岁、工龄28年、工资1 800元等。品质标志的变异最后表现为数量差别，如按教师的性别，汇总计算出男女各多少人，才能构成统计研究的对象。观察、登记总体各单位品质标志和数量标志的变异和变量，是统计研究的起点。

在这里，还要分清变量和变量值这两个概念。如上所述，可变的数量标志就是变量，所有的统计指标也都是变量。变量的数值表现就是变量值，也就是可变的数量标志和统计指标的不同取值。例如，"职工人数"是一个变量值，因为各厂的工人数多少不等，如甲工厂52人，乙工厂5 000人，丙工厂800人，都是"职工人数"这个变量的不同取值。"变量"这个概念在统计中很重要，但要注意不能误用。例如，有4个人的工资分别为450元、890元、1 500元、1 650元，要求计算其平均工资，不能说求这4个变量的平均数，因为这里只有"工资"这一个变量，并没有4个变量，所要平均的是"工资"这个变量的4个数值，即4个变量值。只有在相关分析中才有几个变量的问题，那是研究变量之间的关系的，也不可能把几个性质不同的变量加起来求平均数。

变量按其取值是否连续，可分为离散型变量和连续型变量。离散型变量指只能取整数的变量。职工人数、企业数、设备数等都属于离散型变量。连续型变量指在整数之间可插入实数的变量。总产值、资金、成本、利润、身高、体重、年龄等都属于连续型变量。

变量按其所受因素影响的不同，可分为确定性变量和随机性变量。由确定因素影响所形成的变量为确定性变量。如推广良种可使农作物增产，这是个确定性因素的影响，但其增产的数量是不确定的，因为除了良种以外，还有土质、雨量、天气、施肥等因素的影响。由随机性因素的影响所形成的变量为随机性变量。如产品质量检验，在所控制的质量数据范围内，由于受偶然因素如温度、金属的延伸、电压的高低、机器转速快慢等影响，产品的数据也不是绝对相同的，它们与质量标准有一定的误差，这是随机性因素的影响。现实社会现象中的总体变量，既包括确定性变量，又包括随机性变量，因而对总体变量的认识比较复杂，既要运用社会经济统计学的认识方法，也要运用数理统计学的方法。

第四节　统计学的产生和发展

　　统计学随统计的产生而产生，而统计起源很早，是随着社会的发展和国家管理的需要而逐步产生和发展起来。在原始社会，人类最初的一般计数活动蕴藏着统计的萌芽。在奴隶社会，统治阶级为了对内统治和对外战争，需要征兵征税，开始了对人口、土地和财产的统计。例如，公元前1 000多年的夏朝分为九州，人口有1 355万人，土地2 438万顷。差不多同一时期的古希腊、罗马等奴隶国家，也有人口、财产和世袭领地的统计。当然。由于生产力水平有限，奴隶社会的统计只属于初级阶段。到了封建社会，土地有了一定的发展，封建君主和精明的政治家日益意识到统计对于治国强邦的重要性，统计范围有所扩大。但由于封建社会的封闭格局和保守性，统计活动的范围受到限制，统计方法也很不完善。到了资本主义社会，随着社会生产力的迅速发展和社会分工的日益精细，统计得到了很大的发展，除了政府管理的需要外，逐步扩展到工业、农业、贸易、保险、银行、交通、邮电和海关等经济领域，以及社会、科技和环境等领域，并且出现了专业的统计机构和研究组织，统计方法得到了迅速完善和发展，大大提高了对统计的认识能力，而电子计算技术的应用为统计活动的现代化进程提供了重要手段。正是在这样的历史背景下，统计学应运而生。从17世纪中末期开始，经过300余年的发展，形成了今天的统计学。

　　从统计的发展过程看，它可以分为三个阶段：古典统计学时期，近代统计学时期和现代统计学时期。贯穿整个发展过程的主线是统计方法的逐步充实、完善和发展。

一、古典统计学时期

　　从17世纪末到18世纪末，是统计学的萌芽时期，即古典统计学时期。当时有两大学派，国势学派和政治算术学派。国势学派认为统计学是关于国家显著事项的学问，主要通过对国家组织、人口、军队、领土、居民职业和资源、财产等事项的记述，从而对国情、国力进行研究，代表人物是德国的康令（H.Corning，1606—1681）和阿亨瓦尔（G.Achenwall，1719—1772）。由于这个学派在进行国势比较分析中偏重事物性质的解释而不注重数量分析，因此尽管它首先提出了"统计学"（Statistic）之名，但无统计学之实。

　　政治算术学派主张以数字、重量和尺度来研究社会经济现象及其相互关系，代表人物是英国的威廉·配第（W.Petty，1623—1687）和约翰·格朗特（J.Graunt，1620—1674）。威廉·配第的代表作是《政治算术》（1676年），提出"不用比较级、最高级进行思辨或议论，而是用数字……来表达自己想说的问题……借以考察在自然中有可见的根据的原因"。该书用数量分析的方法对比了英国、法国和荷兰三国的"财富和力量"，以批驳当时英国国内的悲观论调。他还提出了用图表概括数字资料的理论和方法。马克思称威廉·配第为"政治经济学之父，在某种程度上也可以说是统计学的创始人"。约翰·格朗特则是利用大量数据研究社会人口变动规律的创始人，其著作《关于死亡表的自然和政治观察》一书，首次通过大量观察，对新生儿性别比例和不同原因死亡人数比例等人口规律进行了分析，并且第一次编制了初具规模的"生命表"。由于政治算术学派运用大量观察法、分类分析法和对比分析法等综合研究社会经济问题，因此虽无"统计学"之名而实为统计学之正统起源。

二、近代统计学时期

从 18 世纪末到 19 世纪末，是近代统计学时期。这一时期的一个重大成就是大数法则和概率论被引入统计学。之后，最小平方方法、误差理论和正态分布理论等相继成为统计学的重要内容。这一时期也曾有两大学派：数理统计学派和社会统计学派。数理统计学派始于 19 世纪中叶，代表人物是比利时的凯特勒（A.Quetelet，1796—1874），著有《概率论书简》《社会物流学》等，他主张用研究自然科学的方法研究社会现象，正式把概率论引入统计学，并最先用大数定律论证了社会生活中随机现象的规律性，还提出了误差理论和"平均人"思想。凯特勒的贡献，使统计学的发展进入一个新的阶段。

社会统计学派始于 19 世纪末，首创人物为德国的克尼斯（K.G.A.knies，1821—1898），他认为统计学是一门社会科学，是研究社会现象变动原因和规律性的实质性科学，其显著特点是强调对总体进行大量观察和分析，通过研究其内在联系来揭示社会现象的规律。各国专家学者在社会经济统计指标的设定与计算、指数的编制、统计调查的组织和实施、经济社会发展评价与预测等方面取得一系列重要成果。德国统计学家恩格尔（C.L.E.Engel，1821—1896）提出的"恩格尔系数"，美国经济学家库兹涅茨和英国经济学家斯通等人研究的国民收入和国内生产总值的核算方法等，都是伟大的贡献。

三、现代统计学时期

从 19 世纪末到现在，是现代统计学时期。这一时期的显著特点是：数理统计学由于同自然科学、工程技术科学紧密结合及被广泛应用于各个领域而获得迅速发展，各种新的统计理论与方法尤其是推断统计理论与方法得以大量涌现，例如英国统计学家卡尔·皮尔逊（K.Pearson，1857—1936）的卡方 x^2 分布理论，统计学家戈塞特（W.S.Gosset，1876—1937）的小样本 t 分布理论，统计学家费希尔（R.A.Fisher，1890—1962）的 F 分布理论和实验设计方法，波兰统计学家尼曼（J.Neyman，1894—1981）和因果统计学家皮尔逊（E.S.Pearson，1895—1980）的置信区间估计理论和假设检验理论，以及非参数统计法、序贯抽样法、多元统计分析法、时间数列跟踪预测法等都应运而生，并逐步称为现代统计学的主要内容。现代统计学时期是统计学发展辉煌的时期。

本 章 小 结

本章重点阐述了下列问题

一、统计的含义，它包括统计资料、统计活动和统计学三个方面。

二、统计的特点包括数量性、总体性、具体性、社会性。

三、统计的作用

1. 统计是认识社会的有力武器。

2. 统计是制定计划、实行宏观管理的基础。

3. 统计是制定政策的依据。

4. 统计是认识世界、开展国际交流等的工具。

四、统计数据类型和统计研究方法

1. 统计数据按照不同标志分类有不同类型：按计量尺度划分为定性数据、定量数据两类；按表现形式不同又分为绝对数、相对数和平均数；按其来源不同分为观测数据和实验数据；按对其加工程度不同可以分为原始数据和次级数据两类；按其时间或空间不同，可以分为时序数据和截面数据等。

2．统计数据研究过程分为统计设计、数据收集、数据整理、数据分析与解释。

3．统计数据研究方法有大量观察法、统计分组法、综合指标法、统计推断法及统计模型法。

五、统计学的基本概念

1．统计总体与总体单位。

2．标志与指标。

3．变量与变异。

六、统计学的产生与发展（略）。

实 务 题

一、思考题

1．什么是统计？什么是统计学？

2．统计的基本方法有哪些？

3．总体和总体单位的区别与联系是什么？

4．指标与标志的区别和联系是什么？

5．数量指标与质量指标的区别是什么？

6．统计有什么作用？

7．统计工作过程由哪几个环节构成？

二、单项选择题

1．变量是（　　　）。

  A．可变的数量标志　　　　　　　　B．可变的数量指标

  C．可变的质量指标　　　　　　　　D．可变的品质标志

2．产品入库单是（　　　）。

  A．统计报告　　　B．统计台账　　　C．原始记录　　　D．企业报告

3．统计指标体系指的是（　　　）。

  A．若干相互联系的统计指标组成的一个整体

  B．若干相互制约的统计指标组成的一个整体

  C．一系列相互限制的统计指标组成的一个整体

  D．一系列相互联系的统计指标组成的一个整体

4．研究某市工业生产设备的使用情况，那么统计整体是（　　　）。

  A．该市全部工业企业　　　　　　　B．该市每一个工业企业

  C．该市全部工业企业的每一台设备　　D．该市全部工业企业的全部设备

5．下列指标属于数量指标的是（　　　）。

  A．工业总产值　　　　　　　　　　B．劳动生产率

  C．合格品率　　　　　　　　　　　D．单位产品平均成本

6．数量指标反映的是（　　　）。

A. 总体内部数量关系的统计指标　　B. 总体单位内部数量关系的统计指标

C. 总体绝对数量多少的统计指标　　D. 总体的相对数量多少的统计指标

7. 总体的同质性指的是（　　）。

A. 总体单位的所有数量标志相同

B. 总体单位的所有品质标志相同

C. 总体单位必须具有某一共同的品质属性或数量标志值

D. 总体单位的某种数量标志相同

8. 社会经济统计的研究对象是（　　）。

A. 社会经济现象总体数量特征和数量表现

B. 社会经济现象的本质和规律性

C. 社会经济现象的特殊矛盾

D. 社会经济现象存在的条件及环境

9. 现有 20 个工厂的全部职工的每人工资资料，如果要观察这 20 个工厂的职工工资水平情况，则统计总体是（　　）。

A. 20 个工厂　　　　　　　　　　B. 20 个工厂的全部职工

C. 20 个工厂的全部工资　　　　　D. 20 个工厂每个职工的工资

10. 要了解 50 个学生的学习情况，则总体单位是（　　）。

A. 50 个学生　　　　　　　　　　B. 每一个学生

C. 50 个学生的学习成绩　　　　　D. 每一个学生的学习成绩

三、多项选择题

1. 统计总体指的是（　　）。

A. 研究事物的总体　　　　　　　B. 由客观存在的某种共同性质的个别事物构成的

C. 具有某一共同性质的现象整体　D. 符合所规定标准的具体单位

E. 某一符合规定的总体单位

2. 下列为数量指标的有（　　）。

A. 人口密度　　B. 人口总数　　C. 出生率

D. 死亡人口数　E. 文化程度

3. 统计指标的特点是（　　）。

A. 统计中的名称不同　　　　　　B. 统计中的指标的具体表现不同

C. 统计中的标志不同　　　　　　D. 统计中的标志的具体表现不同

E. 统计中的指标数值不同

4. 对某市工业企业进行调查，得到以下资料，其中统计指标有（　　）。

A. 某企业为亏损企业　　　　　　B. 实际产值 1 100 万台

C. 职工人数 10 万人　　　　　　D. 机器总台数 75 000 台

E. 某企业职工人数 1 000 人

5. 要研究 800 个养羊专业户情况，则指标有（　　）。

A. 养羊专业户 800 户　　　　　　B. 某一专业户杀死 5 只羊

C. 800 个专业户共养羊 110 万只　D. 养羊专业户平均月收入 1 500 元

E. 某一养羊专业户月收入 5 000 元

6. 在全国人口普查中（　　）。

A. 全国人口是总体
B. 每一个人是总体单位
C. 人口的性别是标志
D. 人口的年龄是指标数值
E. 全国人口数是变量

7. 以下属于质量指标的有（　　）。
A. 产品价格
B. 产品销售量
C. 工人人数
D. 单位成本
E. 劳动生产率

8. 统计的研究对象是指统计所要认识的客体，因此它的研究现象包括（　　）。
A. 社会经济现象总体的数量特征
B. 社会经济现象总体的矛盾规律
C. 社会经济现象的数量关系
D. 社会经济现象的数量方面
E. 社会经济现象的表现形式

9. 某市全民所有制工业企业 1 000 个，职工人数 30 万人，工业总产值 9 亿元，平均每个职工的劳动生产率 3 000/人，其中，某一企业总产值为 542 万元，职工人数为 200 人，上述资料中出现了（　　）。
A. 统计总体
B. 总体单位
C. 品质标志
D. 数量标志
E. 数量指标
F. 质量指标

四、判断题

1. 统计是从数量方面综合认识事物规律的一种工具，是认识社会的一种有力武器。（　　）
2. 统计资料与统计工作者，是理论与实践的关系。　（　　）
3. 社会经济统计活动是有组织地调查、整理社会经济、政治、文化等现象的数量方面的资料，并运用实际数据来描述和分析经济现象的状况和变化趋势。　（　　）
4. 准确、及时、全面、系统地提供有关统计资料，是统计工作的基本要求和任务。　（　　）
5. 在划分统计总体时，可以选定某一标志的具体表现，把它固定下来，然后把所有具备这种标志表现的单位都集合在一起，形成一个统计单位。　（　　）

第二章
统计调查与整理

【学习目标】

拥有一定的资料是统计工作的基础，而统计调查正是为了获取这些资料，统计调查是统计工作的第二阶段。通过本章学习，学生应了解统计数据的来源及其调查方法，同时，掌握统计整理的基本知识，尤其是要掌握统计分组方法、变量数列与统计表的概念和编制，且重在运用计算机进行数据资料的处理和图表的制作。

【导读】

有一部电视专题片叫"国家数据"，片子开头就问：数据是什么？

小学生："数据是我作业本上的算术题。"

家庭主妇："我们家的收支账上都是数据。"

营业员："数据，是我这里的营业额。"

这些都是数据，但不全是统计数据。

美国一位管理学家曾做过这样的实验，他向一些高层企业管理者提出三个问题：你每天花费时间最多的工作在哪些方面？你认为每天最重要的事情是什么？你在履行职责时最感困难的是什么？

大多数人的回答只有两个字："决策。"

他继续问：你在决策时，最依赖、最信赖的根据是什么？大多数人的回答也只有两个字："数据。"

这里的数据，指的是统计数据。即所谓"学者不能离开统计而研究，政治家不能离开统计而施政，事业家不能离开统计而执业"。

统计数据即统计资料。那么怎样才能获得统计数据呢？——通过统计调查。

第一节　统计调查方案

统计作为一种从数量方面认识客观事物的科学方法，其研究的基础是大量的统计数据，而这些大量的统计数据来源于两个方面：一是原始资料，来自直接的调查和科学试验，这是统计数据的直接来源；二是次级资料，来自别人的调查和试验，这是统计数据的间接来源，即二手资料。统计调查采集的主要是原始资料。

一、统计调查的意义和要求

统计调查是统计工作过程的第一阶段。它是按照统计任务的要求，运用科学的方法，有组织、有计划地收集各项原始资料的过程。

统计调查阶段的工作在整个统计工作中是很重要的，这是因为：第一，社会调查是人们认识社会的基本方式；第二，统计调查是统计工作中的基础环节；第三，统计调查理论和方法在统计学原理中占有重要地位。

为提高统计数据的质量，统计调查工作必须做到准确性和及时性两个基本要求，兼顾全面性和系统性。准确性是指统计资料符合实际情况，准确可靠。及时性包括统计资料及时满足领导需要和及时完成各项调查资料的上报任务。因为过时的资料反映不了实际情况，起不了应有的作用，而且某项统计调查任务如有许多单位共同完成，只要一个调查单位的资料上报不及时，就会影响到全面的汇总综合工作，所以统计资料的及时性也是一个关系到全局性的工作。在统计调查中，准确性要求和及时性要求是相互结合、相互依存的。及时性只有在准确性的前提下才有意义，而准确性也不能损害及时性的要求。

二、统计调查方案设计

统计调查方案是指在调查前对整个统计工作的通盘安排和周密计划。为了使统计调查按目的顺利进行，在组织调查之前，必须设计一个周密的调查方案。统计调查方案是调查工作的有计划、有组织、系统地进行的保证。统计调查方案包括以下 6 项基本内容。

（一）确定调查目的

统计调查是为一定的统计研究任务服务的，在制定调查方案时，首先要确定调查目的。所谓调查目的，就是指为什么要进行调查，调查要解决什么问题，即调查中要研究解决的问题和要取得的资料。有了明确的目的，才能做到有的放矢、正确地确定调查的内容和方法，才能根据调查目的收集与之有关的资料，提高调查资料的时效性。

（二）确定调查对象和调查单位

统计调查的目的确定以后，就可以进一步确定调查对象和调查单位。确定调查对象和调查单位，就是为了回答"向谁调查"、"由谁来具体提供资料"的问题。

所谓调查对象，就是我们需要研究的总体范围，即调查总体。它是由许多性质相同的调查单位所组成的。例如，调查目的是为了收集某地区所有国有及国有控股企业生产情况的资料，则调查对象就是该地区所有国有及国有控股企业。

所谓调查单位，就是我们所要研究的总体单位，即所要登记的标志的承担者。上例中，每一国有及国有控股企业便是调查单位，即标志的承担者。

在确定调查单位的同时，还要明确调查单位和填报单位。调查单位是调查项目的承担者，而填报单位则是负责上报调查资料的单位。这两者有时一致，有时不一致。

（三）确定调查项目，拟定调查表

1. 调查项目

调查项目就是所要调查的内容，以及所要登记的调查单位的特征。调查项目一般就是调查单位各个标志的名称，包括品质标志和数量标志两种。

在具体拟定调查项目时须注意下列 4 个问题。

（1）调查项目要少而精，只列入为实现调查目的所必需的项目，否则会造成调查工作的浪费。

（2）本着需要和可能的原则，只列入能够得到确定答案的项目。凡列入的调查项目，含义要具体明确，使人一看就懂，理解一致；有些项目根据需要可加注释，规定统一标准等。

（3）调查项目之间尽可能保持联系，以便相互核对起到校验作用。

（4）有的项目可拟定为"选择式"。例如，"文化程度"就可分为"大学""专科"　"高中"等，被调查者可根据实际情况选择。

2. 调查表

调查项目确定后，就要将这些调查项目科学地分类排队，并按一定顺序列在表格上。这种供调查使用的表格就叫调查表，它是统计工作中收集统计资料的基本工具。调查表是调查方案的核心部分。

调查表一般由表头、表体和表脚三部分组成。表头用来说明调查表的名称和填报单位的名称、性质、隶属关系等，这些内容主要用于核实和复查。表体包括调查项目、栏号和计算单位等，这是调查表的主要部分。表脚包括填报人的签章和调查日期。调查表分为单一表和一览表两种。单一表是一张表格里只登记一个调查单位，如职工登记卡片等。一览表是把许多调查单位和相应的项目按次序登记在一张表格里的一种统计表。

在统计调查中，也有将调查内容设计成问卷形式的，即研究者根据调查目的和要求设计的由一系列问题、备选答案和问卷说明等组成的调查形式。

3. 调查问卷的设计

（1）问卷的结构和内容

问卷表的一般结构有标题、说明、主体、编码号、致谢语和实验记录等6项。

① 标题。每份问卷都有一个研究主题。研究者所定的题目，要反映研究主题，使人一目了然，增强填答者的兴趣和责任感。例如，"厂级干部推荐表"这个问卷的标题，把该厂人事部门的内容和范围反映出来了。又如，"中国互联网发展状况及趋势调查"这个标题，把调查对象和调查中心内容和盘托出，十分鲜明。在实际工作中，有的问卷要么没有标题，要么列一个放之四海而通用的标题，这都是要避免的情况。

② 说明。问卷前面应有一个说明。这个说明可以是一封给调查对象的信，也可以是指导语，说明这个调查的目的、意义，填答问卷的要求和注意事项，下面同时填上调查单位名称和年月日。

③ 主体。这是研究主题的具体化，是问卷的核心部分。问题和答案是问卷的主体。从形式上看，问题可分为开放式和封闭式两种。从内容上看，可以分为事实性问题、意见性问题、断定性问题、假设性问题和敏感性问题等。

④ 编码号。这并不是所有问卷都需要的项目。在规模较大又需要运用电子计算机统计分析的调查，要求所有的资料数量化，与此相适应的问卷就要增加一项编码号内容。也就是在问卷主题内容的右边留出统一的空白，顺序编上号码（中间用一条竖线分开），用以填写答案的代码。整个问卷有多少种答案，就要有多少个编码号。如果一个问题有一个答案，就占用一个编码号，如果一个问题有3种答案，则需要占用3个编码号。答案的代码核对后填写在编码号右边的横线上。

⑤ 致谢语。为了表示对调查对象真诚合作的谢意，研究者应当在问卷的末尾写上感谢的话，如果前面的说明中已经有表示感谢的话语则此处可省去。

⑥ 实验记录。其作用是用以记录调查完成的情况和需要复查、校订的问题，格式和要求都比较灵活，调查访问员和校查者均在上面签写姓名和日期。

以上问卷的基本项目，是要求比较完整的问卷所应有的结构内容。但通常使用的一般调查问卷可以简单些，有标题、主体、内容和致谢语及调查研究单位就行了。

（2）问卷的提问方式

① 开放式问题。又称无结构的问答题。在采用开放式问题时，应答者可以用自己的语言自由

地发表意见，在问卷上没有已拟定的答案。例如："您抽香烟多久了？""您喜欢看哪一类的电视节目？"显然，应答者可以自由回答这些问题，并不需要按照问卷上已拟定的答案选择，因此应答者可以充分地表达自己的看法和理由。这种问题比较深入，有时还可获得研究者始料未及的答案。通常而言，问卷上的第一个问题采用自由式问题，让应答者有机会尽量发表意见，这样可制造有利的调查气氛，拉近调查者与应答者之间的距离。

然而，开放式问题亦有其缺点。例如调查者的偏见，因记录应答者答案是由调查者执笔，极可能失真，或并非应答者原来的意思。如果调查者按照自己的理解来记录，就会出现偏见的可能。但这些不足可运用录音机来弥补。开放式问题的第二个主要缺点是资料整理与分析的困难。由于不同应答者的答案可能不同，因此在答案分类时难免出现困难，整个过程相当耗费时间，而且免不了夹杂整理者个人的偏见。因此，开放性问题在探索性调研中是很有帮助的，但在大规模的抽样调查中，它就弊大于利了。

② 封闭式问题。又称有结构的问答题。封闭式问题与开放式问题相反，它规定了一组可供选择的答案和固定的回答格式。

例如：你购买雕牌洗衣粉的主要原因是（选择最主要两种）：

a. 洗衣较洁白　　　b. 售价较廉　　　　　　　　　　　c. 任何商店都有出售

d. 不伤手　　　　　e. 价格与已有的牌子相同，但份量较多　f. 朋友介绍

封闭式问题的优点包括以下几个方面。

第一，答案是标准化的，对答案进行编码和分析都比较容易。

第二，回答者易于作答，有利于提高问卷的回收率。

第三，问题的含义比较清楚。因为所提供的答案有助于理解题意，这样就可以避免回答者由于不理解题意而拒绝回答。

封闭式问题也存在一些缺点。

第一，回答者对题目理解不正确的，调查者难以觉察出来。

第二，可能产生"顺序偏差"或"位置偏差"，即被调查者选择答案可能与该答案的排列位置有关。研究表明，对陈述性答案被调查者趋向于选第一个或最后一个答案，特别是第一个答案；而对一组数字（数量或价格）则趋向于选择中间位置的。为了减少顺序偏差，可以准备几种形式的问卷，每种形式的问卷答案排列的顺序都不同。

（3）问卷设计应注意的问题

① 问卷的开场白

问卷的开场白，必须慎重对待，要以亲切的口吻询问，注意措辞，做到言简意明，亲切诚恳，使被调查者自愿合作，认真填好问卷。

② 问题的字眼（语言）

由于不同的字眼会对被调查者产生不同的影响，因此往往看起来相同的问题，会因所用字眼不同，而使应答者作不同的反应，作出不同的回答。故问题所用的字眼必须小心，以免影响答案的准确性。一般来说，在设计问题时应留意以下几个原则：

一是避免笼统抽象的问题。例如，"您对某某酒店的印象如何"这样的问题过于笼统，不具体，被调查者难以回答。

二是问卷的语言要口语化，符合人们交谈的习惯，避免书面化。

③ 问题的选择及顺序

通常问卷开始的几个问题可采用开放式问题，旨在使应答者多发表意见，使应答者感到不受拘束，能充分发挥自己的见解。当应答者话题多，其与调查者之间的陌生距离自然缩短。不过要留意，最初安

排的开放式问题必须较易回答，不可安排具有高度敏感性和让人困窘的问题。否则一开始就被拒绝回答的话，以后的问题就难继续了。因此问题应是容易回答且具有趣味性的，旨在提高应答者的兴趣。核心问题往往置于问卷中间部分，分类性问题如收入、职业、年龄通常置于问卷末尾。

问卷中问题的顺序一般按下列规则排列：①容易回答的问题放前面，较难回答的问题放稍后，困窘性问题放后面，个人资料的事实性问题放卷尾。②封闭式问题放前面，自由式问题放后面。由于自由式问题往往需要时间来考虑答案和语言的组织，放在前面会引起应答者的厌烦情绪。③要注意问题的逻辑顺序，可按时间顺序、类别顺序等合理排列。

（四）确定调查时间和调查期限

调查时间是调查资料的所属时间。调查时间可以是时期，也可以是一定的时点。

调查期限是进行调查工作所要经历的时间，包括收集资料、登记调查表和报送资料等整个工作过程所需要的时间。为了保证资料的及时性，必须尽可能缩短调查期限。

（五）制定调查的组织实施计划

调查工作的组织主要包括以下内容：建立统一的组织领导机构；确定调查的参加单位和人员；确定调查的方式和方法；做好调查前的准备工作(宣传教育、调查人员培训、文件印刷等)；规定资料的报送方法和经费预算等。

（六）选择调查方法

统计调查方法是指收集调查对象原始资料的方法。主要的方法有直接观察法、报告法、访问法、文献法和问卷法等。

直接观察法是指调查人员深入现场进行观察、计数或测量以取得资料。例如，对商品库存的盘点，对农作物产量当场进行实割、实测、称量等。此法可以保证资料的准确性，但由于需花费较多的人力、物力和时间，在应用上受到限制。

报告法是报告单位以原始记录和核算资料作基础，向有关单位提供统计资料。我国现行的统计报表制度就是采用的报告法收集资料、逐级上报的。

访问法是调查机关通过口头、邮寄、网络、报纸和杂志等方式，向被调查者了解情况，取得第一手资料的统计调查方法。面对面调查、电话调查、网络调查、在报纸杂志刊登问卷的调查方法均属于访问法。

文献法是指通过查阅文献来收集资料的方法。文献一般分为：文字文献，如报纸、杂志、图书等；数字文献，如统计年鉴、统计报表等；图像文献，如电影、电视、图片等；声音文献，如唱片、CD 等。

【问题思考】

北京一日游

吃早饭后乘公交或地铁一号线到新华门下车，约 7 点，参观新华门并拍照留念，然后往东走可近观国家大剧院，然后到天安门西侧的社稷坛（中山公园）（门票 3 元）游玩，里面有块奇石青莲朵，位于社稷坛墙外西侧。原路出来参观天安门，然后到天安门广场瞻仰人民英雄纪念碑，远观毛主席纪念堂、人民大会堂、国家博物馆。再去天安门东侧的太庙（劳动人民文化宫）（门票 2 元）参观，里面有几棵柏树非常有名，从西门出来后直接可以到故宫的午门，此时大约 8 点半。因为天安门到午门之间没有多少值得参观的地方，所以直接参观故宫（淡季门票 40 元）。故宫淡季门票比旺季要便宜很多，人文景观夏天或冬天参观没有什么区别。

参观故宫至少要两个小时，当然要细细品味的话两个月也不够。一般来说直接走中轴线即可，沿太和殿、中和殿、保和殿一路游览，到乾清门广场停一下，往东到珍宝馆（门票 10 元）参观各种珍宝，门口有九龙壁。珍宝馆里有件珍宝不得不看——乾隆金瓯永固杯，顺道再参观珍妃井，然后稍微绕一点路回到乾清门，继续沿中轴线，参观坤宁宫、御花园等，最后从北门出来。出来后向北可远眺景山公园。沿路往西走，可以看看摄影爱好者最钟爱的故宫西北角楼，秋天夕阳西下月亮初上的时候在这儿拍照特别美。

故宫西北方向不远就是北海公园（门票 5 元），皇室的后花园，买 5 元的基本门票即可参观。因为没必要爬上去近观白塔，稍微玩一会儿拍拍照就该赶往下一个景点了。打车大约十几元钱可直接到鼓楼，绕到后面的广场可以看到钟楼和鼓楼全貌，这里不需要门票。这时大约也快 12 点了，往东一走，就是著名的姚记炒肝，当年美国副总统拜登访问我国时专门去吃过。可以去要上一碗炒肝，一碗豆浆，两个焦圈，再来份卤煮火烧。最好随身带瓶水，因为卤煮火烧很咸。

吃过饭约 12 点半，直接打车去雍和宫（门票 25 元），可以买三炷香为家人祈福。雍和宫有小光盘电子门票，可以留作纪念。参观完往北走不远，到国子监街去参观孔庙和国子监（门票 30 元），门票是连在一起的，可以看看古代的大学。

参观完国子监后往北走到雍和宫地铁站，坐 5 号线，直接坐到天坛（门票 30 元）东门，往里直走后再往北走一段，从中轴线往南参观。从南门出来，时间大约到了下午四点，打车到陶然亭公园（门票 2 元）。四大名亭之一的陶然亭不太好找，在慈悲庵里，参观慈悲庵需要再买票，不买票的话可到西南角的桥上看陶然亭全貌。

从陶然亭公园出来大约五点，乘公交或打车到前门，可以顺便品尝狗不理包子，当然还有全聚德的烤鸭和都一处的烧卖。然后参观大栅栏，看看那些百年老字号，如同仁堂、瑞蚨祥、东来顺、张一元等。东来顺饭庄那边有很多卖小商品和纪念品的，可采购一番然后回宾馆休息。景点和门票情况见表 2.2.1 所示。

表 2.2.1 　　　　　　　　　　　　一日游景点和门票

景点名称	门票价格（元）
新华门	免票
国家大剧院	免票
天安门	免票
天安门广场	免票
社稷坛（中山公园）	3
太庙（劳动人民文化宫）	2
故宫、珍宝馆	故宫（淡季门票 40 元）珍宝馆（门票 10 元）
北海公园	5
钟鼓楼	免票
雍和宫	25
孔庙和国子监	30
天坛	30
陶然亭公园	2

注：门票共 147 元，公交、地铁和打车费用约 40 元。

问题：

1. 以上材料是笔者根据北京地图、查阅大量网络资料所做的北京一日游路线，经旅行社与资深导游评价，这个路线包含的经典很丰富，包含了北京大部分的人文景观。请同学们选择自己熟悉的地市，通过查阅文献，参照上述资料模式，做一个一日游路线。

2. 请大家总结文献法可以应用的领域。

问卷法，在市场统计调查过程中，调查人员必须事先准备好调查提纲或调查表式、访问要点，以此作为调查的依据，这些文件统称为问卷。它是系统地记载需要调查的问题和调查项目的表式，用来反映调查的具体内容，是实现调查目的的一种重要工具。设计统一的问卷可以使调查内容标准化、系统化，便于收集和整理汇总所需调查的资料。

第二节　统计调查的组织形式

统计调查的组织形式，是指组织统计调查，收集信息资料的方式、方法，可从不同的角度进行分类。

一、按调查对象包括的范围不同，可分为全面调查和非全面调查

全面调查指对调查对象中的全部单位，都无一例外地进行登记或观察的一种调查方法，包括普查和全面统计报表，如人口普查、工业普查等。

非全面调查只对调查单位中的一部分进行登记或观察的一种调查方法，包括重点调查、典型调查、抽样调查和非全面统计报表。例如，城市住户抽样调查，是抽取全国所有城市住户中的一部分进行调查，然后据此推断全国城市住户的收入、消费等情况。

我国常见的统计调查方法介绍如下。

（一）普查

1. 普查的概念

根据统计任务的特定目的（如为详细了解重要国情、国力）而专门组织的一次性全面调查。它主要用来收集那些不宜用经常调查来收集的全面、准确的统计资料。一般用来调查属于一定时点的社会经济现象的总量，如全国人口数、全部生产设备、科技人员总量等。

2. 普查的组织方法

（1）从上至下组织专门的普查机构和队伍对调查单位直接进行登记。

（2）颁发调查表，由调查单位填报。（这种方法也需组织一定的普查机构，配备一定的专门人员，对整个普查工作进行组织）

3. 普查的组织原则

（1）必须规定标准时点，使所有资料都反映这一时点上的状况，避免重复和遗漏。

（2）正确选择普查时期。

（3）在普查范围内各调查单位或调查点应尽可能同时进行调查，保持在方法、步调上一致。

（4）调查项目不能任意改变。

（二）抽样调查

1. 抽样调查的概念

抽样调查也是一种非全面调查，它是在全部调查单位中按照随机原则抽取一部分单位作为样本进行调查，根据调查结果推断总体的一种调查方法。例如，要了解某电子元件厂生产的某种规

格电子元件的质量情况，从 1 万个电子元件中抽取 1%即 100 个进行实际检验观察，然后以这 100个电子元件的平均耐用时间或合格率，来推断 1 万个电子元件的平均耐用时间或合格率。这种产品质量的抽样检查，就是抽样调查。

目前我国进行的职工家庭收支调查就是抽样调查。

2. 抽样调查的特点

（1）按随机原则抽取调查单位，排除人为主观意识的选择，总体中的每个单位都有被抽取的同等机会。

所谓随机原则抽取，就是排除人的主观选择，使被研究总体中的每一个单位都有被抽取的同等机会，被抽中或不被抽中，完全是出于偶然的机遇，这就区别于重点调查（必须选取重点单位），也区别于典型调查（有意识地从中选择典型单位）。之所以要按随机原则抽取，是因为只有这样，所抽得样本单位的分布，才可能接近总体单位的分布，具有较大的代表性。

（2）根据部分推断总体。抽样调查虽然仅是直接调查被抽取的那一部分单位，但其目的是着眼于研究总体的，如上例，实际检验的是 100 个电子元件的质量，但目的是研究那 1 万个电子元件的质量，即通过对那一部分单位的观察值，运用数理统计的原理，对所研究总体作出数量上的推断，达到认识总体数量特征的目的。

（三）重点调查

1. 重点调查的概念

重点调查是在调查对象范围内，只选择一部分重点单位而进行的非全面调查。所谓重点单位就是指在总体中举足轻重的那些单位，这些单位在总体中虽然数量不多，所占比重不大，但就调查的标志值而言，却在总体标志总量中占有很大比重。通过对这部分重点单位的调查，可以从数量上说明整个总体在该标志总量方面的基本情况。例如，我国的钢铁企业有数百家，但钢铁产量的高低差别就很大，其中首都钢铁厂、宝山钢铁厂、鞍山钢铁厂、太原钢铁厂、武汉钢铁厂、包头钢铁厂、攀枝花钢铁厂等大型钢铁企业，虽然在企业数上只是少数，但在全国钢铁总产量中所占的比重却是绝大部分的，因此，只要对这些重点企业进行观测，就可以大体了解全国钢铁生产的基本情况。

2. 重点单位的选择

选出的单位应尽可能地少些，而其标志值在总体中所占的比重应尽可能地大些。

（四）典型调查

典型调查是在调查对象中有意识地选取若干具有典型意义的或有代表性的单位进行的非全面调查。例如，有意识地选择三个农村点，调查农民收入情况，这种调查方式就属于典型调查。

典型调查的中心问题在于如何正确地选择典型单位，要保证被选中的单位具有充分代表性。典型有三种：先进、中等、落后。

二、按调查的组织形式不同，可分为统计报表和专门调查

（一）统计报表

统计报表是根据统计法规的规定，按一定的表式和要求，自上而下统一部署，自下而上逐级提供统计资料的一种统计调查方法，是我国收集资料的一种重要的组织形式。我国目前有关国计民生的重

要的统计资料绝大部分是依靠统计报表取得的。统计报表有全面统计报表和非全面统计报表。

（二）专门调查

专门调查是为了研究某些专门问题而专门组织的调查。如为了了解一定时点状态上的资料而组织的人口普查，多属一次性专门调查。它包括普查、重点调查、典型调查和抽样调查等。

三、按调查登记时间是否连续，可分为经常调查和一时调查

（一）经常性调查

经常调查是指随着调查对象在时间上的变化而进行连续不断地登记或观察。如工业产品产量调查、燃料和材料消耗、商品流转额、投资总额等。

（二）一时调查

一时调查是指对被调查对象在某一时刻的状况进行一次性登记，以反映事物在一定时点上的发展水平，是不连续的调查，如调查人口总数、资金占用数量、工业企业数、商业网点的数量。

以上是从不同角度对统计调查方式、方法的分类。在实际工作中，各种分类方法不是互相排斥的，而是相互交叉使用的，现列表说明各种调查的特点（如表 2.2.2 所示）。

表 2.2.2　　　　　　　　　　各类统计调查方法的特点

	调查范围	调查时间	组织形式
统计报表	全面或非全面	经常	报表制度
普查	全面	一时	专门调查
抽样调查	非全面	经常或一时	专门调查
重点调查	非全面	经常或一时	报表或专门
典型调查	非全面	一时	专门调查

第三节　统　计　整　理

一、统计整理的概念和内容

（一）统计整理的概念

统计整理是根据统计研究的任务，对统计调查阶段所收集到的大量原始资料进行加工、汇总，使其系统化、条理化、科学化，以得出反映事物总体综合特征的资料的工作过程。

统计整理是统计工作的第三阶段，是统计工作中一个十分重要的中间环节，起着承前启后的作用，即是统计调查阶段的继续和深入，又是统计分析阶段的基础。通过统计调查所收集到的资料，只是一些个别单位的、分散的、不系统的原始资料，所反映的问题常常是事物的表面现象，不能深刻揭示事物的本质，更不能从量的方面反映事物发展变化的规律性，这就有必要对统计调查所获得的原始资料进行科学的整理。

（二）统计整理的内容

1. 录入数据，建立数据表

数据表是指包含相关数据的一系列工作表的数据行。数据表可以作为数据库使用，其中行表示记录，列表示字段。

2. 数据排序与分组

一般来说，录入数据的数据是无序的，不能反映现象的本质与规律性。为了使用的方便，要将其进行排序、分组，以便数据按要求排列，同时使性质相同的数据归为一组，从而让它们之间的差异性显示出来。

3. 编制次数分布表与累计次数分布表

次数分布表可以表明各组间的单位数在总体中所出现的次数或所占比重，从而描述总体的内部结构，揭示总体中的关键因素与本质特征。累计次数分布则能够表明各标志值以上或以下所出现的次数或比重。

4. 绘制统计图

Excel 可以绘制许多图表，其中大部分是统计图，可用于数据的整理与分析。各种各样的统计图可以形象、直观地表明数据的分布形态与发展变化的趋势。

二、统计分组的概念与作用

（一）统计分组的概念

统计分组就是根据统计研究的需要，将统计总体按照一定的标志分为若干个组成部分的一种统计方法。其目的就是把同质总体中的具有不同性质的单位分开，把性质相同的单位结合在一起，保持各组内统计资料的一致性和组与组之间的差异性，以便正确认识事物的本质及其规律。

（二）统计分组的作用

1. 划分现象的类型

社会经济现象千差万别，多种多样，其在发展变化过程中所表现出来的特征也是不同的。通过统计分组，就可以对不同类型的现象的特征作比较和研究，揭示它的发展变化规律。例如，人口统计中把人口总体按职业分组，社会统计中，把人口按经济收入、受教育程度等划分为不同的阶层等，这些都有着重要的意义。

2. 揭示现象内部结构

同一总体内，总体单位间是存在差异的。按某种标志将总体划分为若干不同的部分，就可以反映总体的内部构成情况，揭示不同构成部分之间的差异。例如，将居民户按年收入分组，可以观察居民贫富差距，以及富裕、贫穷户分别所占的比重。将人口按文化程度分组后，通过计算文盲、半文盲和小学、初中、高中、大学及大学以上文化人口比重指标，则可以反映社会人口的文化程度构成情况。可以这样说，没有分组，就无法观察总体的内部结构。

3. 分析现象的依存关系

一切社会经济现象，彼此间都是相互联系、相互依存的。一种现象的表现，既是其他有关社会现象相互作用的结果，同时又对其他现象产生影响。现象之间的这种关系可以通过分组反映出来。例如，将播种面积按施肥量分组，观察粮食产量与施肥量之间的关系；将居民户按所处的位置分组，观察居民的居住位置与富裕程度的关系。总之，在现象间相互关系的分析中，统计分组有着重要作用。

三、统计分组方法

（一）分组标志的选择

由于总体单位的标志有品质标志和数量标志两种，因此，分组标志也有品质标志和数量标志两种。

1. 按品质标志分组

品质标志一般不能用数量表示，它表明事物的质量属性。比如对某班 40 名学生按性别分组，如表 2.3.1 所示。

表 2.3.1　　　　　　　　　　　　　某班学生的性别构成情况

按性别分组	绝对数/人	比重/%
男	30	75
女	10	25
合计	40	100

2. 按数量标志分组

数量标志一般是用数量表示的，比如产品产量、利润、成本等都是数量标志。按数量标志分组，有两种情况：一种情况是变量数值不多，变动范围不大，即总体单位的不同标志值较少，这时可做成单项式分组；另一种情况是变量数值较多，变动范围较大，即总体单位的不同标志值较多，则作组距式分组。

单项式分组只以一个变量值代表一组所编制的变量数列，如表 2.3.2 所示。

表 2.3.2　　　　　　　　　　某厂第二季度工人平均日产量

工人平均日产量/件	工人数	
	绝对数/人	比重/%
2	10	8.7
3	15	13.0
4	30	26.1
5	40	34.8
6	20	17.4
合计	115	100.0

组距式分组是用变量值变动的一定范围（或距离）代表一个组而编制的变量数列，如表 2.3.3 所示。

表 2.3.3　　　　　　　　　　某工厂工人完成生产定额情况表

工人完成生产定额分组/%	工人数	
	绝对数/人	比重/%
80～90	30	16.7
90～100	40	22.2
100～110	60	33.3
110～120	30	16.7
120～130	20	11.1
合　计	180	100.0

关于单项式分组和组距式分组，我们会在后面详细讲解。

（二）统计分组方法（种类）

在统计分组中，根据采用的分组标志的多少不同，可以分为简单分组和复合分组。

（1）简单分组。对被研究现象总体只按一个标志进行分组，如人口按性别分组、工业企业按所有制分组等。

（2）复合分组。对同一总体选择两个或两个以上标志层叠起来进行分组。例如，将车间的生产工人先按"性别"分为男、女两组，而后在每组中又按"技术熟练程度"分为技术工和辅助工两组（如图 2.3.1 所示）

$$男\begin{cases}技术工\\辅助工\end{cases} \qquad 女\begin{cases}技术工\\辅助工\end{cases}$$

图 2.3.1　复合分组示例

（三）统计分组应遵循的原则

1. 穷尽性原则

穷尽性原则是指要使总体内的每一单位都能无一例外地划归到各自所属的组。例如，如果把人口的文化程度分为小学毕业、中学毕业、大学毕业、硕士及以上 4 组，那么，那些非小学毕业，或是文盲和半文盲的人就无所归属。这就违反了穷尽性原则，可将第一组改为：小学及以下。

2. 互斥性原则

互斥性原则是指总体分组后，每个组的范围应该互不相容、互相排斥。即每个总体单位在特定的分组标志下只能归于某一类别，而不能或不可能同时出现在几个类别中。

第四节　分　配　数　列

一、分配数列的概念和种类

（一）分配数列的概念

在统计分组的基础上，将总体的所有单位按组归类整理，并按一定顺序排列，形成总体中各个单位在各组间的分布，称为次数分布或分配数列。分布在各组的个体单位数叫次数或频数，各组次数占总次数的比重叫频率。

分配数列是统计分组的一种重要形式，是统计整理的成果，它反映了总体的量变状态和量变过程，从量的差别中来揭示总体质的特征。分配数列有两个组成要素：一是分组标志序列（即分成的各组）；二是各组相对应的分布次数。

（二）分配数列的分类

分配数列按照分组标志的不同，可以分为品质分配数列和变量分配数列。

1. 品质分配数列（简称品质数列）

将总体按照品质标志分组形成的分配数列，叫做品质数列。品质数列由各组名称和次数组成，各组次数可以用绝对数表示，即频数或次数，也可以用相对数表示，即频率（见表 2.4.1）。

表 2.4.1　　　　　　　　　　某班学生的性别构成情况

性别（组名）	人数（次数或频数）/人	比率（频率或比重）/%
男性	30	75.0
女性	10	25.0
合计	40	100.0

2. 变量分配数列（简称变量数列）

将总体按照数量标志分组形成的分配数列，叫做变量数列。变量数列可以分为单项数列和组距数列两种。

（1）单项数列。它是总体按单项式分组而形成的变量数列，只以一个变量值代表一组所编制的变量数列。每个变量值是一个组，按顺序排列，一般在不同变量值不多且变量值的变动范围不大、变量呈离散型的条件下采用（见表 2.4.2）。

表 2.4.2　　　　　　　　　　某工厂工人日产量分组

日产量（x）/件	工人数（f）/人	比重（$f/\sum f$）/%
20	4	10
21	4	10
22	8	20
23	8	20
24	8	20
25	4	10
26	4	10
合计	40	100

（2）组距数列。它是总体按组距式分组而形成的变量数列，即用变量值变动的一定范围（或距离）代表一个组而编制的变量数列。每个组由若干个变量值形成的区间表示。一般的，对于连续型变量或者是离散型变量在变量值变动幅度较大、总体单位数较多的情况下采用组距数列（见表 2.4.3）。

表 2.4.3　　　　　　　　　　某班学生考试成绩

成绩/分	考生人数/人	比重/%
< 60	2	5
60～70	8	20
70～80	16	40
80～90	10	25
> 90	4	10
合计	40	100

由此可见，变量数列也是由各组名称（由变量值表示）和次数（或频率）组成。频率大小表明各组标志值对总体的相对作用程度，也可以表明各组标志值出现的概率大小。变量的具体数值

即变量值通常用符号 x 表示；各组单位数即次数或频数通常用符号 f 表示。变量数列的编制特别是组距数列的编制比较复杂。下面就组距数列的编制方法专门加以介绍。

二、组距数列的编制

（一）组限、组距、组数

1. 组限

它指各组的数量界限，即组距数列中每个组两端表示各组界限的变量值。它分为上限和下限。每个组的最小值为下限，最大值为上限。若一个组距的上、下限都齐全，叫做闭口组；有上限无下限，或有下限无上限，叫做开口组。

确定组限要遵守一个基本原则，即按这样的组限分组后，标志值在各组的变动能反映事物的质的变化，也就是要使同质的单位在同一组内，这就涉及组限的表示方法。

按连续型变量分组，相邻组的上、下限可以重叠，每一组的上限同时是下一组的下限，原则上把到达上限值的单位数计入下一组内，遵循"上组限不在内"的原则。如表2.4.3中，若成绩为60分，则应计入60～70分这一组内，因60分是成绩及格、不及格的数量界限，也是事物发生质变的量的界限。

按离散型变量分组，相邻两组的上限与下限通常是以两个确定的不同整数值来表示，相邻两组的上下限可以不重叠。例如，企业按职工人数分组：100人以下，101～200人，201～300人。也可以按照"上组限不在内"的原则写成重叠式组限，如上面的职工人数分组也可以写成：100人以下，100～200人，200～300人。

2. 组距

各组所包含的变量值的变动范围，即每组上限和下限之间的距离称为组距，即：组距＝上限−下限。在组距数列中，各组组距可以是相等的，也可以是不相等的。

编制组距数列必须要确定组距和组数。首先找出全部变量的最大值和最小值的距离（即全距），以及大多数变量值集中的范围，然后据以考虑组距和组数的问题，使分组的结果尽可能反映出总体分布的特点。

3. 组数

它指某个变量数列共分多少组。组数的确定和组距有密切联系，组距大则组数少，组距小则组数就多，两者成反比例的变化。

（二）组中值

为了反映分在各组中个体单位变量值的一般水平，统计工作中往往用组中值来代表它。组中值是各组变量范围的中间数值，组距数列中各组所有变量值的代表值，实际上就是各组上限与下限之间的中点值。其计算公式如下所示。

闭口组：

$$组中值 ＝（上限 + 下限）/2$$

对于开口组组中值的确定，一般以其相邻组的组距的一半来调整。

无下限的开口组：

$$组中值 ＝ 上限 −（邻组组距/2）$$

无上限的开口组：

$$组中值 ＝ 下限 −（邻组组距/2）$$

组中值计算如表 2.4.4 所示。

表 2.4.4　　　　　　　　　　　　　　组中值计算示例

按完成率利润分组/万元	组中值计算
10 以下	缺下限：　组中值 = 10-10/2 = 5
10～20	组中值 =（10 + 20）/2 = 15
20～30	组中值 =（20 + 30）/2 = 25
30～40	组中值 =（30 + 40）/2 = 35
40～70	组中值 =（40 + 70）/2 = 55
70 以上	缺上限：组中值 = 70 + 30/2 = 85

（三）等距数列与异距数列

组距数列根据组距是否相等，分为等距数列和异距数列 2 种。

1. 等距数列

即每个组的组距都相等的组距数列，如表 2.4.3 所示。它适用于标志值的变动比较均匀的情况，也适宜于现象性质差异的变动比较均匀的情况。等距数列分组的优点是：①由于各组的组距相等，各组次数分布不受组距大小的影响，因而能直接比较各组次数的多少，便于反映总体单位的分布情况；②便于计算，尤其便于利用简捷法计算平均数、标准差等指标。所以，在一般情况下，应尽量采用等距分组来编制分配数列。

等距数列分组时，一般应根据总体内部情况的定性分析来确定组数，然后用全距除以组数，确定组距，并据以划分各组的界限。通常用 R 表示全距，K 表示组数，d 表示组距。即 $d = R/K$。为计算方便，通常 d 宜取 5 或 10 的整数倍。

2. 异距数列

异距数列各组的组距不尽相等。适用于标志值的变动不均匀的情况和现象性质差异的变动不均匀时的情况。

如果变量值急剧地增长或下降，变动幅度很大时，应采用异距分组来编制数列。如当前个体经营者的纯收入、农民的年收入额等。还有一些社会经济现象，其性质的变化不是由变量值均匀变动引起的。例如，为研究人口总体在人生各发展阶段的分布，就需要按照人在一生中自然的和社会的分组规律采用异距分组，编制异距数列。可以这样分组：1 岁以下（婴儿组），1～7 岁（幼儿组），7～17 岁（学龄儿童组），17～55 岁（有劳动能力的人口组），55 岁以上（老年组）。这样各组的组距不相等，但能说明各自的问题。

三、次数分布的特征

（一）累计次数分布

总体中各单位数在各组间的分布，称为次数分布。通过研究次数分布的规律，可以研究大量现象的统计规律性。

将变量数列各组的次数和比率逐组累计相加，即成累计次数分布，它表明总体在某一标志值的某一水平上下总共包含的总体次数和比率。累计次数有两种计算方法。

1. 向上累计

向上累计（或称以下累计、较小制累计）是将变量值的次数和比率由变量值低的组向变量值高的组累计，表明各组上限以下总共所包含的总体次数和比率有多少。

2. 向下累计

向下累计（或称以上累计、较大制累计）是将变量值的次数和比率由变量值高的组向变量值低的组累计，表明各组下限以上总共所包含的总体次数和比率有多少。

例如，前面表2.4.3所示学生考试成绩的累计次数分布，如表2.4.5所示。

表2.4.5　　　　　　　　　　　某班学生考试成绩次数分配

考分/分	次数		向上累计		向下累计	
	人数/人	比率/%	人数/人	比率/%	人数/人	比率/%
<60	2	5	2	5	40	100
60～70	8	20	10	25	38	95
70～80	16	40	26	65	30	75
80～90	10	25	36	90	14	35
>90	4	10	40	100	4	10
合计	40	100	—	—	—	—

累计次数的特点是：同一数值的向上累计和向下累计次数之和等于总体次数，而累计比率之和等于1（或100%）。如表2.4.5数值向上累计表明：80分以下累计26人，比率65%；向下累计表明：80分以上14人，比率35%；两个累计人数之和等于总体的40人，两个累计比率之和等于100%。

对于单项数列也可以计算累计次数和累计比率。

（二）次数分布的主要类型

在日常生活和经济管理中，常见的频数分布曲线主要有钟型分布、U型分布、J型分布三种形式。

1. 钟型分布

钟型分布是指靠近两端的变量值分布次数较少，中间变量值则分布次数较多，绘制成的曲线图形宛如一口古钟。

钟型分布又分为对称分布和偏态分布。对称分布的特征是中间变量值分布的次数最多，两侧变量值分布的次数随着与中间变量值距离的增大而渐次减少，并且围绕中心变量值两侧呈对称分布，这种分布也称为正态分布，如图2.4.1（a）所示。

偏态分布的特征是中间变量值分布的次数最多，两侧变量值分布的次数逐渐减少，但两侧减少的速度快慢不同，致使分布曲线向某一方向偏斜，分为右偏和左偏。右偏（正偏）是当变量值存在极端大值时，次数分布曲线就会向右延伸，称为右偏型分布。左偏（负偏）是当变量值存在极端小值时，次数分布曲线就会向左延伸，称为左偏型分布。如图2.4.1（b）所示。

在实际中，有很多社会经济现象，如农作物的单位面积产量、职工的工资、学生的成绩、零件的公差、纤维强度等，都服从正态分布。

2. U型分布

U形分布的特征与钟型分布的特征相反，靠近中间的变量值分布的次数较少，靠近两端的变量值分布次数较多，形成两头大，中间小的U字型，如图2.4.1（d）所示。比如，人的死亡率分布就近似U形分布，因为人口中婴幼儿和老年人的死亡率较高，而中青年的死亡率则较低。产品的故障率也有类似的分布。

3. J 型分布

J 形分布有两种类型，一种是正 J 型分布，即次数随着变量值的增大而增多；另一种是反 J 型，即次数随着变量值的增大而减少，如图 2.4.1（c）所示。例如，经济学中的供给曲线，随着价格的提高供给量以更快的速度增加，呈现为正 J 形；而需求曲线则表现为随着价格的提高需求量以较快的速度减少，呈现为反 J 形。

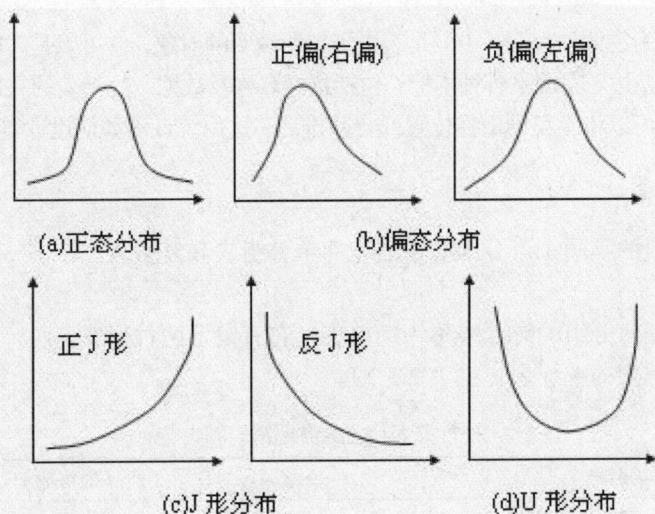

(a)正态分布　(b)偏态分布　正偏(右偏)　负偏(左偏)

(c)J 形分布　(d)U 形分布　正 J 形　反 J 形

图 2.4.1　次数分布类型

第五节　统计表与统计图

经过整理后的统计资料，可以用两种形式加以概括和表述：一种是统计表，另一种是统计图。

一、统计表

统计表是统计用数字说话的一种最常见的形式。统计表有广义和狭义之分：广义的统计表是指整个统计过程中所使用的一切表格，包括统计资料收集过程中的调查表、资料整理过程中的分组表以及统计分析过程中的分析表；狭义的统计表仅指反映统计整理结果所使用的统计表。

（一）统计表的结构

从形式上看，统计表由总标题、横行标题、纵栏标题、统计数据所组成（见表 2.5.1）。

表 2.5.1　　　　　　　2010 年全国税收总收入主要税种收入统计表

税种	收入/亿元	比去年同期增收/亿元	增长率/%
税收总收入	73 202.3	13 680.71	23
其中：国内增值税	21 091.95	2 610.73	14.1
国内消费税	6 071.54	1 310.32	27.5
营业税	11 157.64	2 143.66	23.8
企业所得税	12 842.79	1 305.95	11.3

（1）总标题。总标题，即统计表的名称，用以简明扼要地说明统计表中全部统计资料的时间、地点和内容。总标题一般放在表格上方中间位置。

（2）横行标题和纵栏标题。纵栏标题通常用来表明标志和指标的名称，一般置于表格上部。横行标题通常用来表明调查单位和分组的名称，一般置于表格左边。

（3）统计数据（指标数值）。统计数据是各标志或指标的具体数值，位于各纵栏标题与横行标题的交叉处。

统计表的内容可分为主词和宾词，主词是表中资料所说明的对象，它可以是时间、单位、也可以是总体或分组，位于表的左边。宾词是各种指标，包括指标名称及数据，位于表的右边。宾词和主词的位置不是固定不变的，也可以将主宾词更换位置或合并排列。这由统计表如何设计得更为合理而定。

（二）统计表的种类

统计表按总体分组的不同，可分为简单表、简单分组表和复合表。

1. 简单表

表的主词未进行任何分组的统计表称为简单表。它有以下两种形式。

（1）按总体单位排列的统计表（见表 2.5.2）。

表 2.5.2　　　　　　　　　2011 年某市三大商场销售额

商场名称	商品销售额/千元
第一商场	58 464
第二商场	32 793
第三商场	19 541

（2）按时间顺序排列的统计表（见表 2.5.3）。

表 2.5.3　　　　　　　　　2002—2011 年我国外汇储备量

年份/年	外汇储备/亿元
2002	2 864.07
2003	4 033.51
2004	6 099.32
2005	8 288.72
2006	10 663.44
2007	15 282.49
2008	19 460.30
2009	23 991.52
2010	28 473.38
2011	31 811.48

这两种形式表的主词只是简单地将总体各单位的名称或时期排列起来，没有经过任何分组加工，所以是简单表。按总体单位排列的统计表，可以用来比较分析各单位的经济活动情况，按时期顺序排列的统计表，可以用来分析现象的动态。

2. 简单分组表

主词按某一标志进行简单分组形成的统计表称为简单分组表，如表 2.4.1 所示，对某班学生按性别分组。

3. 复合表

表的主词按照两个或者两个以上标志进行复合分组的统计表称为复合表，如表 2.5.4 所示。

表 2.5.4　　　　　　　某地区工业企业的工人性别和工龄情况统计表

企业按所有制形式分组	企业数	工人总数			工龄								
					1～5 年			5～10 年			10 年以上		
		男	女	合计	男	女	合计	男	女	合计	男	女	合计
国有企业													
股份制公司													
外资企业													
合计													

（三）编制统计表应注意的问题

由于使用者的目的以及统计数据的特点不同，统计表的设计在形式和结构上会有较大差异，但设计上的基本要求则是一致的。总体上看，统计表的设计应符合科学、实用、简练、美观的要求。具体来说，设计统计表时要注意以下几点。

（1）要合理安排统计表的结构，比如行标题、列标题、数字资料等的位置应安排合理。当然，由于强调的问题不同，行标题和列标题可以互换，但应使统计表的横竖长度比例适当，避免出现过高或过长的表格形式。

（2）表头一般应包括表号、总标题和表中数据的单位等内容。总标题应简明、准确地概括出统计表的内容，一般需要表明统计数据的时间（When）、地点（Where）以及何种数据（What），即标题内容应满足"3W"要求。

（3）如果表中的全部数据都是同一计量单位，可在表的右上角标明，若各指标的计量单位不同，则应放在每个指标后或在列标题后标明。

（4）表中的上下两条线一般用粗线，中间的其他线要用细线，这样使人看起来清楚、醒目。通常情况下，统计表的左右两边不封口，列标题之间一般用竖线隔开，而行标题之间通常不必用横线隔开。总之，表中尽量少用横竖线。表中的数据一般是右对齐，有小数点时应以小数点对齐，而且小数点的位数应统一。对于没有数字的表格单元，一般用"–"表示，已经填好的统计表不应出现空白单元格。

（5）在使用统计表时，必要时可在表的下方加上注释，特别要注意注明资料来源，以表示对他人劳动成果的尊重，方便读者查阅使用。

二、统计图

统计图是根据统计数字，利用点、线、面、体等绘制成几何图形，以表示各种数量间的关系及其变动情况的工具。它是表现统计数字大小和变动的各种图形总称。在统计学中把利用统计图形表现统计资料的方法叫做统计图示法。其特点是形象具体、简明生动、通俗易懂、一目了然。其主要用途有：表示现象间的对比关系；揭露总体结构；检查计划的执行情况；揭示现象间的依存关系；反映总体单位的分配情况；说明现象在空间上的分布情况。其中有条形统计图、扇形统计图、折线统计图、象形图等。

（一）条形统计图

用一个单位长度(如 1cm)表示一定的数量，根据数量的多少，画成长短相应成比例的直条，并按一定顺序排列起来，这样的统计图，称为条形统计图。条形统计图可以清楚地表明各种数量的多少，是统计图资料分析中最常用的图形（见图 2.5.1）。

条形统计图的特点如下。

（1）能够使人们一眼看出各个数据的大小。

（2）易于比较数据之间的差别。

（3）能清楚地表示出数量的多少。

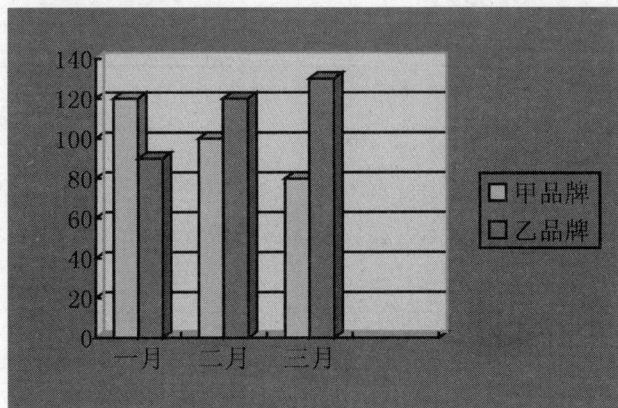

图 2.5.1 某商场甲、乙果汁饮料月销售情况统计图

（二）圆形统计图

以一个圆的面积表示事物的总体，以扇形面积表示占总体的百分数的统计图，叫作圆形图，又称饼图或扇形统计图，也叫作百分数比较图（见图 2.5.2）。圆形统计图可以比较清楚地反映出部分与部分、部分与整体之间的数量关系。

圆形统计图的特点如下。

（1）用扇形的面积表示部分在总体中所占的百分比。

（2）易于显示每组数据相对于总数的大小。

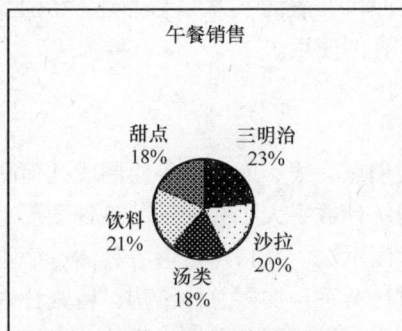

图 2.5.2 午餐销售比例图

（三）折线统计图

以折线的上升或下降来表示统计数量的增减变化的统计图，叫作折线统计图，也称曲线图

（见图 2.5.3）。与条形统计图比较，折线统计图不仅可以表示数量的多少，而且可以反映同一事物在不同时间里的发展变化的情况。折线图在生活中运用得非常普遍，虽然它不直接给出精确的数据，但只要掌握了一定的技巧，熟练运用"坐标法"，也可以很快地确定某个具体的数据。

折线统计图的特点：（1）能够直观地显示数据的变化趋势；

（2）反映事物的变化情况。

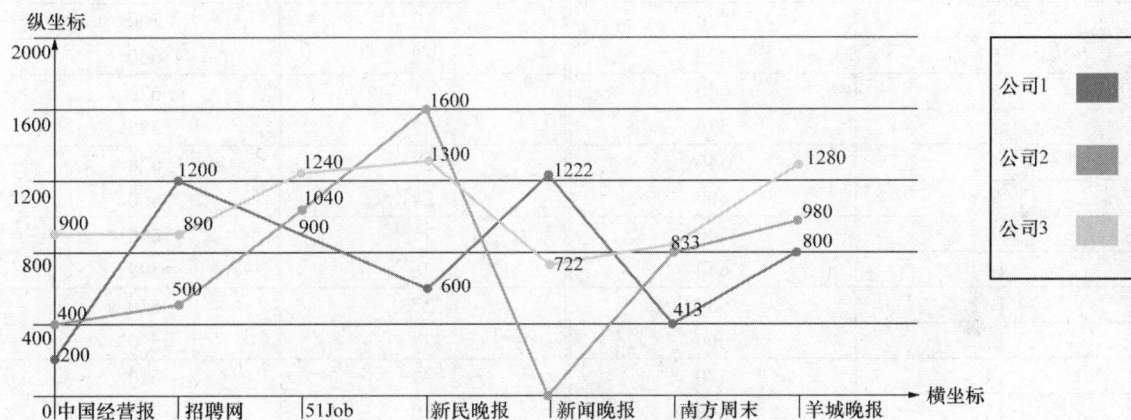

图 2.5.3　折线统计图示例

（四）直方图

直方图又称质量分布图，柱状图。它是根据统计调查收集来的数据资料，画成以组距为底边、以频数为高度，用若干长方形条块连接起来，以表明某一现象次数分布状况的图形（见图 2.5.4）。

直方图的特点是可以解析出资料的规则性，比较直观地看出资料特性的分布状态，对于资料分布状况一目了然，便于判断其总体质量分布情况。

绘制直方图应注意的问题：条形的宽度要相同，每个直立的条形的中间不能留空（否则就变成条形图了）。直方图一般用于反映某现象的次数分布。

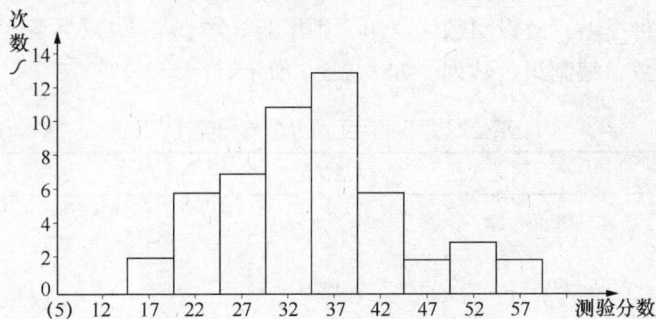

图 2.5.4　52 名学生拼写测验成绩次数

【案例分析】

某公司老总想要了解本公司员工的工资收入状况，负责工资核算的小李将员工的某月工资表打印了出来,如表 2.5.5 所示,准备交给老总,如果你是小李,将如何做呢?是否认为应对工资资料加以整理?如何对其进行整理呢?

表 2.5.5　　　　　　　　　　某公司员工某月工资资料

编号	月收入/元	编号	月收入/元
1	730	16	680
2	630	17	610
3	550	18	430
4	720	19	700
5	420	20	660
6	440	21	620
7	620	22	520
8	540	23	670
9	600	24	460
10	440	25	600
11	640	26	490
12	650	27	630
13	660	28	590
14	470	29	610
15	640	30	710

解析:

作为职能人员的小李,在向领导提供资料时应加以整理,提供系统、完整的数据资料,为领导决策服务。可以将该资料进行统计分组,从中反映出工资水平的分布规律。

(1)将原始资料按数值大小的顺序排列,确定最大值、最小值和全距。

表 2.5.6　　　　　　　　　　某公司员工某月工资资料数据排序表

420	430	440	440	460	470	490	520	540	550
590	600	600	610	610	620	620	630	630	640
640	650	660	660	670	680	700	710	720	730

解析: 最大值为 730 元,最小值为 420 元,则全距 R = 730-420 = 310(元)。

(2)对资料进行定性分析,确定组数、组距和组限。可以将其分为高收入、中等偏上收入、中等收入和低收入 4 种类型,故设组数为 4 组,则组距 d =310/4 = 77.5(元),取整为 100 元。

(3)分组计算次数,编制组距数列,如表 2.5.7 所示。

表 2.5.7　　　　　　　　　　某公司员工某月工资分配情况统计表

工资/元	人数/人	比重/%
400~500	7	23.3
500~600	4	13.3
600~700	15	50.0
700~800	4	13.4
合计	30	100.0

从表 2.5.7 中可以看出,该公司 30 个职工的月收入水平的分布特征:基本集中在 600~700 元之间,处于中等偏上的收入水平。

本 章 小 结

本章重点学习了统计调查的含义，统计调查的方法即普查、重点调查、典型调查、抽样调查的应用及特点。在统计分组的基础上，编制分配数列并据此编制统计表和统计图。通过本章学习应掌握各种调查方法的特点、应用条件，调查方案的制订，并能根据实际情况采用适当的调查方法收集资料。学生可以根据特定的研究任务，撰写统计调查方案和统计调查报告，对调查来的统计数据进行分组，编制分配数列，并制作统计表、绘制统计图。

实 务 题

一、单项选择题

1. 对某停车场上的汽车进行一次性登记，调查单位是（   ）。

    A. 全部汽车　　　　B. 每辆汽车　　　　C. 一个停车场　　　　D. 所有停车场

2. 某地区对小学学生进行普查，则每所小学是（   ）。

    A. 调查对象　　　　B. 调查单位　　　　C. 填报单位　　　　D. 调查项目

3. 调查几个铁路枢纽，就可以了解我国铁路货运量的基本情况和问题，这种调查属于（   ）。（重点调查）

    A. 重点调查　　　　B. 典型调查　　　　C. 抽样调查　　　　D. 普查

4. 某国有企业按利润计划完成程度分组，正确的是（   ）。

    A. 80%～90%　　　90%～99%　　　100%～109%　　　110%以上

    B. 80%以下　　　　80.1%～90%　　90.1%～100%　　100.1%～110%

    C. 80%以下　　　　80%～90%　　　90%～100%　　　100%～110%

    　　110%以上

    D. 85%以下　　　　85%～95%　　　95%～105%　　　105%～115%

    　　115%以上

5. 简单分组和复合分组的区别在于（   ）。

    A. 总体的复杂程度不同　　　　　　　B. 组数的多少不同

    C. 选择分组标志的性质不同　　　　　D. 选择分组标志的数量多少不同

6. 下列哪个数列属于连续变量数列（   ）。

    A. 企业职工按工资分组　　　　　　　B. 企业职工按性别分组

    C. 企业职工按学历分组　　　　　　　D. 企业职工按日产量（件）分组

7. 变量数列中各组频率的总和应该（   ）。

    A. 小于1　　　　B. 等于1　　　　C. 大于1　　　　D. 不等于1

8. 某连续变量数列，其末组为500以上。其邻组的组中值为480，则末组的组中值为（   ）。

    A. 520　　　　B. 510　　　　C. 530　　　　D. 540

9. 下面属于按数量标志分组的有（   ）。

    A. 工人按政治面貌分组　　　　　　　B. 工人按年龄分组

      C. 工人按性别分组   D. 工人按民族分组

10. 统计表的结构，从其内容看，包括（   ）。

    A. 总标题   B. 纵栏标题和横行标题

    C. 主词和宾词   D. 指标数值

二、多项选择题

1. 全国工业企业普查中（   ）。

    A. 全国工业企业数是调查对象   B. 每个工业企业是调查单位

    C. 每个工业企业是填报单位   D. 全国工业企业数是统计指标

    E. 全国工业企业是调查主体

2. 下列情况下调查单位和填报单位不一致的是（   ）。

    A. 工业企业生产设备调查   B. 人口普查

    C. 工业企业现状调查   D. 农产量调查

    E. 城市零售商店销售情况调查

3. 非全面调查形式有（   ）。

    A. 典型调查   B. 非全面统计报表   C. 重点调查

    D. 普查   E. 抽样调查

4. 专门组织的调查包括（   ）。

    A. 典型调查   B. 统计报表   C. 重点调查

    D. 普查   E. 抽样调查

5. 下面哪些分组是按数量标志分组（   ）。

    A. 企业按销售计划完成程度分组   B. 学生按健康状况分组

    C. 工人按产量分组   D. 职工按工龄分组

    E. 企业按隶属关系分组

6. 指出下列数列属于哪种类型（   ）。

按生产计划完成程度分组/%	企业数
90～100	30
100～110	5
合计	35

    A. 品质分配数列   B. 变量分配数列

    C. 组距式变量分配数列   D. 等距变量分配数列

    E. 次数分配数列

7. 现将某班级 40 名学生按成绩分别列入不及格（59 分以下），及格（60～69 分），中等（70～79 分），良好（80～89 分），优秀（90 分以上）5 个组中，这种分组（   ）。

    A. 形成变量数列   B. 形成组距数列

    C. 形成品质分布数列   D. 形成开口式分组

    E. 是按品质标志分组

8. 在组距数列中，影响各组次数分布的主要因素有（   ）。

    A. 组数   B. 变量值的大小   C. 组限

D. 组距　　　　　　　E. 总体单位数的多少

9. 对连续型变量编制次数分布数列（　　　）。

A. 只能用组距数列　　　　　　　B. 相邻组的组限必须重合

C. 组距可相等也可不相等　　　　D. 首尾两组一定得采用开口组限

E. 首尾两组一定得采用闭口组限

10. 次数分布的主要类型有（　　　）。

A. U 型分布　　　B. T 型分布　　　C. 钟型分布　　　D. J 型分布

三、计算题

1. 某行业管理局所属 40 个企业 2004 年的产品销售收入数据（单位：万元）如下。

152　124 129 116 100 103 92　95　127 104

105　119 114 115 87　103 118 142 135 125

117　108 105 110 107 137 120 136 117 108

97　88　123 115 119 138 112 146 113 126

要求：

（1）根据上面的数据进行适当分组，编制频数分布表，并计算出累积频数和累积频率。

（2）按规定，销售收入在 125 万元以上为先进企业，115 万元～125 万元为良好企业，105 万元～115 万元为一般企业，105 万元以下为落后企业。现按先进企业、良好企业、一般企业、落后企业进行分组。

2. 某班有 40 名学生，统计学考试成绩如下。

66　89 88 84 86 87 75 73 72 68

75　82 97 58 81 54 79 76 95 76

71　60 90 65 76 72 76 85 89 92

64　57 83 81 78 77 72 61 70 81

学校规定：60 分以下为不及格，60～70 分为及格，70～80 分为中，80～90 分为良，90～100 分为优。

要求：

（1）把该班学生分为不及格、及格、中、良、优 5 组，编制一张次数分配表。

（2）指出分组标志及类型、分组方法的类型；画直方图并分析本班学生考试情况。

3. 某百货公司连续 40 天的商品销售如下（单位：万元）。

41　25 29 47 38 34 30 38 43 40

46　36 45 37 37 36 45 43 33 44

47　35 28 46 34 30 37 44 26 38

48　44 42 36 37 37 49 39 42 32

根据上面的数据进行适当的分组，编制频数分析表，并绘制频数分布的直方图和折线图。

第三章
统计指标与趋势分析

【学习目的与要求】

了解时间数列的作用和编制原则；掌握时间数列的概念，掌握时期数列、时点数列的概念和特点，掌握时间数列的发展水平、增长量、平均发展水平、平均增长量指标，掌握时间数列的发展速度、增长速度，平均发展速度、平均增长速度指标，掌握累计增长量和逐期增长量之间的关系，掌握定基发展速度和环比发展速度之间的关系。

懂得运用动态分析指标时应注意的问题；会计算逐期增长量、累计增长量，会计算时期数列的序时平均数、时点数列的序时平均数，会计算相对数时间数列的序时平均数，会计算平均数时间数列的序时平均数，能综合运用时间数列的水平指标和速度指标进行动态分析。

【导读】

Small Fry Design 公司

Small Fry Design 成立于 1997 年，是一家设计和进口婴幼儿玩具及附件的公司。该公司的生产线包括玩具熊、汽车、音乐玩具、发声的玩具盒、安全垫等，并以高质量软玩具的设计为特色，强调颜色、质地和声音。产品在美国设计，在中国生产。

Small Fry Design 通过个人代表把产品销售给婴儿用品零售商、儿童饰品及服装店、礼品店、面向高消费阶层的百货公司和主要的目录公司。Small Fry Design 的产品目前分布在全美 1 000 多个零售直销中心。

在这家年轻的公司的日常经营中，现金流管理是最重要的一环。能否确保充足的现金流入以偿还当前或正在进行中的债务责任意味着业务的成功与失败的差异。现金流管理的一个要素是应收账款的分析与控制。通过权衡/测度未付发票的平均账龄和金额，管理人员可以预测可用现金，监控应收账款状态下的变化。公司设定下列目标：发票的超期时间平均不能超过 45 天。超过 60 天的发票美元值不能超过所有应收账款美元值的 5%。

在最近一次应收账款状况的汇总中，为未付发票的账龄提供了下列描述性统计数字：

平均数：40 天；中位数：35 天；众数：31 天。

这些统计数字表明，发票的平均账龄是 40 天。中位数表明一半的发票是 35 天或更长时间未付。众数 31 天是最常见的发票账龄，表明发票未付最常见的时间长度是 31 天。统计也显示了所有应收账款的美元值只有 3%超过了 60 天。对于这些统计信息，管理人员感到满意：应收账款和现金流入量都在控制中。

在本章中，你可以了解到如何计算和解释 Small Fry Design 所使用的一些统计测度。除了平均数、中位数、众数之外，你还可以了解其他一些如全距、方差、标准差百分位数和相关系数等统计指标。这些数值测度有助于理解和解释数据。

（资料来源：《商务与经济统计精要》，David R.Anderson 等著，李淳、苏治宝译，机械工业出版社，2003 年版）

通过第二章的学习，我们系统地掌握了统计整理的知识。经过统计整理，将大量反映总体单位数量特征的原始资料进行加工、分组、汇总，就可以得到反映社会经济现象总体数量特征的统计指标。统计指标是反映现象总体数量特征的，统计上常用统计指标对社会经济现象的数量方面进行分析。利用统计指标既可以分析研究经济现象的总量、相对量、平均量，也可以分析经济现象的变异情况，指标分析法是统计分析的基本方法。

综合指标分为三类：总量指标、相对指标和平均指标。总量指标反映社会经济现象的总规模、总水平，表现形式是绝对数。相对指标反映社会经济现象之间的联系和数量对比关系，表现形式是相对数。平均指标反映社会经济现象某一数量标志的一般水平，表现形式是平均数。而变异指标中的平均差、标准差、方差，从计算方式看，属于特殊形式的平均数，归入平均指标。

第一节　总量指标

一、总量指标的意义

所谓总量指标，又称绝对数，是反映一定时间、地点、条件下某种社会经济现象总体规模或水平的统计指标。例如，反映 2011 年国内生产总值的指标（GDP），反映一国某一时期全国总人数的指标总人口，反映某一时期一国耕地总量的指标耕地总面积。另外，总量指标还可以表现为总量之间的绝对数，如某地区粮食产量比上年增加了 3 000 万吨。

（一）总量指标的特点

（1）总量指标都是用有计量单位的绝对数表示；
（2）最基本的指标，是计算其他指标的基础；
（3）只有有限总体才能计算总量指标；
（4）数值随统计范围的大小而发生增减变动；
（5）大多是通过对有限总体进行全面调查方法取得，也可以通过统计调查或整理过程直接获得数据，也有一部分是根据已知的总量指标间接推算而来的。

（二）总量指标的作用

总量指标是最基本的指标，在统计分析中具有重要的作用，具体表现为以下几个方面：
（1）总量指标是认识社会经济总体的起点。现象总体的基本情况通常表现为总量。例如，我国土地面积是 960 万平方公里，2010 年 11 月 1 日，全国总人口数 133 972 万人，这两个绝对数表现了我国幅员辽阔、人口众多的基本特点，是我们对国家认识的起点。
（2）总量指标是制定政策、编制计划、进行科学管理的重要依据。国家制定政策、企业实施科学管理要从客观实际出发，而总量指标恰恰是最具体、最实际的客观数量的反映，成为制定政策、实施管理不可或缺的重要依据。国民经济计划的指标通常以总量指标的形式给定，用以检验经济计划完成情况。

（3）总量指标是相对指标和平均指标计算的基础。相对指标和平均指标都是由总量指标派生出来的。相对指标和平均指标计算得正确与否，与总量指标有密切的关系。

二、总量指标的分类

（一）总量指标按照反映的内容不同可分为总体单位总量和总体标志总量。

总体单位总量是指总体单位数之和，例如一个地区拥有的总人口数、学校数、企业数等。总体标志总量简称标志总量，是指总体各单位的某一数量标志的标志值之和。例如一个地区全部成年人的收入总额就是标志总量，企业缴纳的税金总额、工业总产值等都属于标志总量。

由于一个总体单位可以有很多标志，所以，在一个特定总体内，只能存在一个总体单位总量，但可以有多个总体标志总量，构成总量指标体系。

总体单位总量和总体标志总量不是固定不变的，而是随着研究目的的不同和研究对象的变化而变化的。例如，中部地区各省外资企业数量为总体单位总量，企业固定资产、职工人数、增加值等为总体标志总量。但如果要分析研究整个中部地区企业职工情况，职工人数就成为总体单位总量。

（二）总量指标按反映时间状态的不同分为时期指标和时点指标。

时期指标是反映现象在一段时期内活动过程总结果的总量指标。如工业总产值、商品销售量、产品产量、牲畜出栏数等。

时期指标有三个基本特点：

（1）可以连续计数；

（2）各期数值可以累加；

（3）数值大小与时期长短成正比。

时点指标是指现象在某一特定时间点上的状况的总量指标，如期末学生人数、商品库存量、牲畜存栏头数等。

时点指标有三个基本特点：

（1）只能间断计数；

（2）各数值累加没有实际经济意义；

（3）数值大小与时点间隔长短没有直接关系。

（三）总量指标按其表现形式或计量单位的不同，可分为实物指标、价值指标和劳动量指标。

1. 实物指标

实物指标是指以实物单位计量的总量指标，反映事物的使用价值。实物单位是根据现象的自然属性和特征而采用的计量单位，有自然计量单位、度量衡单位、标准实物单位、复合单位等。

（1）自然计量单位，按被研究对象的自然状态来度量其数量的一种计量单位。例如：人口用"人"计量；土地用"亩"计量；机器用"台"计量。

（2）度量衡单位，按统一度量衡制度来度量客观事物数量。例如：重量用"吨"衡量，长度用"米""尺"表示等。

（3）标准实物单位。某些同类产品由于品种、规格和含量的不同，其使用价值也不同。因此，须把这些同类产品的实物量按规定的折算标准折合成标准规格或标准含量的标准实物量。常用的折算标准有两种：一种是按产品使用价值大小折算，如将多种不同含量的化肥折算为100%的化肥；另一种是按产品劳动消耗量多少折算，如皮革生产，以牛皮消耗劳动量为标准，1 牛皮 = 6 羊皮 = 2 猪皮。实物指标的优点是可以体现现象的使用价值，缺点是不便于综合，不同事物之间不能直接加总。

（4）复合单位，用两种单位的乘积来表示事物数量多少。例如，发电量的单位是"kWh"，旅游人数用"人次"。

实物指标的优点是可以体现现象的使用价值，缺点是不便于综合，不同事物之间不能直接加总。

2. 价值指标

价值指标是用货币单位计量的总量指标。货币单位是以货币量度量生产成果、社会财富或交易量的一种计量单位。不同现象的价值量不存在差异，具有可加性，综合性很强。如建筑业总产值、农业总产值、工资总额等。在商品生产和货币交换的条件下，价值指标是必不可少的。运用价值指标能够综合反映国家、地方和企业的经济发展水平。

按价值单位计量的最大优点是它具有最广泛的综合性和概括能力，可以表示现象的总规模和总水平，但它脱离了物质内容。按实物单位计算的指标最大的特点是它直接反映产品的使用价值或现象的具体内容，能具体表明事物的规模和水平，但指标的综合性能较差，无法进行汇总。二者要结合应用。

3. 劳动指标

劳动指标是用劳动单位计量的总量指标，劳动单位是用一定时间内完成的一定工作量或用一个劳动力工作一定时间做计量单位。劳动指标也具有一定的综合能力。

劳动指标是以劳动时间为单位计算的总量指标，如出勤日、实际工时、定额工时等。

劳动指标主要在企业范围内使用，是企业编制和检查计划的重要依据。不同类型、不同经营水平企业的劳动指标不能直接相比。

第二节　相对指标

一、相对指标的意义

要分析一种社会经济现象，仅仅利用总量指标是远远不够的。如果要对事物做深入的了解，就需要对总体的组成和其各部分之间的数量关系进行分析、比较，这就必须计算相对指标。

（一）相对指标的概念

相对指标又称"相对数"，是用两个有联系的指标进行对比的比值来反映社会经济现象数量特征和数量关系的综合指标。相对指标也称做相对数，其数值有两种表现形式：无名数和复名数。无名数是一种抽象化的数值，多以系数、倍数、成数、百分数或千分数表示。复名数主要用来表示强度的相对指标，以表明事物的密度、强度和普遍程度等。例如，人均粮食产量用"千克/人"表示，人口密度用"人/平方公里"表示等。

（二）相对指标的作用

（1）相对指标通过数量之间的对比，可以表明事物相关程度、发展程度，它可以弥补总量指标的不足，使人们清楚了解现象的相对水平和普遍程度。例如，某企业去年实现利润 50 万元，今年实现 55 万元，则今年利润增长了 10%，这是总量指标不能说明的。

（2）把现象的绝对差异抽象化，使原来无法直接对比的指标变为可比。不同的企业由于生产规模条件不同，直接用总产值、利润比较评价意义不大，但如果采用一些相对指标，如资金利润率、资金产值率等进行比较，便可对企业生产经营成果做出合理评价。

（3）说明总体内在的结构特征，为深入分析事物的性质提供依据。例如计算一个地区不同经济类型的结构，可以说明该地区经济的性质。又如计算一个地区的第一、二、三产业的比例，可以说明该地区社会经济现代化程度等。

二、相对指标的种类

随着统计分析目的的不同，两个相互联系的指标数值对比，可以采取不同的比较标准（即对比的基础），而对比所起的作用也有所不同，从而形成不同的相对指标。相对指标一般有六种形式，即计划完成程度相对指标、结构相对指标、比例相对指标、比较相对指标、强度相对指标和动态相对指标。

（一）计划完成程度相对指标

计划完成程度相对指标简称"计划完成程度指标""计划完成百分比"，是社会经济现象在某时期内实际完成数值与计划任务数值对比的结果，一般用百分数来表示。计划完成程度相对指标是用来检查、监督计划执行情况的相对指标。它以现象在某一段时间内的实际完成数与计划数对比，来观察计划完成程度。基本计算公式为

计划完成程度相对指标＝（实际完成数/计划完成数）×100%

在检查计划的完成情况时，可根据计划数在实际计算中表现为绝对数、相对数、平均数等多种形式，因此计算计划完成程度相对指标的方法也不尽相同。

1. 计划数以绝对数或平均数形式出现

使用绝对数和平均数计算计划完成程度相对指标时，可直接用计划完成程度的基本公式计算，即

计划完成程度相对指标＝实际完成数/计划数×100%

例3.2.1 大华公司2010年产品计划产量1 000件，实际完成1 200件，则产量计划完成程度为

计划完成程度相对指标＝（1 200÷1 000）×100%＝120%

计算结果表明，该企业超额20%完成产量计划，实际产量比计划产量增加了200件。

用计划完成程度相对指标检查计划完成情况时，还应考虑被检查的指标是正指标还是负指标，结合计算出的计划完成程度做出结论。

2. 计划数以相对数形式出现

计划数为相对数时计划完成程度计算公式为

计划完成程度相对指标＝实际完成百分比数/计划规定百分比

其中：

实际完成百分比数＝本期实际完成数/上期实际完成数
计划规定百分比数＝本期计划完成数/上期实际完成数

例3.2.2 大华公司单位产品成本计划降低10%，实际降低了9%，则该企业单位产品成本是否完成计划？

由于该企业的实际数和计划数均以相对数形式出现，则应按第二个公式计算，即

计划完成程度相对指标＝实际完成百分比数/计划规定百分比
＝（100%－9%）/（100%－10%）＝101.1%

　　计算结果表明，虽然该企业的计划完成程度为 101.1%，但是由于检查的单位产品成本，属于负指标，超过 100%表示没有完成计划，则该企业没有完成计划，还差 1.1%没完成产品成本计划。

　　在检查中长期计划的完成情况时，根据计划指标的性质不同，计算可分为水平法和累计法。

　　1）水平法

　　用水平法检查计划完成程度就是根据计划末期（最后一年）实际达到的水平与计划规定的同期应达到的水平相比较，来确定计划期是否完成计划。其计算公式为

　　　　计划完成程度相对指标 = 计划期末实际达到的水平/计划规定期末应达到的水平

　　采用水平法计算，只要有连续一年时间（可以跨年度）实际完成水平达到最后一年计划水平，就算完成了五年计划，余下的时间就是提前完成计划时间。

　　2）累计法

　　累计法就是整个计划期间实际完成的累计数与同期计划数相比较，来确定计划完成程度。计算公式如下：

　　　　计划完成程度相对指标 = 计划期间累计实际完成数/计划规定的累计数

　　采用累计法计算，只要从中长期计划开始至某一时期止，所累计完成数达到计划数，就是完成了计划。

　　（二）结构相对指标

　　研究社会经济现象总体时，不仅要掌握其总量，而且要揭示总体内部的组成数量表现，亦即要对总体内部的结构进行数量分析，这就需要计算结构相对指标。

　　结构相对指标就是在分组的基础上，以各组(或部分)的单位数与总体单位总数对比，或以各组(或部分)的标志总量与总体的标志总量对比求得的比重，借以反映总体内部结构的一种综合指标。一般用百分数、成数或系数表示，可以用公式表述如下：

　　　　　　结构相对数 =（总体某部分或组的数值/总体全部数值）× 100%

　　例 3.2.3　某省 2010 年国内生产总值为 1 500 亿元，其中第一产业 277.5 亿元，占 18.5%；第二产业 717 亿元，占 47.8%；第三产业 505.5 亿元，试计算第三产业所占的比重。

　　　　　　第三产业所占的比重（结构相对数）= 505.5/1 500 = 33.7%

　　概括地说，结构相对数就是部分与全体对比得出的比重或比率。由于对比的基础是同一总体的总数值，所以各部分(或组)所占比重之和应当等于 100%或 1。

　　（三）比例相对指标

　　比例相对指标是总体内部不同部分数量对比的相对指标，用以分析总体范围内各个局部、各个分组之间的比例关系和协调平衡状态。它是同一总体中某一部分数值与另一部分数值静态对比的结果。其计算公式如下：

　　　　　　比例相对指标 =（总体中某一部分数值÷总体中另一部分数值）× 100%

　　例 3.2.4　第六次全国人口普查登记的全国总人口为 1 339 724 852 人，内地 31 个省、自治区、直辖市和现役军人的人口中，男性人口为 686 852 572 人，占 51.27%；女性人口为 652 872 280 人，占 48.73%。总人口性别比（以女性为 100，男性对女性的比例）由 2000 年第五次全国人口普查的 106.74%（比例相对指标）下降为 105.20%（比例相对指标）。

　　比例相对指标计算结果通常以百分比来表示，还有以比较基数单位为 1,100,1000 时被比较单位数是多少的形式来表示。

（四）比较相对指标

比较相对指标就是将不同地区、单位或企业之间的同类指标数值做静态对比而得出的综合指标，表明同类事物在不同空间条件下的差异程度或相对状态。比较相对指标可以用百分数、倍数或系数表示。计算公式可以概括如下：

$$比较相对数指标 = [甲地区（单位或企业）某类指标数值 \div$$
$$乙地区（单位或企业）同类指标数值] \times 100\%$$

例 3.2.5 生产同种产品的甲、乙两个企业，甲厂劳动生产率为 200 公斤/（人·年），乙厂劳动生产率为 250 公斤/（人·年），则乙厂劳动生产率为甲厂劳动生产率的 1.25 倍，即 $250 \div 200 = 1.25$（比较相对数）；也可表示为乙厂劳动生产率比甲厂劳动生产率高出 25%，即 $(250 \div 200) \times 100\% - 100\% = 25\%$。

另外，比较相对数还可用以表明现象的数据与行业标准或平均水平的对比关系。如某企业资产负债率为 50%，行业平均水平为 48%，则 $50\%/48\% = 104.2\%$，又因资产负债率是一个反指标，所以这个企业的资产负债率低于行业水平。

（五）强度相对指标

强度相对指标是在同一地区或单位内，两个性质不同而有一定联系的总量指标数值对比得出的相对数，是用来分析不同事物之间的数量对比关系，表明现象的强度、密度和普遍程度的综合指标。其计算公式可以概括为

$$强度相对指标 = 某一总量指标数值 \div 另一个有联系而性质不同的总量指标值$$

强度相对指标的表现形式有其特点：大多数情况下，都为复名数的形式，其单位由分子、分母指标原有的单位组成；有些强度相对指标分子分母可以互换，从而形成某些强度指标有正指标与逆指标两种表现形式。如每千人拥有的医院床位数，为正指标，越大越好；每张医院床位数负担的人口数，为逆指标，越小越好。

一般地讲，正指标数值愈大愈好，逆指标数值愈小愈好。

例 3.2.6 某城市人口有 100 万人，零售商业机构有 5 000 个，则

$$商业网密度的正指标 = 5\,000/100\,000 = 5（个/千人）$$
$$商业网密度的逆指标 = 1\,000\,000/5\,000 = 200（人/个）$$

正指标的数值愈大，表示零售商业网密度愈大，它是从正方向说明现象的密度；逆指标的数值愈大，表示零售商业网密度愈小，它是从相反方向说明现象的密度。

（六）动态相对指标

动态相对指标是将同一现象在不同时期的两个数值进行动态对比而得出的相对数，借以表明现象在时间上发展变动的程度。通常以百分数(%)或倍数表示，也称为发展速度。其计算公式如下：

$$动态相对指标 = （报告期指标数值 \div 基期指标数值） \times 100\%$$

如 2010 年第六次人口普查的数据表明，内地 31 个省、自治区、直辖市的人口中，居住地与户口登记地所在的乡镇街道不一致且离开户口登记地半年以上的人口为 261 386 075 人，其中市辖区内人户分离的人口为 39 959 423 人，不包括市辖区内人户分离的人口为 221 426 652 人。同 2000 年第五次全国人口普查相比，居住地与户口登记地所在的乡镇街道不一致且离开户口登记地半年以上的人口增加 116 995 327 人，增长 81.03%（动态相对指标）。

三、计算和应用相对指标的原则

上述 6 种相对指标从不同的角度出发，运用不同的对比方法，对两个同类指标数值进行静态

的或动态的比较，对总体各部分之间的关系进行数量分析，对两个不同总体之间的联系程度和比例做比较，是统计中常用的基本数量分析方法之一。要使相对指标在统计分析中起到应有的作用，在计算和应用相对指标时应该遵循以下原则：

（一）可比性原则

相对指标是两个有关的指标数值之比，对比结果的正确性，直接取决于两个指标数值的可比性。如果违反可比性这一基本原则计算相对指标，就会失去其实际意义，导致不正确的结论。

对比指标的可比性，是指对比的指标在含义、内容、范围、时间、空间和计算方法等口径方面是否协调一致，相互适应。如果各个时期的统计数字因行政区划、组织机构、隶属关系的变更，或因统计制度方法的改变不能直接对比的，就应以报告期的口径为准，调整基期的数字。许多用金额表示的价值指标，由于价格的变动，各期的数字对比不能反映实际的发展变化程度，一般要按不变价格换算，以消除价格变动的影响。

（二）定性分析与定量分析相结合的原则

计算对比指标数值的方法是简便易行的，但要正确地计算和运用相对数，还要注重定性分析与定量分析相结合的原则。因为事物之间的对比分析，必须是同类型的指标，只有通过统计分组，才能确定被研究现象的同质总体，便于同类现象之间的对比分析。这说明要在确定事物性质的基础上，再进行数量上的比较或分析，而统计分组在一定意义上也是一种统计的定性分类或分析。即使是同一种相对指标在不同地区或不同时间进行比较时，也必须先对现象的性质进行分析，判断是否具有可比性。同时，通过定性分析，可以确定两个指标数值的对比是否合理。

例如，将不识字人口数与全部人口数对比来计算文盲率，显然是不合理的，因为其中包括未达学龄的人数和不到接受初中文化教育年龄的人数在内，不能如实反映文盲人数在相应的人口数中所占的比重。通常计算文盲率的公式为

文盲率 =（15 岁以上不识字人口数÷15 岁以上全部人口数）× 100%

（三）相对指标和总量指标结合运用的原则

绝大多数的相对量指标都是两个有关的总量指标数值之比，用抽象化的比值来表明事物之间对比关系的程度，而不能反映事物在绝对量方面的差别。因此在一般情况下，相对指标离开了据以形成对比关系的总量指标，就不能深入地说明问题。

关于这一点，马克思曾明确指出："如果一个工人每星期的工资是 2 先令，后来他的工资提高到 4 先令，那么工资水平就提高了 100%……所以不应当为工资水平提高的动听的百分比所迷惑。我们必须经常这样问：原来的工资数是多少？"

（四）各种相对指标综合应用的原则

各种相对指标的具体作用不同，都是从不同的侧面来说明所研究的问题。为了全面而深入地说明现象及其发展过程的规律性，应该根据统计研究的目的，综合应用各种相对指标。例如，为了研究工业生产情况，既要利用生产计划的完成情况指标，又要计算生产发展的动态相对数和强度相对数。又如，分析生产计划的执行情况，有必要全面分析总产值计划、品种计划、劳动生产率计划和成本计划等完成情况。

此外，把几种相对指标结合起来运用，可以比较、分析现象变动中的相互关系，更好地阐明现象之间的发展变化情况。由此可见，综合运用结构相对数、比较相对数、动态相对数等多种相对指标，有助于我们剖析事物变动中的相互关系及其后果。

第三节 平 均 指 标

一、平均指标的意义

平均指标又称平均或均值，反映的是现象在某一空间或时间上的平均数量状况。它多用于社会经济统计中，一般用平均数形式表示，因此也称为平均数。平均指标可以是同一时间的同类社会经济现象的一般水平，称为静态平均数；也可以是不同时间的同类社会经济现象的一般水平，称为动态平均数。平均指标在认识社会经济现象总体数量特征方面有重要作用：

（1）平均指标可以反映现象总体的综合特征；

（2）平均指标可以反映分配数列中各变量值分布的集中趋势；

（3）平均指标经常用来进行同类现象在不同空间、不同时间条件下的对比分析，从而反映现象在不同地区之间的差异，揭示现象在不同时间之间的发展趋势。

二、平均指标的种类及计算

平均指标的种类有算术平均数、调和平均数、几何平均数、众数和中位数。前三种平均数是根据总体所有标志值计算的，所以称为数值平均数；后两种平均数是根据标志值所处的位置确定的，因此称为位置平均数。

（一）算术平均数的计算

算术平均数是计算平均指标的最常用方法，它的基本公式形式是总体标志总量除以总体单位总量。在实际工作中，由于资料的不同，算术平均数有两种计算形式，即简单算术平均数和加权算术平均数。

1. 简单算术平均数

其公式为：

$$\bar{x} = \frac{x_1 + x_2 + \cdots + x_n}{n} = \frac{1}{n}\sum_{i=1}^{n} x_i = \frac{1}{n}\sum x$$

其中：$\bar{x}$ 为算术平均数，x 为各单位标志值（变量值），n 为总体单位数（项数）。

2. 加权算术平均数

其公式为：

$$\bar{x} = \frac{x_1 f_1 + x_2 f_2 + \cdots + x_n f_n}{f_1 + f_2 + \cdots + f_n} = \frac{\sum xf}{\sum f}$$

其中：$\bar{x}$ 代表算术平均数，x 代表各单位标志值（变量值），f 代表各组单位数（项数）。

简单算术平均数适用于未分组的统计资料，如果已知各单位标志值和总体单位数，则可采用简单算术平均数方法计算。

例 3.3.1 某生产组 6 名工人生产同一种零件的日产量分别为 67，68，69，71，72，73。求这组工人的平均日产量。

$$\bar{x}=\frac{x_1+x_2+\cdots+x_n}{n}=\frac{1}{n}\sum_{i=1}^{n}x_i=\frac{1}{n}\sum x=\frac{67+68+69+71+72+73}{6}$$

$$=70（件）$$

例 3.3.2 某生产组 20 名工人日产量的资料如表 3.3.1 所示。

表 3.3.1 　　　　　　　　　　某生产组 20 名工人日产量数据

日产量/件	工人人数/个
67	3
68	2
69	5
70	3
71	2
72	3
73	2
合计	20

求该组工人的平均日产量。

$$\bar{x}=\frac{x_1+x_2+\cdots+x_n}{n}=\frac{1}{n}\sum_{i=1}^{n}x_i=\frac{1}{n}\sum x$$

$$=\frac{67\times3+68\times2+69\times5+70\times3+71\times2+72\times3+73\times2}{6}$$

$$=69.8（件）$$

通过上述两个例题，我们考虑以下问题：

1. 讨论例 3.3.1 和例 3.3.2 有什么不同？可不可以用例 3.3.1 的公式去求例 3.3.2？

2. 通过例 3.3.2 学习加权算术平均数的计算。思考：什么是权数？

3. 理解加权平均数计算的公式。

加权算术平均数适用于分组的统计资料，如果已知各组的变量值和变量值出现的次数，则可采用加权算术平均数计算。在"加权算术平均数=$\sum$(各组变量值×各组次数)/$\sum$(各组次数)"公式中，各组次数具有权衡各组变量值轻重的作用，某一组的次数越大，则该组的变量值对平均数的影响就越大，反之越小。加权算术平均数的大小受两个因素的影响，其一是受变量值大小的影响。其二是受次数分配值即各组次数占总次数比重的影响。加权算术平均数中的权数，指的就是标志值出现的次数或各组次数占总次数的比重。在计算平均数时，由于出现次数多的标志值对平均数的影响大些，出现次数少的标志值对平均数的影响小些，因此就把次数称为权数。在分组数列的条件下，当各组标志值出现的次数或各组次数所占比重均相等时，权数就失去了权衡轻重的作用，这时用加权算术平均数计算的结果与用简单算术平均数计算的结果相同。

（二）调和平均数的计算

在实际工作中，有时由于缺乏总体的单位数资料而不能直接计算平均数，这时就可采用调和平均数计算。因此在统计工作中，调和平均数常常被作为算术平均数的变形来使用。调和平均数也有简单调和平均数和加权调和平均数两种形式。

例 3.3.3 某月某企业按工人劳动生产率高低分组的生产班组数和产量资料如表 3.3.2 所示。

表 3.3.2   某月某企业的工人产量数据

按工人劳动生产率分组/件·人⁻¹	生产班组	产量/件
50～60	10	8 250
60～70	7	6 500
70～80	5	5 250
80～90	2	2 550
>90	1	1 520

试计算该企业工人的平均劳动生产率。

解：列计算表如表 3.3.3 所示。

表 3.3.3   求解计算表

按工人劳动生产率分组/件·人⁻¹	组中值	产量（件）	人数
50～60	55	8 250	150
60～70	65	6 500	100
70～80	75	5 250	70
80～90	85	2 550	30
90 以上	95	1 520	16
合计		24 070	366

$$\text{工人平均劳动生产率 } \bar{x} = \sum m / \sum \frac{m}{x} = 24\,070 / 366 = 66(\text{件 / 人})$$

注意本题计算中权数的选择。资料中"生产班组"可以是次数，但并不是合适的权数。因为本题中的工人劳动生产率是按"件/人"计算的，和生产班组没有直接关系，所以它不能作为权数进行平均数的计算。本题应以"产量"权数，进行加权调和平均数的计算。

加权算术平均数与加权调和平均数是计算平均指标时常常用到的两个指标。加权算术平均数中的权数，一般情况下是资料已经分组得出分配数列的情况下标志值的次数。而加权调和平均数的权数是直接给定的标志总量。在经济统计中，经常因为无法直接得到被平均标志值的相应次数的资料而采用调和平均数形式来计算，使调和平均数的计算结果与加权算术平均数的计算结果相同，所以：

$$\bar{x} = \sum m / \sum \frac{m}{x} = \sum xf / \sum f$$

在实际应用加权算术平均数时，需注意权数的选择。

应用平均指标必须注意的问题有：①计算和应用平均指标，必须注意现象总体的同质性；②用组平均数补充说明总平均数；③计算和运用平均数时，要注意极端数值的影响，因为算术平均数受极端数值的影响很明显。

（三）几何平均数的计算

几何平均数是另一种形式的平均数。它是几个变量连乘积的 n 次方根，主要用于计算平均比率和平均速度。如平均利率、平均发展速度、平均合格率等。几何平均数分为简单几何平均数和加权几何平均数两种。

1. 简单几何平均法

其公式为

$$G = \sqrt[n]{x_1 \times x_2 \times \cdots \times x_n} = \sqrt[n]{\prod_{i=1}^{n} x_i}$$

其中：G 代表几何平均数；x 代表变量值；n 代表变量值的项数；Π 代表连乘积符号。

例 3.3.4　假定某地储蓄年利率（按复利计算）：5%持续 1 年，3%持续 1 年，4%持续 1 年。试求此 3 年内该地平均储蓄年利率。

该地平均储蓄年利率：

$$G = \sqrt[n]{x_1 \times x_2 \times \cdots \times x_n} = \sqrt[n]{\prod_{i=1}^{n} x_i} = \sqrt[3]{5\% \times 3\% \times \cdots \times 4\%} = 3.91\%$$

2. 加权几何平均法

$$G = \sqrt[\sum f]{x_1^{f_1} \times x_2^{f_2} \times \ldots \times x_n^{f_n}} = \sqrt[\sum_{i=1}^{n} f]{\prod_{i=1}^{n} x_i^{f_i}}$$

例 3.3.5　假定某地储蓄年利率（按复利计算）：5%持续 2 年，3%持续 4 年，4%持续 2 年。试求此 8 年内该地平均储蓄年利率。

该地平均储蓄年利率：

$$G = \sqrt[\sum f]{x_1^{f_1} \times x_2^{f_2} \times \cdots \times x_n^{f_n}} = \sqrt[\sum_{i=1}^{n} f]{\prod_{i=1}^{n} x_i^{f_i}} = \sqrt[8]{5\%^2 \times 3\%^4 \times 4\%^2} = 3.66\%$$

3. 几何平均数的特点
（1）受极端值的影响较算术平均数小；
（2）如果变量值有负值，计算结果就会成为负数或虚数；
（3）仅适用于具有等比或近似等比关系的数据；
（4）其对数是各变量值对数的算术平均数。

4. 计算几何平均数应注意的问题
（1）变量数列中任何一个变量值不能为 0，一个为 0，则几何平均数为 0；
（2）用环比指数计算的几何平均数易受最初水平和最末水平的影响；
（3）几何平均法主要用于动态平均数的计算。

5. 几何平均数较之算术平均数，应用范围较窄
（1）如果数列中有一个标志值等于 0 或负值，就无法计算 G；
（2）G 受极端值影响较简单并求平均数和加权并求平均数；
（3）几何平均法适用于反映特定现象的平均水平，即现象的总标志值不是各单位标志值的总和，而是各单位标志值的连乘积的情形。对于这类社会经济现象，不能采用算术平均数反映其一般水平，须采用几何平均数。

（四）众数和中位数

众数和中位数是两个位置平均数，在一定条件下用它们反映变量数列的一般水平是非常有效的。

众数是总体中出现次数最多的变量值。在单位数不多或一个无明显集中趋势的资料中，众数的测定没有意义。一般来讲，只有根据分组数列才能确定众数。

1. 众数
众数是指一组数据中出现次数最多的那个数据。一组数据可以有多个众数，也可以没有众数。众数是由英国统计学家皮尔生首先提出来的。所谓众数是指社会经济现象中最普遍出现的标志值。从分布角度看，众数是具有明显集中趋势的数值。

由品质数列和单项式变量数列确定众数比较容易，哪个变量值出现的次数最多，它就是众数。若所掌握的资料是组距式数列，则只能按一定的方法来推算众数的近似值。计算公式为

$$M_0 = L + \frac{\Delta_1}{\Delta_1 + \Delta_2} \times d$$

$$M_0 = U - \frac{\Delta_2}{\Delta_1 + \Delta_2} \times d$$

式中：L 为众数所在组下限；U 为众数所在组上限；Δ_1 为众数所在组次数与其下限的邻组次数之差；Δ_2 为众数所在组次数与其上限的邻组次数之差；d 为众数所在组组距。

例 3.3.6 根据表 3.3.4 的数据，计算 50 名工人日加工零件数的众数。

表 3.3.4 　　　　　　　　　　　工人生产数据表

按零件数分组	组中值 x	频数 f	xf
105～110	107.5	3	322.5
.110～115	112.5	5	562.5
115～120	117.5	8	940.0
120～125	122.5	14	1 715.0
125～130	127.5	10	1 275.0
130～135	132.5	6	7 95.0
135～140	137.5	4	5 50.0
合计	—	50	6 160.0

解：从表中的数据可以看出，最大的频数值是 14，即众数组为 120～125 这一组，根据公式可得 50 名工人日加工零件的众数为

$$M_0 = L + \frac{\Delta_1}{\Delta_1 + \Delta_2} \times d = 120 + \frac{14-8}{(14-8)+(14-10)} \times 5 = 123 \text{（件）}$$

或

$$M_0 = U - \frac{\Delta_2}{\Delta_1 + \Delta_2} \times d = 125 - \frac{14-10}{(14-8)+(14-10)} \times 5 = 123 \text{（件）}$$

众数是一种位置平均数，是总体中出现次数最多的变量值，因而在实际工作中有特殊的用途。例如，要说明一个企业中工人最普遍的技术等级，说明消费者需要的内衣、鞋袜、帽子等最普遍的号码，说明农贸市场上某种农副产品最普遍的成交价格等，都需要利用众数。但是必须注意，从分布的角度看，众数是具有明显集中趋势点的数值，一组数据分布的最高峰点所对应的数值即为众数。当然，如果数据的分布没有明显的集中趋势或最高峰点，众数也可能不存在；如果有两个最高峰点，也可以有两个众数。只有在总体单位比较多，而且又明显地集中于某个变量值时，计算众数才有意义。

众数的特点如下。

（1）众数是以它在所有标志值中所处的位置确定的全体单位标志值的代表值，它不受分布数列的极大或极小值的影响，从而增强了众数对分布数列的代表性。

（2）当分组数列没有任何一组的次数占多数，也即分布数列中没有明显的集中趋势，而是近似于均匀分布时，则该次数分配数列无众数。若将无众数的分布数列重新分组或各组频数依序合并，则会使分配数列再现出明显的集中趋势。

（3）如果与众数组相比邻的上下两组的次数相等，则众数组的组中值就是众数值；如果与众数组比邻的上一组的次数较多，而下一组的次数较少，则众数在众数组内会偏向该组下限；如果与众数组比邻的上一组的次数较少，而下一组的次数较多，则众数在众数组内会偏向该组上限。

（4）缺乏敏感性。这是由于众数的计算只利用了众数组的数据信息，不象数值平均数那样利用了全部数据信息。

2. 中位数

中位数是将总体各单位标志值按大小顺序排列后，处于中间位置的那个数值。根据未分组资料和分组资料都可确定中位数。中位数是位置平均数。

中位数的计算方法根据所掌握的资料的不同，分为两种：一是根据未分组的资料计算中位数；二是根据已分组的资料计算中位数。

（1）根据未分组的资料计算中位数

计算步骤：

① 将标志值按照从小到大的顺序排列；

② 按 $(n+1)/2$ 公式确定中位数的位次；

③ 根据总体单位项数的奇偶来确定中位数的值。

如总体单位项数为奇数，位于中位数那个位次的标志值就是中位数。

例 3.3.7 某个教学组 5 位教师的年龄分别是 30，26，35，42，38，求中位数。

解：

第一，将总体单位标志值按照从小到大的顺序排列：26，30，35，38，42。

第二，确定中位数的位次：$(n+1)/2=(5+1)/2=3$。

第三，根据总体单位项数的奇偶来确定中位数的值：即 35 为中位数。

如果总体单位数的项数是偶数，显然有两个标志值位置居中，将这两个标志值简单平均即得中位数的值。

例 3.3.8 接 3.3.6，若第 6 位老师的年龄为 34，求中位数。

解：

第一，将总体单位标志值按照从小到大的顺序排列：26，30，34，35，38，42。

第二，确定中位数的位次：$(n+1)/2=(6+1)/2=3.5$。

第三，根据总体单位项数的奇偶来确定中位数的值：中位数位于第三、第四中间，第三位标志值 34，第四位标志值 35，中位数的值为 $(34+35)/2=34.5$。

（2）根据已分组的资料计算中位数

根据已分组的资料计算中位数，分为两种情况：一种是根据单项数列计算；另一种是根据组距数列计算。

由单项数列计算中位数。其计算步骤如下：

第一，按 $\sum f/2$ 确定中位数的位次；

第二，根据位次确定相应的标志值为中位数。

例 3.3.9 某教学组有 20 位教师，年龄资料如表所示。

表 3.3.5 某教学组教师资料

年龄/岁	人数/个	人数累计/个	
		向上累计	向下累计
28	2	2	20
30	4	6	18
35	5	11	14
38	5	16	9

续表

年龄/岁	人数/个	人数累计/个	
		向上累计	向下累计
40	2	18	4
45	1	19	2
48	1	20	1
合计	20	-	-

求中位数。

解：

① 用单项数列计算中位数：

第一，先确定中位数的位次：$\sum f/2 = 20/2 = 10$

第二，按人数从下向上累计，中位数在第三组，中位数是 35 岁；

第三，按人数从上向下累计，中位数在第三组，中位数是 35 岁。

② 用组距数列计算中位数。计算步骤如下：

第一，按 $\sum f/2$ 确定中位数的位次；

第二，根据位次确定中位数所在组；

第三，按下限公式或上限公式确定中位数所在的组。

下限公式为

$$M_e = L + \frac{\frac{\sum f}{2} - S_{m-1}}{f_m} \times i$$

其中：M_e 为中位数；L 为中位数所在组的下限；f_m 为中位数组的次数；S_{m-1} 为中位数所在组以下的累积次数；$\sum f$ 为总次数；i 为中位数所在组的组距。

上限公式为

$$M_e = U - \frac{\frac{\sum f}{2} - S_{m+1}}{f_m} \times i$$

其中：U 为中位数所在组的上限；S_{m+1} 为中位数所在组以上的累积次数。

上述两公式计算出的中位数的值均为近似值，它是以中位数所在组内的次数均匀分布为前提的。在这个前提下，上述公式中的 $(\sum f/2 - S_{m-1})/f_m$ 和 $(\sum f/2 - S_{m+1})/f_m$ 都是中位数的次数在中位数组内应占的份额。

接例 3.3.8，假如将某一整体内人员数量继续增加，则人员年龄的数列可编制成组距数列，计算出的中位数即为年龄中位数。年龄中位数又称中位年龄，是将全体人口按年龄大小排列，位于中点的那个人的年龄。年龄在这个人以上的人数和以下的人数相等。

年龄中位数指将全体人口按年龄大小的自然顺序排列时居于中间位置的人的年龄数值，也称中位年龄或中数年龄。年龄中位数是一种位置的平均数，它将总人口分成两半，一半在中位数以上，一半在中位数以下，反映了人口年龄的分布状况和集中趋势。

年龄中位数可按各年龄组的人数计算，其公式为

年龄中位数 = 中位数组的年龄下限值 + {［（人口总数）/2－中位数组之前各组人数累计］÷中位数组的人口数} × 组距

年龄中位数也可按各年龄组人数的比重计算，公式为

年龄中位数 = 中位数组的年龄下限值 + ［（0.5-中位数组之前各组人口比重累计）
÷中位数所在组的人口比重］×组距

年龄中位数比较容易理解，计算简便，在人口统计中用得也很广泛。这是因为只需要掌握较低各年龄组的人数即可计算，而且在不等距年龄分组和有开口年龄组的情况下，仍能照常计算。

例 3.3.10 某地区各年龄组人口分布如表 3.3.6，计算该地区的年龄中位数。

表 3.3.6　　　　　　　　　　　　某地区各年龄组人口资料

年龄/岁	人数/人	向上累计/人	向下累计/人
0	359	359	14 677
1～4	1 530	1 889	14 318
5～9	2 008	3 897	12 788
10～14	1 925	5 822	10 780
15～19	1 754	7 576	8 855
20～24	1 198	8 774	7 101
25～29	926	9 700	5 903
30～34	908	10 608	4 977
35～39	846	11 454	4 069
40～44	851	12 305	3 223
45～49	699	13 004	2 372
50～54	515	13 519	1 673
55～59	431	13 950	1 158
60～64	300	14 250	727
65～69	200	14 450	427
>70	227	14 677	227
合计	14 677	–	–

解：

第一，按 $\sum f/2 = 7\,338.5$ 确定中位数的位次；

第二，根据位次确定中位数所在组为 15～19 岁；

第三，按下限公式确定中位数所在的组。

$$M_e = L + (\sum f/2 - S_{m-1})/f_m \times i = 15 + (7\,338.5 - 5\,822)/1\,754 \times 5 = 19.32 \text{（岁）}$$

或上限公式：

$$M_e = U - (\sum f/2 - S_{m+1})/f_m \times i = 19 - (7\,338.5 - 7\,101)/1\,754 \times 5 = 19.32 \text{（岁）}$$

年龄中位数可用于同一时期不同人口的对比分析，也可用于同一人口不同时期的对比分析。国际上通常用年龄中位数指标作为划分人口年龄构成类型的标准：①年龄中位数在 20 岁以下为年轻型人口；②年龄中位数在 20～30 岁为成年型人口；③年龄中位数在 30 岁以上为老年型人口。

年龄中位数向上移动的轨迹，反映了人口总体逐渐老化的过程。在人口统计中，常计算总人口的年龄中位数，还常分别计算男、女性人口的年龄中位数以及其他各种年龄中位数。例如，结婚人口的年龄中位数，育龄妇女的年龄中位数，死亡人口的年龄中位数，等等。

【思考】

请同学们到图书馆或是通过网络查询世界各国的年龄中位数，并分析年龄中位数所反映的情况。

【阅读材料】

收入中位数

中位收入，也称收入中位数，是指用统计学上中位数的概念来衡量某地区普通民众的收入水平。中位数即是将数据排序后，位置在最中间的数值。以一个 51 人的企业为例，把所有人员年收入从大到小排列，正中间的一位，即第 26 位的年收入就是这家企业年收入的中位数。若是偶数数据，如 52 人，中位数就是这组数据中间两数即 26 位和 27 位的平均数。

中位收入与收入的算术平均相比，意义是不一样的。例如，有人说如果比尔·盖茨和十几个穷光蛋在一个房间里，这个房间里十几个人的平均收入就都超过亿元。因为比尔·盖茨和穷光蛋的收入差距过大，导致平均数值缺乏实际参考意义。但如果用中位数来衡量，就知道这房间里起码有一半人是穷光蛋。由此可见，中位数有助于了解普通民众的收入水平。而中位数与平均数的差异，则有助于了解全体民众的收入集中度。

比如，某地有 5 个人，月工资分别是 1 000，1 000，1 300，1 700，20 000 元。那么，月收入 1 300 的那个人，就代表着收入中位数；而 5 个人的平均收入为 5 000。平均收入是收入中位数的近 4 倍。如果这 5 个人的月工资分别是 3 000，4 000，5 000，6 000 和 7 000 元，月收入 5 000 代表着该地区的收入中位数；该地区平均收入也是 5 000，平均收入等于收入中位数。

如果不提收入中位数，而只讲平均收入，在操作层面会遇到一些可笑的做法。比如，一个 1 000 人的社区，如果要把人均收入从 3 000 元提高 10%，只需要向社区引进一个年收入 30 万元的老板落户即可。虽然提高人均收入的"政绩工程"效果显著，但社区群众的收入水平并未发生明显变化。

在经济学中，基尼系数被用来描述收入分配差异程度，但简单、直接的"收入中位数"与"人均收入"的两个指标，更能引起普通民众的切身感受。

三、平均指标的作用

平均指标的作用主要表现在：

（1）它可以反映总体各单位变量分量分布的集中趋势，可以用来比较同类现象在不同单位发展的一般水平；

（2）用来比较同一一单位的同类指标在不同时期的发展状况；

（3）还可以用来分析现象之间的依存关系等相对指标数值的表现形式，有名数和无名数两种。

四、平均指标与强度相对指标的区别

二者的区别主要表现在以下两点：

（1）指标的含义不同。强度相对指标说明的是某一现象在另一现象中发展的强度、密度或普遍程度；而平均指标说明的是现象发展的一般水平。

（2）计算方法不同。强度相对指标与平均指标，虽然都是两个有联系的总量指标之比，但是，强度相对指标分子与分母的联系，只表现为一种经济关系，而平均指标是在一个同质总体内标志总量和单位总量的比例关系。分子与分母的联系是一种内在的联系，即分子是分母（总体单位）所具有的标志，对比结果是对总体各单位某一标志值的平均。

五、平均指标的计算运用原则

（一）必须在同质总体中计算或应用平均指标

现象的各个单位只有具有相同的性质才能结合成一个总体，也只有在同一总体中才能计算或应用平均指标。如果将不同性质的单位放在一起，作为同质总体计算出了总体指标，则此平均指标是虚假的，不能反映现象的一般水平。所以，必须在同质总体中计算或应用平均指标。

（二）用组平均数补充说明总平均数

总平均数反映现象的总体特征往往掩盖现象内部的差异，而分组基础上的组平均数则可进一步揭示现象内部的差异。如果只计算总平均数，不计算组平均数，则往往会得出片面的结论。用组平均数补充说明总平均数，可以提高分析问题的准确性，利于得出正确的结论。

（三）用变量数列补充说明总平均数

平均指标代表现象的一般水平，是总体各单位标志值的抽象化，但它掩盖了总体各单位标志值间的差异，也掩盖了总体内部各单位的分布情况。所以只有用变量数列补充说明总平均数，才能更深入地揭示现象的本质。

【情景模拟及案例分析】

情境问题

教师：同学们，你们知道一个人找工作时，他一般最关注什么？

学生：工资。

学生：工作环境和待遇。

……

教师：找工作时工资的多少往往是人们最关心的。王先生看到一份超市招聘公告上写着：本超市工作人员月平均工资 1 000 元，现招收员工若干。王先生一看条件不错，就应聘做了超市的一名工作人员。可第一个月他只拿到工资 500 元，第二个月也只有 600 元，问了一些同事大部分都是 600 元，少数超过 600 元。他找到了超市副经理，说："你们欺骗了我，我已经问过其他工人，没有一个工人的工资超过 1 000 元，平均工资怎么可能是每月 1 000 元呢？"超市副经理拿出了超市工作人员的工资表（表 3.3.7）。

表 3.3.7　　　　　　　　　某超市工作人员月工资　　　　　　　　　单位：元

经理	副经理	员工 A	员工 B	员工 C	员工 D	员工 E	员工 F	员工 G	员工 H	员工 I
3 000	2 000	900	800	750	650	600	600	600	600	500

问题：

副经理说月平均工资 1 000 元，是否欺骗了王先生？

第四节　标志变异指标

一、标志变异指标的意义

标志变异指标又称为标志变动度，是反映总体各单位标志值之间差异程度大小的综合指标。标志变异指标说明的是变量的集中趋势。标志变异指标的作用一是衡量平均指标代表性的尺度，二是研究现象的稳定性和均衡性。

二、标志变异指标的种类

测量标志变异的主要指标有极差、平均差、方差、标准差和标志变动系数等。

（一）极差

极差又称为全距，是总体单位中变量的最大值与最小值之差，一般用 R 表示。

（二）平均差

平均差是总体各单位的标志值与其平均数的离差绝对值的算术平均数。它能反映总体各单位标志值的变动程度。其计算有两种形式：简单平均差和加权平均差。

（三）方差

方差是总体各单位标志值与其并求平均数离差的平方的算术平均数，是重要的标志变异指标之一，是反映标志变动度较合理的指标。

（四）标准差

标准差是总体各单位标志值对其算术平均数离差平方的算术平均数的平方根。它是最常用、最重要的标志变异指标之一，是反映标志变动度最合理的指标。

（五）离散系数

离散系数是指全距、平均差和标准差与其算术平均数的比值，分别称为极差系数、平均差系数和标准差系数，其中标准差系数是应用最广的一种。

标志变异指标是反映总体各单位标志值变动程度或差异程度，度量统计分布集中趋势的综合指标。

三、标志变异指标的计算

（一）全距的计算

例 3.4.1　有两个班的统计学期末成绩分别为：

甲班：60，70，80，90，100；

乙班：78，79，80，81，82。

很明显，两个班的考试成绩平均分都是 80 分，但是哪一组的分数比较集中呢？

如果用全距指标来衡量，则有：

$$R_1 = 100 - 60 = 40（分）$$
$$R_2 = 82 - 78 = 4（分）$$

这说明甲班资料的标志变动度或离中趋势远大于乙班资料的标志变动度。

根据组距计算极差，是测定标志变动度的一种简单方法，但受极端值的影响，因而它往往不能充分反映社会经济现象的离散程度。

在实际工作中，全距常用来检查产品质量的稳定性和进行质量控制。在正常生产条件下，全距在一定范围内波动，若全距超过给定的范围，就说明有异常情况出现。因此，利用全距有助于及时发现问题，以便采取措施，保证产品质量。

（二）平均差的计算

在资料未分组的情况下，平均差的计算公式为：

$$MD = \frac{\sum |x - \bar{x}|}{N}$$

采用标志值对算术平均数的离差绝对值之和，是因为各标志值对算术平均数的离差之代数和等于 0。以甲组学生数学成绩 60，70，80，90，100 为例，计算平均差如下：

$$MD = \frac{\sum |x - \bar{x}|}{N} = \frac{|60-80| + |70-80| + |80-80| + |90-80| + |100-80|}{5} = 12（分）$$

在资料已分组的情况下，要用加权平均差公式。

例 3.4.2　2010 年大华厂按年收入水平分组的组距数列如表 3.4.1 前两列，请计算平均差。

表 3.4.1　　　　　　　　　　　大华厂职工年收入资料

职工工资/百元	职工人数（f）	组中值（x）	xf	$x - \bar{x}$	$|x - \bar{x}|f$
250～270	15	260	3 900	−50	750
270～290	25	280	7 000	−30	750
290～310	35	300	10 500	−10	350
310～330	65	320	20 800	10	650
330～350	40	340	13 600	30	1 200
合计	180	−	55 800		3 700

解：根据公式列表计算，得到

$$\bar{x} = \frac{\sum xf}{\sum f} = \frac{55\,800}{180} = 310（百元）$$

$$MD = \frac{\sum |x - \bar{x}|f}{\sum f} = \frac{3\,700}{180} = 20.6（百元）$$

由于平均差采用了离差的绝对值，不便于运算，这样使其应用受到了很大限制。

（三）方差的计算

未分组情况：

$$\sigma^2 = \sum \frac{(x-\overline{x})^2}{n}$$

已分组情况：

$$\sigma^2 = \sum \frac{(x-\overline{x})^2 f}{\sum f}$$

例 3.4.3 接例 3.4.2，大华厂按月收入水平分组的组距数列如表 3.4.2 前两列，请计算方差。

表 3.4.2   大华厂职工月收入资料

职工工资/百元	职工人数（f）	组中值（x）	xf	$x-\overline{x}$	$(x-\overline{x})^2 f$
250～270	15	260	3 900	−50	37 500
270～290	25	280	7 000	−30	22 500
290～310	35	300	10 500	−10	3 500
310～330	65	320	20 800	10	6 500
330～350	40	340	13 600	30	36 000
合计	180	−	55 800	−	106 000

计算结果：$\sigma^2 = \sum \frac{(x-\overline{x})^2 f}{\sum f} = \frac{106\ 000}{180} = 588.9$

考虑到结果以平方的方式出现，对于无量纲化的结果会有一些影响，所以，我们可以计算标准差。

（四）标准差的计算

标准差是方差的平方根，即

$$\sigma = \sqrt{\sum \frac{(x-\overline{x})^2}{n}}$$

或

$$\sigma = \sqrt{\sum \frac{(x-\overline{x})^2 f}{\sum f}}$$

则例 3.4.3 中 $\sigma = \sqrt{\sum \frac{(x-\overline{x})^2 f}{\sum f}} = \sqrt{588.9} = 24.27$

全距、方差、标准差、平均差都是有名数，即为有单位的。有一类标志变异指标是没有单位的，即无名数，如离散系数。

（五）离散系数的计算

海星厂的职工工资平均每年 350 百元，标准差是 56.8，请问与例 3.4.3 中大华厂相比，哪一家的工资水平差异较小？

$$大华厂离散系数 V = \frac{\sigma}{\overline{x}} = \frac{24.27}{310} = 0.078$$

$$海星厂离散系数 V = \frac{\sigma}{\overline{x}} = \frac{56.8}{350} = 0.162$$

结果表明，大华厂的工资水平更集中。

同一组数据，标志变异指标数值越大，表明数据越集中。多组数据，平均数相同时，可通过比较全距、平均差、标准差、方差等来判断。但是数据组的平均值不同时，就只能通过离散系数来比较数据的集中程度了。

第五节　动态数列的意义和种类

综合指标分析法主要是根据同一时期或时点的资料，从静态上对总体的数量特征和数量关系进行分析的方法。但在客观世界中，一切现象都处在不断地运动和变化之中，统计作为认识社会的工具之一，不仅要从静态上研究其数量特征和数量关系，而且要从动态上分析其发展变化的过程、方向、趋势和规律性，因此还须进行动态分析。

一、动态数列的意义

所谓动态，是指现象在不同时间上的发展变化。要进行动态分析，首先要编制动态数列。动态数列又称时间数列或时间序列。如表 3.5.1 即是反映山东省济南市"十一五"人才规划人才需求预测情况的动态数列。

表 3.5.1　　　　　　　　济南市"十一五"人才规划人才需求预测　　　　　　（单位：万人）

人才分类	2006 年	2007 年	2008 年	2009 年	2010 年
党政人才	2.6	2.61	2.62	2.63	2.65
专业技术人才	35.03	36.8	38.72	40.75	42.17
企业经管人才	9.33	9.71	10.14	10.75	11.35
技能人才	22.21	25.49	28.66	31.72	34.67
农村实用人才	6.18	6.86	7.63	8.44	9.31

通过动态数列前后各时间上指标值的对比，可以反映现象的发展变化过程及其规律。表 3.5.1 中资料表明：在"十一五"计划期间，济南市对党政人才、专业技术人才、企业经营人才、技能人才、农村实用人才的需求预测逐年增长，可以指导大中专院校的就业规划。从上面的例子中可以看出，一个动态数列一般在构成时须具备两方面的基本要素：一个是时间要素，即被研究对象所属的时间；另一个是指标数值，即被研究对象在不同时间上所表现的不同的统计指标数值，成为动态数列的发展水平。

动态数列是对现象进行动态分析的基本方法之一。编制动态数列及在此基础上的计算、分析、研究，在经济活动和统计工作中都有着重要作用。

（一）动态数列可以描述社会经济现象的量变过程

通过动态数列的数值资料，可以观察现象在连续的一段时间上的量变过程。例如通过表 3.5.1 这个动态数列可以反映出 2006～2010 年这 5 年间济南市人才规划人才需求预测是如何变动的。

（二）通过动态数列可以研究现象的发展程度和发展趋势，揭示其质变的规律性

根据动态数列的数值资料，通过对各期发展水平进行观察和比较，可以反映社会经济现象发

展变化的过程、方向、趋势和程度，从而揭示现象的规律及现象间的相互联系。如将表 3.5.1 中 2010 年与 2006 年的农村实用人才需求量对比，可以得到 9.31/6.18 = 1.51，说明农村实用人才需求量在这几年中的发展速度为 1.51。另外，还可以计算这几年的平均发展速度和平均增长速度，全面反映各类人才需求在这几年间的变化规律。

（三）通过动态数列资料的研究，可以对某些社会经济现象进行观察和预测

动态数列也是积累历史资料的一种方法，而通过对历史资料的观察和分析，可找出现象发展变化的规律，在此基础上结合各种统计方法，预测和推算现象发展变化的数量表现与趋势。如根据某类产品过去和现在的销售资料，对其未来的市场情况进行预测分析。

（四）利用动态数列可以在不同地区和国家之间进行对比分析

利用动态数列，不同地区和国家间既可以进行相同时期上的横向比较，也可以进行发展全过程的纵向比较。前者如 2000 年至 2010 年间我国国民生产总值与美国国民生产总值的对比，后者如我国社会主义制度建立后 50 年间人均年收入与美国资本主义制度建立后 50 年间人均收入的对比。

总之，编制动态数列的目的是为了比较某一现象在不同时间上的连续变动过程，研究现象变化发展的规律，揭示现象间的相互关系。

二、动态数列的种类

按构成动态数列的指标表现形式的不同，动态数列可分为 3 类，即总量指标动态数列、相对指标动态数列和平均指标动态数列（亦可称为绝对数动态数列、相对数动态数列和平均数动态数列）。其中，总量指标动态数列是最基本的原始数列，后两种是以总量指标动态数列为基础计算得出的，称为派生数列。

（一）总量指标动态数列

总量指标动态数列是指将反映现象在各个时期或时点上的总量指标按时间先后顺序排列而成的数列，如某院校自成立以来每年招收新生的人数组成的数列。总量指标动态数列按其所反映的社会经济现象性质不同，又可以分为时期指标数列和时点指标数列。

1. 时期数列

时期数列是由反映某现象在一段时期内发展变化的时期指标编制而成的动态数列。如表 3.5.1 中所列 2006～2010 年间济南市对各类人才需求预测就是一个时期数列。

时期数列的特点有 3 个。

（1）时期数列中的每个指标都是通过连续不断地登记取得的，数列中的每个指标反映现象相应的时期内发展变化的总量。

（2）动态数列中每个指标都是反映某现象在一定时期内发展变化的总量的，因而各个指标值可以相加，相加的合计数表示观察现象在更长时期内的变化总量，如月产量是由当月各日的生产量加总得到的。

（3）数列中每个指标数值的大小和它所对应时期的长短有直接关系。一般情况下，时期越长，指标值越大；反之，时期越短，指标值越小。如年销售额当然比该年中一个季度或一个月的销售额大。

2. 时点数列

时点数列是指由时点指标组成的动态数列，反映现象在时点上的发展变化的状态及其水平。

如表 3.5.2 所示的某地区 2011 年内人口数就是一个时点数列。

表 3.5.2   2011 年某地区人口数

时间/日·月$^{-1}$	1/1	1/3	31/8	1/10	31/12
人口数/万人	1 819	1 825	1 827	1 830	1 832

时点数列亦有三个主要特点。

（1）时点数列中每个指标值都是按期登记、一次取得的。

（2）数列中每一个指标值表明现象在一定时点上所达到的水平，因此各个时点上的指标值不能相加。如果把各个时点上的数值相加，就会产生重复计算，所得的数值不能反映实际情况，没有任何意义。如表 3.5.2 中 8 月末的人口数 1 827 万人与年末（12 月 31 日）人口数 1 832 万人相加总和为 3 659 万人，这一数据没有任何意义。

（3）在时点数列中，两个相邻的指标数值之间的时间距离称为间隔，数列中每一指标的大小与时间间隔没有直接关系。因此，时间间隔可长可短。一般情况下，变动较大或较频繁的现象，选取的间隔应短些；反之，则可长些，但也不宜太长，以免难以正确反映现象的变化过程。

（二）相对指标动态数列

相对指标动态数列是由不同时间上的同类相对数按先后顺序排列而成的动态数列，用来说明现象之间的数量对比关系或相互联系的发展变化过程，能更清晰地表明某些现象数量对比关系的发展变化及规律性。

相对指标动态数列是根据总量指标动态数列计算出来的。相对指标动态数列可以根据两个时期数列派生而来，如某厂各月工业总产值年计划完成情况的数列，是由各月实际工业总产值与计划工业总产值这两个时期数列对比计算出来的；相对指标动态数列也可以根据两个时点数列派生而来，如某院校教师数在全部员工人数中所占比重的相对指标动态数列；相对指标动态数列还可以根据一个时期数列和一个时点数列的指标对比计算得出，如商品流转次数的相对指标动态数列。

相对指标动态数列中的各个指标都是相对数，其计算基础不同，不能直接相加。

（三）平均指标动态数列

平均指标动态数列是由不同时间上的同类平均指标按先后顺序排列而成的动态数列，可用以分析某一现象的一般水平的变化过程和发展趋势。如由某地区历年粮食平均亩产量所组成的动态数列，表明了该地区平均亩产的变化过程。平均指标动态数列是根据两个动态数列计算出来的，如工人劳动生产率动态数列是根据产品产量数列和工人平均人数数列对比计算而得出的。

平均指标动态数列分成两种，一种是由一般平均数组成的动态数列，另一种是由动态平均数所组成的动态数列。由一般平均数所组成的动态数列，各个指标不能直接相加，相加起来没有经济意义。

三、动态数列的编制

动态数列是随时间记录的某一变量的一系列数值的技术名称，因此编制动态数列的工作属于统计整理的内容。并非所有统计指标都能编制动态数列，只有经过经常性的连续不断地调查，所取得的统计指标才能被编制成动态数列。

编制各种动态数列的主要目的是为了分析现象的发展变化过程及规律性，揭示现象间的相互关系，因此，编制动态数列的基本要求就是要保证数列中各项指标值的可比性。要满足指标值的可比性的要求，在编制动态数列时必须遵循以下原则。

（一）总体范围应该前后一致

编制动态数列时，常涉及总体范围的问题，即被研究对象所包括的地区范围、隶属关系范围、分组划分范围等是否前后一致。若总体范围前后不一致，则前后期的指标值不能直接对比，必须将资料进行适当的调整。如某一地区的行政区划发生变化，该地区的人口数、土地面积、工农产业总产值等都要做相应的调整，才能保证编制的时间具有可比性，才能正确说明所研究的问题。

（二）时间长短应该一致

动态数列中的指标值反映现象在一段时间内发展变化的结果，每个指标的大小与其对应的时期长短直接相关，因此，在同一时期数列中，各个指标值所属时期长短应保持一致，否则就不能比较。但是这个原则不能绝对化，有时为了某种特殊的研究目的，也可以编制时期不等的时期数列。

对于时点数列而言，每个指标的大小与其对应的时点间隔的长短没有直接关系，因此各个指标值之间的间隔应否相等，可根据实际情况和研究需要而定。但为了更明确地反映实际情况，更明显地反映现象的变化过程和规律性，各个指标之间的间隔应尽可能前后一致。

（三）指标的经济内容应该前后一致

在动态数列中，指标所反映的不仅是数量方面，还有一定的质的经济内容，应注意动态数列中各个指标内容的同质性。有时，动态数列的指标名称相同，但经济内容不尽相同，如果仍然机械地进行对比分析，必然导致错误的结论。特别是对比不同的社会制度或者研究重大变革时期的经济发展变化情况时，尤其要注意指标值反映的经济内容是否是一致的问题，不能只看指标名称而不了解它们的内容在历史上的变化。如乡镇工业企业和现代工业企业在性质上是有差别的，不能将两类企业的数目混在一起，编制为一个动态数列进行分析研究。又如同样是农作物，经济作物和粮食作物就不能混为一谈。

（四）各项指标的计算方法、计算价格和计算单位应该一致

在指标名称、总体范围和经济内容一致的前提下，采用什么方法计算，按照何种价格或单位进行计量，各个指标值都要保持前后一致。例如，研究工业企业劳动生产率，产量可以用实物量计算，也可以用价值量计算，人数可以是全部职工数，也可以是生产工人数，对此编制动态数列时要有明确指示，以保证前后各期的统一。如果按实物指标计算，就应采取统一的计量单位，否则就违背了指标值可比性原则；如果按价值量计算，就涉及以现行价格或不变价格进行计算的问题，在同一动态数列中，各指标值的计算价格应该保持一致。

为了研究现象的发展规模和程度，揭示事物发展的规律，需要根据动态数列的资料计算一系列的动态分析指标。动态分析指标可以分为两大类：一类是发展水平指标，一类是发展速度指标。

第六节　动态数列的分析指标与方法

随着时间的推移，社会经济现象不断发展变化，怎样才能更好地明确这些变化，动态数列的分析可以很好地帮助解决这个问题。动态数列分析方法常用的指标有：发展水平、增长量、平均

发展水平、平均增长量、发展速度、平均发展速度、增长速度、平均增长速度。动态数列分析方法中用于中短期分析的方法主要有移动平均法、指数平滑法；用于长期预测的除了移动平均法、指数平滑法外还有最小二乘法；还有用于测定季节变动的分析方法。这些指标与方法在分析生活和生产的很多现象中起到很重要的作用，特别是趋势分析可用于经济预测中，指导人们的决策。

动态发展水平指标是主要用来分析现象在某一时期或某一时点上发展变化的规模和水平的一类指标。计算动态发展水平指标可以从两方面进行：一方面，以所研究的动态数列内各项为基础，计算各期的水平指标，如发展水平和增长量；另一方面，将所研究的动态数列作为一个整体，在此基础上计算相关的动态指标，如平均发展水平和平均增长量。

一、发展水平

发展水平又称发展量，是动态数列中的各个指标数值，它反映现象在各个时期或时点上发展所达到的规模或水平，是计算动态分析指标的基础。发展水平一般包括总量指标、平均指标和相对指标。

发展水平由于在动态数列中所处的位置和作用不同而有所区别。

（1）最初水平：是指动态数列中的第一项指标值，一般表示为 a_0；

（2）最末水平：是指动态数列中的最后一项指标值，一般表示为 a_n；

（3）中间发展水平：即介于首项与末项之间各期的发展水平。设时间数列有 $n+1$ 项，a_0 为最初水平，a_n 为最末水平，那么，中间发展水平为 a_1，a_2，a_3，$\cdots$，a_{n-1}。

（4）基期水平：亦称基期，是在进行对比时，作为基础时期的发展水平。

（5）报告期水平：也称计算期水平，是在进行动态对比时，所要研究时期的发展水平。

上述不同时期的发展水平都不是固定的，他们随着研究目的、研究时间的改变而做相应的改变。这期的报告期水平可能是将来的基期水平，这个数列的最末水平可能是另一个数列的最初水平。

二、增长量

增长量是指在比较两个时期的发展水平时，用报告期的量减去基期的量所得的差，它反映报告期比基期增加（减少）的绝对数量。计算公式为：

增长量 = 报告期水平 − 基期水平

差值大于零为正增长量，差值小于零为负增长量。增长量按照选择基期的不同分为逐期增长量、累计增长量和年距增长量。

（一）逐期增长量

基期水平为报告期水平的前一期水平，则报告期水平与基期水平之差为逐期增长量，各个逐期增长量分别为：a_1-a_0，a_2-a_1，a_3-a_2，$\cdots$，a_n-a_{n-1}

（二）累计增长量

基期水平为某一固定时期水平（通常为最初水平），则报告期水平减基期水平之差为累计增长量，各个累计增长量为：

$$a_1-a_0，\quad a_2-a_0，\quad a_3-a_0，\quad \cdots，\quad a_n-a_0$$

（三）逐期增长量与累计增长量的数量关系

（1）由逐期增长量和累计增长量分别构成的新数列首项相等，即：$a_1-a_0 = a_1-a_0$，

（2）累计增长量=相应时期的逐期增长量之和，即：

$$a_i - a_0 = (a_1 - a_0) + (a_2 - a_1) + (a_3 - a_2) + ... + (a_i - a_{i-1})（a_i 表示原数列的任意项）$$

$$a_n - a_0 = (a_1 - a_0) + (a_2 - a_1) + (a_3 - a_2) + ... + (a_n - a_{n-1})$$

（3）相邻两项的累计增长量之差等于相应的逐期增长量。即：

$$(a_i - a_0) - (a_{i-1} - a_0) = a_i - a_{i-1}$$

$$(a_n - a_0) - (a_{n-1} - a_0) = a_n - a_{n-1}$$

二者的关系如表 3.6.1 中数据所示。

表 3.6.1　　　　　　　　　某工厂 2006～2010 年年末职工人数

年份/年	2006	2007	2008	2009	2010
年末职工人数/人	620	812	1 150	1 460	2 160
逐期增长量/人	–	192	338	310	700
累计增长量/人	–	192	530	840	1 540

通过上表，我们可以很清楚地发现逐期增长量和累计增长量之间的关系。

（四）年距增长量

基期水平为上年同期发展水平，对于按月（季）编制的时间序列，为了消除季节变动的影响，需计算年距增长量，年距增长量等于本期发展水平比上年同期发展水平增加（减少）的数量。即：

年距增长量 = 报告期某月（季）发展水平 − 上年同月（季）发展水平

三、平均发展水平

平均发展水平又称序时平均数或动态平均数，是对动态数列中各发展水平计算的平均数。

序时平均数与一般平均数的相同点：都是抽象现象在数量上的差异，以反映现象总体的一般水平。

序时平均数与一般平均数的区别：

（1）平均的对象不同。序时平均数平均的是总体在不同时间上的数量差异。一般平均数平均的是总体各单位在某一标志值上的数量差异。

（2）时间状态不同。序时平均数是动态说明，一般平均数是静态说明。

（3）计算的依据不同。序时平均数的计算依据是动态数列，一般平均数的计算依据是变量数列。

四、序时平均数的计算方法

（一）总量指标动态数列

1. 时期数列的序时平均数

其公式为：

$$\bar{a} = \frac{a_1 + a_2 + \cdots + a_{n-1} + a_n}{n} = \frac{\sum a}{n}$$

其中：$\bar{a}$ 代表序时平均数；a 代表时期数列中的发展水平；n 代表时期数列的项数。

例 3.6.1　表 3.6.2 为某工厂 2006～2010 年工业总产值的资料。请根据表中内容计算 5 年平均工业产值。

表 3.6.2　　　　　　　　　　某工厂 2006～2010 年工业总产值

年份/年	2006	2007	2008	2009	2010
工业总产值（万元）	1 420	1 530	1 710	1 900	2 120

解：

$$\overline{a} = \frac{a_1 + a_2 + \cdots + a_{n-1} + a_n}{n} = \frac{\sum a}{n}$$

$$= \frac{1\,420 + 1\,530 + 1\,710 + 1\,900 + 2\,120}{5} = 1\,736 \text{（万元）}$$

2. 时点数列的序时平均数

（1）连续时点动态数列序时平均数的计算公式为：

$$\overline{a} = \frac{a_1 + a_2 + \cdots + a_{n-1} + a_n}{n} = \frac{\sum a}{n}$$

① 掌握连续时点数据情况下的计算如例 3.6.2 所示。

例 3.6.2　某班级一周内学生到课情况如表，求日平均到课人数。

表 3.6.3　　　　　　　　　　某班级一周内学生到课情况表

	星期一	星期二	星期三	星期四	星期五	合计
到课人数/人	52	48	51	45	49	245

这是一个连续时点的时间数列，应采用简单算术平均法计算，即：

$$\overline{a} = \frac{\sum a}{n} = \frac{245}{5} = 49$$

② 如果掌握报告期内各个时段的连续时点数变动情况，可采用以每次变动持续的间隔时间长度为权数的加权算术平均法。计算公式为：

$$\overline{a} = \frac{\sum af}{\sum f}$$

式中：f 为各时段的间隔时间长度，即权数。

例 3.6.3　某工厂仓库 9 月 1 日有机器 320 台，9 月 6 日调出 70 台，9 月 18 日调进 120 台，9 月 26 日调出 80 台，直至月末再未发生变化。问该工厂平均库存机器多少台？

表 3.6.4　　　　　　　　　　某工厂库存机器情况

日期	日数（f）/天	机器数量（a）/台	Af/台
1～5	5	320	1 600
6～17	12	250	3 000
18～25	8	370	2 960
26～30	5	290	1 450
合计	30	—	9 010

$$\overline{a} = \frac{\sum af}{\sum f} = \frac{9\,010}{30} = 300.3 \text{（台）}$$

（2）间断时点动态数列计算序时平均数，其可分为间断相等和间断不相符两种情况。

① 间断相等，用首末折半法：

$$\bar{a} = \frac{\frac{a_1}{2} + a_2 + \cdots + a_{n-1} + \frac{a_n}{2}}{n-1} \quad (n \text{ 为发展水平的项数})$$

例 3.6.4 某企业 2011 年上半年定额流动资金占有的统计资料如表 3.6.5 所示。

表 3.6.5　　　　　　　　　某企业 2011 年上半年定额流动资金占有资料

月份/月	1	2	3	4	5	6
月末定额流动资金/万元	298	300	354	311	280	290

注：2010 年年末定额流动资金为 320 万元。

这是一个间断相等的时间数列，采用首末折半法计算，即

$$\bar{a} = \frac{\frac{a_1}{2} + a_2 + \cdots + a_{n-1} + \frac{a_n}{2}}{n-1} = \left(\frac{320}{2} + 298 + 300 + 354 + 311 + 280 + \frac{290}{2}\right) \div 6 = 308 \text{（万元）}$$

② 间断不相等：

$$\bar{a} = \frac{\frac{a_1 + a_2}{2} \times f_1 + \frac{a_2 + a_3}{2} \times f_2 + \cdots + \frac{a_{n-1} + a_n}{2} \times f_{n-1}}{f_1 + f_2 + \cdots + f_{n-1}}$$

式中，f 为各时点的间隔长度。

例 3.6.5 某企业 2011 年下半年定额流动资金占有的统计资料如表 3.6.6 所示。

表 3.6.6　　　　　　　　　某企业 2011 年下半年定额流动资金占有资料

月份/月	6	10	12
月末定额流动资金/万元	290	330	368

这是一个间隔不相等的时间数列，计算如下：

$$\bar{a} = \frac{\frac{a_1 + a_2}{2} \times f_1 + \frac{a_2 + a_3}{2} \times f_2}{f_1 + f_2} = \frac{\frac{290 + 330}{2} \times 4 + \frac{330 + 368}{2} \times 2}{4 + 2} = 323 \text{（万元）}$$

（二）相对数动态数列计算序时平均数

序时平均数公式为：

$$\text{序时平均数} = \frac{\text{分子数列的序时平均数}}{\text{分母数列的序时平均数}}$$

由于相对数动态数列不能直接计算序时平均数，必须先计算各相对数分子数列的序时平均数，再计算其分母数列的序时平均数，最后将分子数列的序时平均数与分母数列的序时平均数进行对比，所得的比值就是相对数动态数列的序时平均数。计算公式如下：

$$\bar{c} = \frac{\bar{a}}{\bar{b}}$$

式中，$\bar{c}$ 为相对数动态数列的序时平均数；$\bar{b}$ 为分母数列的序时平均数；$\bar{a}$ 为分子数列的序时平均数。

1. 相对数动态数列的分子和分母都是时期数

若构成相对数动态数列的分子和分母都是时期数，则分别用时期数列的公式计算其序时平均

数。计算公式为：

$$\bar{c}=\frac{\bar{a}}{\bar{b}}=\frac{\dfrac{\sum a}{n}}{\dfrac{\sum b}{n}}=\frac{\sum a}{\sum b}$$

例 3.6.6 某企业 2011 年有关资料如表 3.6.7 所示。试计算该企业平均每月销售计划的完成程度。

表 3.6.7 2011 年上半年某企业有关资料

月份/月	1	2	3	4	5	6	合计
计划销售额（a）/万元	40	45	46	50	55	60	296
实际销售额（b）/万元	44	42	50	56	52	66	310

$$\bar{c}=\frac{\bar{a}}{\bar{b}}=\frac{\dfrac{\sum a}{n}}{\dfrac{\sum b}{n}}=\frac{\sum a}{\sum b}=\frac{296}{310}=95.48\%$$

在分子数列或分母数列的资料没有直接告诉的时候，首先要计算分子或分母资料，再代入公式计算。

例 3.6.7 某企业 2011 年上半年各个月生产产品合格率及其合格产品数量如表 3.6.8 所示。试求上半年月产品合格率。

表 3.6.8 某企业 2011 年上半年产品合格率资料

月份/月	1	2	3	4	5	6	合计
产品合格率（c）/%	80	90	92	88	96	98	
合格产品数（a）/件	4 000	3 600	4 600	5 280	5 472	6 076	29 028

我们应该注意，不能直接用各月的合格率相加，除以 6 得出月平均合格率，而必须先计算出各月生产产品的数量（合格产品数÷产品合格率），由计算得知，1～6 月各月产品产量如表 3.6.9 所示。

表 3.6.9 某企业 2011 年上半年产品产量资料

月份/月	1	2	3	4	5	6	合计
产品产量（b＝a/c）/件	5 000	4 000	5 000	6 000	5 700	6 200	31 900

$$\bar{c}=\frac{\bar{a}}{\bar{b}}=\frac{\dfrac{\sum a}{n}}{\dfrac{\sum b}{n}}=\frac{\sum a}{\sum b}=\frac{29\,028}{31\,900}=91\%$$

思考：若已知产品合格率和产品产量，该题该如何计算？

2. 相对数动态数列中的分子、分母都为时点数

（1）如果相对数动态数列中的分子、分母为时点数，并且各时点间隔相等，则分子、分母均采用"首末折半法"。

例 3.6.8 某企业有关资料如表 3.6.10 所示。求该企业第二季度人均固定资产占有率。

表 3.6.10　　　　　　　　　某企业固定资产与职工人数资料

月份/月	3	4	5	6
月末固定资产额（a）/万元	220	228	240	246
月初职工人数（b）/人	120	124	122	126

$$人均占有固定资产额=\frac{平均固定资产额}{平均人数}$$

该企业第二季度人均占有固定资产额为

$$\bar{c}=\frac{\bar{a}}{\bar{b}}=\frac{\dfrac{220}{2}+228+240+\dfrac{246}{2}}{4-1}\bigg/\frac{\dfrac{120}{2}+124+122+\dfrac{126}{2}}{4-1}=\frac{701}{369}=1.9\ （万元/人）$$

（2）如果分子、分母的各时点数间隔不相等，可用相邻时点的间隔长度（ f ）为权数，对各相应的平均水平加权，应用加权算术平均法来计算序时平均数。

例 3.6.9　某工厂 2011 年各月工人数及其全部职工人数资料如表 3.6.11 所示。试计算该工厂 2011 年工人占全部职工人数的平均比重。

表 3.6.11　　　　　　　某工厂 2011 年各月工人数及其全部职工人数资料

月份	1月1日	3月1日	6月30日	8月1日	9月30日	11月30日	12月31日
工人数/人	550	580	560	565	600	590	590
全部职工人数/人	680	674	690	706	667	678	694

$$工人人数占全部职工的平均比重=\frac{工人人数}{全部职工人数}$$

则该企业工人占全部职工的比重为：

$$\bar{c}=\frac{\bar{a}}{\bar{b}}=\frac{\dfrac{550+580}{2}\times2+\dfrac{580+560}{2}\times4+\dfrac{560+565}{2}\times1+\dfrac{565+600}{2}\times2+\dfrac{600+590}{2}\times2+\dfrac{590+590}{2}\times1}{2+4+1+2+2+1}\bigg/\frac{\dfrac{680+674}{2}\times2+\dfrac{674+690}{2}\times4+\dfrac{690+706}{2}\times1+\dfrac{706+667}{2}\times2+\dfrac{667+678}{2}\times2+\dfrac{678+694}{2}\times1}{2+4+1+2+2+1}$$

$$=\frac{576.46}{682}=84.52\%$$

3. 相对数动态数列中，分子数列是时期数，分母数列是时点数

如果构成相对数动态数列的分子是时期数，按公式 $\bar{a}=\dfrac{\sum a}{n}$ 计算，而其分母是间隔相等的时点数，按"首末折半法"计算。

例 3.6.10　某商店有如表 3.6.12 所示的资料。请计算第二季度月平均每个售货员的销售额。

表 3.6.12　　　　　　　　　某商店销售资料表

月份/月	3	4	5	6
商品销售额（a）/万元	235	256	298	332
月末销售人员（b）/人	200	232	260	258

第二季度月平均每个售货员的销售额$=\dfrac{\text{月平均销售额}}{\text{月平均人数}}$

分子为时期数列，分母为时点数列，则：

$$\bar{a} = \frac{256+298+332}{3} = 295.33 \text{（万元）}$$

$$\bar{b} = \frac{\dfrac{200}{2}+232+262+\dfrac{258}{2}}{3} = 241 \text{（人）}$$

$$\bar{c} = \frac{\bar{a}}{\bar{b}} = \frac{295.33}{241} = 1.225 \text{（万元/人）}$$

综上所述，在相对数动态数列计算序时平均数时，分子分母资料或者都是时期数，或者都是时点数，或者一个是时期数，一个是时点数，他们的计算原则都是一样的，即先根据分子数列计算序时平均数$\bar{a}$，再根据分母数列计算序时平均数$\bar{b}$，然后二者相比，得出相对数动态数列的序时平均数$\bar{c} = \dfrac{\bar{a}}{\bar{b}}$。

（三）平均数动态数列计算序时平均数

其公式为：

$$\bar{c} = \frac{\bar{a}}{\bar{b}} \text{（先平均，后对比）}$$

平均指标动态数列分为两种：一种是由一般平均数所组成的动态数列，另一种是由动态平均数所组成的动态数列，由于这两种时间数列性质不同，计算序时平均数的方法也不同。

1. 根据一般平均数所组成的动态数列计算序时平均数

由于该种动态数列中每个指标都是平均数，不能直接相加，必须先求出分子数列的序时平均数和分母数列的序时平均数，再两者对比才可求出一般平均数动态数列的序时平均数。

所用公式如下：

$$\bar{c} = \frac{\bar{a}}{\bar{b}} = \frac{\dfrac{\sum a}{n}}{\dfrac{\sum b}{n}} = \frac{\sum a}{\sum b}$$

例 3.6.11 某厂产品成本资料如表 3.6.13 所示。试求平均单位成本。

表 3.6.13　　　　　　　　　　　　某企业产量与单位成本资料

时间	一季度	二季度	三季度	四季度
产量（b）/千件	30	34	35	40
单位成本（c）/元	120	124	130	132

$$\text{平均单位成本} = \frac{\text{总成本}}{\text{总产量}}$$

在表中，缺少总成本数列的资料，但可以通过产量与单位成本数列得出，关系式为总成本$a = b \times c$，列表如下。

表 3.6.14　　　　　　　　　　　　　某企业产量与成本资料

时间	一季度	二季度	三季度	四季度	合计
产量（b）/千件	30	34	35	40	139
单位成本（c）/元	120	124	130	132	—
总成本（$a=b \times c$）/千元	3 600	4 216	4 550	5 280	17 646

根据上述资料，该厂产品平均单位成本为：

$$\bar{c} = \frac{\bar{a}}{\bar{b}} = \frac{\dfrac{\sum a}{n}}{\dfrac{\sum b}{n}} = \frac{\sum a}{\sum b} = \frac{\sum bc}{\sum b} = \frac{17\ 646}{139} = 126.95(\text{元})$$

2. 根据序时平均数动态数列计算序时平均数

如果已知间隔相等的序时平均数时间数列，计算其序时平均数时，可直接用简单平均的方法。计算公式为：

$$\bar{a} = \frac{\sum a}{n}$$

例 3.6.12　某玩具厂生产的玩具资料如表 3.6.15 所示。

表 3.6.15　　　　　　　　　　　　　某玩具厂玩具资料

季度	一季度	二季度	三季度	四季度
平均月产量/万件	20	24	21	26

请计算全年平均月产量。

$$\text{全年平均月产量} = \frac{20+24+21+26}{4} = 22.75(\text{万件})$$

如果已知间隔不等的序时平均数动态数列，计算其序时平均数时，可以以间隔作为权数，采用加权算术平均数的计算方法。计算公式为：

$$\bar{a} = \frac{\sum af}{\sum f}$$

式中：f 代表间隔。

例 3.6.13　下表为某公司某年各月平均出勤人数资料

表 3.6.16　　　　　　　　　　　　　某公司出勤状况

月份/月	1	2～4	5～6	7～10	11～12
人数/人	30	31	38	42	40

$$\text{公司某年各月平均出勤人数} = \frac{30+31 \times 3 + 38 \times 2 + 42 \times 4 + 40 \times 2}{1+3+2+4+2} = 37.25(\text{人})$$

五、平均增长量

（一）平均增长量的概念

平均增长量是动态数列中逐期增长量的序时平均数，表明现象在一定时段内平均每期增加

（或减少）的数量。

（二）平均增长量的计算公式

其公式为：

$$平均增产量 = \frac{逐期增长量之和}{逐期增长量的个数}$$

用符号表示即

$$\bar{\Delta} = \frac{(a_1 - a_0) + (a_2 - a_1) + \cdots + (a_n - a_{n-1})}{n} = \frac{\sum(a_n - a_{n-1})}{n}$$

式中，n 为逐期增长量的个数。上式也可表示为：

$$平均增产量 = \frac{最末水平 - 最初水平}{发展水平的项数 - 1}$$

即

$$\bar{\Delta} = \frac{a_n - a_0}{n} \quad （数列项数为 $n+1$ 项）$$

这两种方法的结果是一致的。

例 3.6.14 某固定试验田自 2006～2010 年 5 年种植同一种农作物，各年产量资料如表 3.6.17 所示。

表 3.6.17　　　　　　　　　　2006～2010 年农作物各年产量资料

年份/年	2006	2007	2008	2009	2010	合计
产量/吨	8.2	8.7	9	9.6	11	46.5
逐期增长量/吨	—	0.5	0.3	0.6	1.4	2.8

请计算其平均增长量。

$$平均增长量 = \frac{逐期增长量之和}{逐期增长量的个数} = \frac{2.8}{4} = 0.7（吨）$$

用符号表示即：

$$\bar{\Delta} = \frac{(a_1 - a_0) + (a_2 - a_1) + \cdots + (a_n - a_{n-1})}{n} = \frac{\sum(a_n - a_{n-1})}{n} = 0.7（吨）$$

上式也可表示为：

$$平均增长量 = \frac{最末水平 - 最初水平}{发展水平的项数 - 1} = \frac{11 - 8.2}{5 - 1} = 0.7（吨）$$

即：

$$\bar{\Delta} = \frac{a_n - a_0}{n} = 0.7（吨）$$

六、动态发展速度指标

动态发展速度指标是表明动态数列增长快慢及程度的一类指标，是通过将数列的不同量做对比而得出的一类指标值。按照对比的基数及其反映的意义不同，动态发展速度指标可包含发展速度、增长速度、平均发展速度和平均增长速度。

（一）发展速度

1. 发展速度的概念

发展速度是以相对数的形式表示的两个不同时期发展水平的比值，它表明报告期水平已经发展到基期水平的倍数或成数。

2. 计算公式

其公式为：

$$发展速度 = \frac{报告期水平}{基期水平}（动态相对数）$$

按照所选基期不同，我们可将发展速度分为环比发展速度和定基发展速度。

（1）环比发展速度

将基期定在报告期的前一期。

表 3.6.18　　　　　　　　　　　发展速度列表

各期发展水平	a_0	a_1	a_2	…	a_{n-1}	a_n
环比发展速度	–	$\dfrac{a_1}{a_0}$	$\dfrac{a_2}{a_1}$	…	$\dfrac{a_{n-1}}{a_{n-2}}$	$\dfrac{a_n}{a_{n-1}}$
定基发展速度	–	$\dfrac{a_1}{a_0}$	$\dfrac{a_2}{a_0}$	…	$\dfrac{a_{n-1}}{a_0}$	$\dfrac{a_n}{a_0}$

$$\frac{a_1}{a_0}, \frac{a_2}{a_1}, \frac{a_3}{a_2}, \cdots, \frac{a_n}{a_{n-1}}（见表3.6.15）$$

（2）定基发展速度（总发展速度）

将基期固定在某一时期（通常为最初水平）：

$$\frac{a_1}{a_0}, \frac{a_2}{a_0}, \frac{a_3}{a_0}, \cdots, \frac{a_n}{a_0}（见表3.6.18)$$

（3）同一时间数列中，定基发展速度与环比发展速度的数量关系

① 环比发展速度数列与定基发展速度数列首项相等，即 $\dfrac{a_1}{a_0} = \dfrac{a_1}{a_0}$；

② 定基发展速度等于相应时期内各环比发展速度的连乘积，即：

$$\frac{a_1}{a_0} = \frac{a_1}{a_0}, \frac{a_2}{a_0} = \frac{a_1}{a_0} \times \frac{a_2}{a_1}, \cdots, \frac{a_n}{a_0} = \frac{a_1}{a_0} \times \frac{a_2}{a_1} \times \cdots \times \frac{a_n}{a_{n-1}};$$

③ 两个相邻时期定基发展速度的比率等于相应时期（后一期）的环比发展速度，即：

$$\frac{\frac{a_2}{a_0}}{\frac{a_1}{a_0}} = \frac{a_2}{a_1}, \quad \frac{\frac{a_3}{a_0}}{\frac{a_2}{a_0}} = \frac{a_3}{a_2}, \quad \cdots, \quad \frac{\frac{a_n}{a_0}}{\frac{a_{n-1}}{a_0}} = \frac{a_n}{a_{n-1}}$$

（4）年距发展速度

年距发展速度程度，是实际统计分析中经常使用的指标。

$$年距发展速度 = \frac{本年度某期水平}{上年度同期水平}$$

七、增长速度

（一）增长速度的概念

增长速度是报告期相对与基期增长量与基期水平之比，表明报告期水平比基期水平提高（或降低）的比率。

（二）增长速度的计算公式

其公式为：

$$增长速度 = \frac{报告期水平 - 基期水平}{基期水平} = \frac{增长量}{基期水平} = 发展速度 - 1$$

按照所选基期不同，我们可将发展速度分为环比发展速度和定基发展速度。

1. 环比发展速度

增长量为逐期增长量：

$$\frac{a_1 - a_0}{a_0}, \frac{a_2 - a_1}{a_1}, \frac{a_3 - a_2}{a_2}, \cdots, \frac{a_n - a_{n-1}}{a_{n-1}}$$（见表 3.6.19）

表 3.6.19 增长速度列表

各期发展水平	a_0	a_1	a_2	...	a_{n-1}	a_n
环比增长速度	–	$\dfrac{a_1 - a_0}{a_0}$	$\dfrac{a_2 - a_1}{a_1}$	...	$\dfrac{a_{n-1} - a_{n-2}}{a_{n-2}}$	$\dfrac{a_n - a_{n-1}}{a_{n-1}}$
定基增长速度	–	$\dfrac{a_1 - a_0}{a_0}$	$\dfrac{a_2 - a_0}{a_0}$	...	$\dfrac{a_{n-1} - a_0}{a_0}$	$\dfrac{a_n - a_0}{a_0}$

2. 定基发展速度

增长量为累计增长量，即：

$$\frac{a_1 - a_0}{a_0}, \frac{a_2 - a_0}{a_0}, \frac{a_3 - a_0}{a_0}, \cdots, \frac{a_n - a_0}{a_0}$$ (见表 3.6.19)

（三）应用速度指标时应注意的问题

（1）定基增长速度与环比增长速度不具有定基发展速度与环比发展速度那样的关系；

（2）定基增长速度与环比增长速度之间的推算，必须通过将定基增长速度和环比增长速度加1，换算成定基发展速度和环比发展速度才能进行。

八、平均发展速度和平均增长速度

（一）概念

平均发展速度反映现象在一定时期内逐期发展变化的一般程度。

平均增长速度反映现象在一定时期内逐期增长（降低）变化的一般程度。平均增长速度不能直接计算，只能通过与平均发展速度的数量关系来进行：

$$平均增长速度 = 平均发展速度 - 1$$

（二）计算平均发展速度的两种方法

1. 水平法（几何平均法）

一定时期内现象发展的总速度等于各期环比发展速度的连乘积，按几何平均的方法计算平均发展速度。

$$\frac{a_n}{a_0} = \frac{a_1}{a_0} \times \frac{a_2}{a_1} \times \cdots \times \frac{a_n}{a_{n-1}}$$

$$= x_1 \times x_2 \times \cdots \times x_n$$

$$\bar{x} = \sqrt[n]{x_1 \times x_2 \times \cdots \times x_n}$$

$$= \sqrt[n]{\frac{a_n}{a_0}}$$

（n：为发展水平的项数-1，或发展速度的个数）

2. 累计法（方程式法）

根据 x 计算所达到的累计总和与各年实际所具有的水平总和相一致。

设 $\bar{x}$ 为平均发展速度，a_0 为初始发展水平，则：

第 1 年的发展水平 $a_1 = a_0 \bar{x}$；

第 2 年的发展水平 $a_2 = a_0 \overline{xx} = a_0 \bar{x}^2$；

第 n 年的发展水平 $a_n = a_0 \overline{xx} \cdots \bar{x} = a_0 \bar{x}^n$。

$$a_1 + a_2 + \cdots + a_n = a_0 \bar{x} + a_0 \bar{x}^2 + \cdots + a_0 \bar{x}^n$$

$$\sum_{i=1}^{n} a_i = a_0 \left(\bar{x} + \bar{x}^2 + \cdots + \bar{x}^n \right)$$

（三）水平法与累计法的侧重点不同

（1）水平法侧重于考察现象最末一期水平：按平均发展速度计算的最末一期水平与实际的最末一期水平相等。

（2）累计法侧重于考察现象整个发展过程：按平均发展速度计算的各期水平之和等于实际的各期发展水平之和。

九、增长1%的绝对值

可采用以下公式计算：

$$增长1\%的绝对值 = \frac{逐期增长量}{环比增长速度} \times 1\% = \frac{前一期水平}{100}$$

即：

$$增长1\%的绝对值 = \frac{逐期增长量}{环比增长速度} \times 1\% = \frac{逐期增长量}{\dfrac{逐期增长量}{前一期水平}} \times \frac{1}{100} = \frac{前一期水平}{100}$$

例 3.6.15　某商店连续一周销售食用油数量资料如表 3.6.20 所示。

表 3.6.20　　　　　　　　　某商店连续一周销售食用油数量资料

日期	星期一	星期二	星期三	星期四	星期五	星期六	星期日
销售量/千克	20	22	26	18	24	30	22
增长 1%的绝对值/千克	—	0.20	0.22	0.26	0.24	0.30	0.22

以上 8 个内容介绍的是用于趋势分析的指标，而借助于以上指标进行趋势预测，能解决经济中的更多问题。在随后的学习中我们介绍趋势预测的方法。

本 章 小 结

1. 统计指标分为总量指标、相对指标、平均指标、标志变异指标。

2. 总量指标，又称绝对数，是反映一定时间、地点、条件下某种社会经济现象总体规模或水平的统计指标。

3. 相对指标又称"相对数"，是用两个有联系的指标进行对比的比值来反映社会经济现象数量特征和数量关系的综合指标。

4. 平均指标又称平均或均值，反映的是现象在某一空间或时间上的平均数量状况。标志变异指标又称为标志变动度，是反映总体各单位标志值之间差异程度大小的综合指标。

5. 动态数列编制的原则应遵循总体范围前后一致，时间长短保持一致，指标的经济内容前后一致。

6. 发展水平、平均发展水平、增长水平、平均增长水平、发展速度、平均发展速度、增长速度、平均增长速度、增长 1%的绝对值的含义及计算公式。

实 务 题

一、简答题

1. 时间数列的概念是什么？

2. 编制时间数列应注意哪些问题？

3. 时间数列有哪些分类？

4. 什么是发展水平、增长量？

5. 什么是发展速度，增长速度？

6. 定基发展速度和环比发展速度有什么关系？

二、填空题

1. 平均发展速度的计算有_____和_____两种方法。

2. 时期指标与时点指标最根本的区别在于各自反映的现象在_____上的不同。

3. 某地区工业总产值 2006～2009 年平均增长 7.9%，2010～2011 年平均增长 8.2%，则 2006～2011 年的平均增长速度为_____%。

4. 已知时期数列的期初水平和期末水平，求平均发展速度，其计算公式是_____。

5. 已知时期数列的环比增长速度分别为 2%，3%，5%，8%，则其平均增长速度为_____。

三、单项选择题

1. 增长量指标就是（　　　）。

    A. 报告期水平与基期水平之差

    B. 报告期水平与基期水平之比

    C. 动态相对指标

    D. 发展速度−1

2. 报告期水平与某一固定时期水平之比的指标是（　　　）。

    A. 逐期增长量　　　B. 累计增长量　　　C. 环比发展速度　　　D. 定基发展速度

3. 序时平均数反映（　　　）。

    A. 同一时间不同现象的一般水平　　　B. 同一时间同种现象的一般水平

    C. 不同时间不同现象的一般水平　　　D. 不同时间同种现象的一般水平

4. 下列属于时点数列的有（　　　）。

    A. 各月钢铁产量　　　　　　　　　　B. 各月人均工资

    C. 各月平均利润　　　　　　　　　　D. 各月仓库盘点额

5. 间隔相等的间断时点数列的序时平均数的计算公式是（　　　）。

    A. $\bar{a}=\dfrac{\sum a}{n}$

    B. $\bar{a}=\dfrac{\dfrac{a_1}{2}+a_2+a_3+\cdots+a_{n-1}+\dfrac{a_n}{2}}{n-1}$

    C. $\bar{a}=\dfrac{\dfrac{a_1}{2}+a_2+a_3+\cdots+a_{n-1}+\dfrac{a_n}{2}}{n}$

    D. $\bar{a}=\dfrac{\dfrac{a_1+a_2}{2}f_1+\dfrac{a_2+a_3}{2}f_2+\cdots+\dfrac{a_{n-1}+a_n}{2}f_{n-1}}{\sum\limits_{i=1}^{n-1}f_i}$

6. 某企业 2011 年 3 月至 12 月月末的职工人数分别为 1 400 人、1 460 人、1 510 人和 1 420 人，则该企业第二季度的平均职工人数为（　　　）。

    A. 1 460 人　　　B. 1 463 人　　　C. 1 448 人　　　D. 1 500 人

7. 设 2006～2010 年各年的环比增长速度为 6%、7%、8%、9%和 10%，则平均增长速度为（　　　）。

    A. 8%　　　B. 1.74%　　　C. 7.87%　　　D. 7.99%

8. 某单位的营业额为 200 万，220 万，250 万，300 万，320 万，则平均增长量为（　　　）。

    A. $\dfrac{320-200}{5}$　　　B. $\dfrac{320-200}{5-1}$　　　C. $\sqrt[5]{\dfrac{320}{200}}-1$　　　D. $\sqrt[4]{\dfrac{320}{200}}-1$

9. 某单位 4 年广告费用的环比增长速度为 2%，5%，6%，10%，则平均增长速度为（　　　）。

    A. $\sqrt[4]{2\%\times5\%\times6\%\times10\%}$

    B. $\sqrt[4]{102\%\times105\%\times106\%\times110\%}$

    C. $\sqrt[4]{2\%\times5\%\times6\%\times10\%}-1$

    D. $\sqrt[4]{102\%\times105\%\times106\%\times110\%}-1$

10. 某商店连续五年的销售额为 22 万元，30 万元，35 万元，48 万元，50 万元，则平均增长速度为（　　　）。

    A. $\dfrac{50-22}{5}$　　　B. $\dfrac{50-22}{5-1}$　　　C. $\sqrt[5]{\dfrac{50}{22}}-1$　　　D. $\sqrt[4]{\dfrac{50}{22}}-1$

四、多项选择题

1. 编制时间数列应遵循的原则有（　　　）。

（A）总体范围一致　　（B）计算方法一致　（C）内容相同

（D）时期长短相等　　（E）计量单位一致

2. 逐期增长量与累计增长量的关系是（　　　　）。

（A）逐期增长量之和等于累计增长量

（B）逐期增长量之积等于累计增长量

（C）相邻两累计增长量之商等于相应的逐期增长量

（D）相邻两累计增长量之差等于相应的逐期增长量

（E）相邻两累计增长量之积等于相应的逐期增长量

3. 平均增长量是指（　　　　）。

（A）逐期增长量之和/时间数列项数　　　（B）逐期增长量之和/(时间数列项数−1)

（C）累计增长量/时间数列项数　　　　　（D）累计增长量/(时间数列项数−1)

（E）增计增长量/逐期增长量的个数

4. 具有不可累加性的时间数列有（　　　　）。

（A）时期数列　　　　（B）时点数列　　　（C）相对数时间数列

（D）平均数时间数列　（E）所有数列

5. 以下命题不正确的是（　　　　）。

（A）定基发展速度等于相应各个环比发展速度的连乘积

（B）定基发展速度等于相应各个环比增长速度的连乘积

（C）定基增长速度等于相应各个环比发展速度的连乘积

（D）相邻两定基发展速度之商等于相应的环比发展速度

（E）相邻两定基增长速度之商等于相应的环比发展速度

6. 下列属于时期数列的有（　　　　）。

（A）连续 5 年的人均产粮食产量　　　（B）某地区历年总产值

（C）2005 年前 6 个月的商品周转次数　（D）某厂连续 4 年销售收入

（E）某厂历年职工人数

7. 以下命题正确的是（　　　　）。

（A）时期数列中的各指标数值可以相加

（B）时点数列中的各指标数值可以相加

（C）时期数列中各指标数值大小与时期长短无关

（D）时点数列中各指标数值大小与间隔长短无关

（E）时点数列中各指标数值是通过连续登记取得的

8. 用水平法求平均发展速度的计算公式有（　　　　）。

（A）$\bar{x} = \sqrt[n]{\prod_{i=1}^{n} x_i}$　　　　（B）$\bar{x} = \sqrt[n]{\dfrac{a_n}{a_0}}$　　　（C）$\bar{x} = \sqrt[n]{R}$

（D）$\bar{x} = \sqrt[n-1]{\dfrac{a_n}{a_1}}$　　　　（E）$\sum_{i=1}^{n} x^{-i} = \dfrac{\sum_{i=1}^{n} a_i}{a_o}$

五、判断题

1. 累计增长量等于相应各逐期增长量之和。　　　　　　　　　　　　　　（　　）

2. 平均数、指数都有静态与动态之分。　　　　　　　　　　　　　　　　（　　）

3. 对连续时点数列求序时平均数，应采用加权算术平均方法。（　　）

4. 若将某地区社会商品库存额按时间先后顺序排列，此种动态数列属于时期数列。（　　）

5. 计算平均发展速度有两种方法，即平均几何法和方程式法，这两种方法是根据分析目的不同划分的。（　　）

六、计算分析题

1. 某公司有关资料如下：

月份/月	4	5	6	7
产值/万元	100	120	150	200
月初人数/人	40	54	60	58

试计算：

（1）各月人均产值。

（2）第二季度平均每月的人均产值。

（3）第一季度人均产值。

2. 某地区 2005 年年底人口数为 2 500 万人，假定以后每年以 6‰的增长率增长；又假定该地区 2005 年粮食产量为 200 亿斤，要求到 2010 年平均每人粮食达到 1 200 斤，试计算 2010 年粮食产量应该达到多少？粮食产量每年平均增长速度如何？

3. 若已知甲、乙两个企业 2004 年的产值分别为 800 万元和 1 200 万元，2011 年的产值分别为 1 400 万元和 2 000 万元。

要求：

（1）分别计算甲、乙两个企业产值的平均发展速度；

（2）若按各自的速度发展，甲企业从现在起还需几年才能达到乙企业 1998 年的产值水平？

（3）若要求甲企业在三年内达到乙企业 1998 年的产值水平，则每年应递增多少？

4. 某地区 2006～2010 年工农业总产值资料如下：

年份/年	2006	2007	2008	2009	2010
工农业总产值/万元	11 000	13 200	15 300	18 000	18 362

要求：

（1）计算 2006～2010 年工农业总产值的平均增长量；

（2）计算 2006～2010 年工农业总产值的平均发展速度和增长速度。

5. 设有甲、乙两个商店，甲商店有职工 200 人，乙商店有职工 180 人，有关销售收入资料如下表：

年份/年	甲商店销售收入/万元	乙商店销售收入/万元
2009	2 000	1 700
2010	2 200	2 000
2011	2 500	2 400

要求：

（1）根据销售收入的平均发展速度计算，多少年后乙商店的人均销售收入能赶上甲商店？

（2）假定那时甲商店职工为 210 人，乙商店职工为 195 人，则两商店的销售收入各为多少？

第四章
统计指数

【学习目的与要求】

统计指数法是统计分析中广为采用的一种重要方法。他用来表明度量单位不同的多种事物综合变动情况的相对数，是动态分析的进一步深入和发展。通过本章学习，要了解统计指数的意义，指数的分类，了解综合指数的特点；理解统计指数的概念，理解综合指数、平均指数、质量指标指数、数量指标指数的概念，理解指数体系的概念及作用；掌握同度量因素的概念，掌握数量指标指数、质量指标指数的编制方法，掌握指数体系的两因素、三因素及多因素分析，掌握加权算术平均数的概念及编制方法。

了解现实生活中遇到的简单指数的计算及分析，能够根据所给资料编制总指数、数量指标指数、质量指标指数并进行因素分析，知道固定权数加权算术平均数指数、固定权数调和平均数指数的计算方法；了解消费指数、股票价格指数的编制方法；能够根据所给资料计算加权算术平均数指数和调和平均数指数并进行因素分析。

【导读】

幸福指数

什么是幸福指数呢？幸福感是一种心理体验，它既是对生活的客观条件和所处状态的一种事实判断，又是对于生活的主观意义和满足程度的一种价值判断。它表现为在生活满意度基础上产生的一种积极心理体验。而幸福感指数，就是衡量这种感受具体程度的主观指标数值。"幸福感指数"的概念起源于30多年前，最早是由不丹国王提出并付诸实践的。20多年来，在人均GDP仅为700多美元的不丹，国民总体生活较幸福。"不丹模式"引起了世界的关注。

近年来，美国、英国、荷兰、日本等发达国家都开始了对幸福指数的研究，并创设了不同模式的幸福指数。如果说GDP、GNP是衡量国富、民富的标准，那么，百姓幸福指数就可以成为一个衡量百姓幸福感的标准。百姓幸福指数与GDP一样重要，一方面，它可以监控经济社会运行态势；另一方面，它可以了解民众的生活满意度。可以说，作为最重要的非经济因素，它是社会运行状况和民众生活状态的"晴雨表"，也是社会发展和民心向背的"风向标"。人们也普遍认为：幸福指数是体现老百姓幸福感的"无须调查统计的"反应，是挂在人民群众脸上的"指数"。幸福指数可通过三类指标来反映，A类指标：涉及认知范畴的生活满意程度，包括生存状况满意度（如就业、收入、社会保障等），生活质量满意度（如居住状况、医疗状况、教育状况等）。B类指标：涉及情感范畴的心态和情绪愉悦程度，包括精神紧张程度、心态等。C类指标：指人际以及个体与社会的和谐。

美国的经济学家 P·萨缪尔森提出了一个幸福方程式：效用/欲望＝幸福指数。判断一个人的幸福与否，可以从答案中得到，以得数 1 为分界岭。比 1 小就证明不幸福，等于 1 或者比 1 大就证明是幸福的。如果我们的欲望指数高，而在目前生活方式中得到的效用低，那得出来的幸福指数就小于 1，说明我们的生活状态不好，让我们感觉不幸福。而不幸福的严重程度是根据数字来衡量的，数字越小就代表越不幸福，如果效用比欲望高，得出的比值就比 1 大，那就证明是个幸福的人。同理，幸福的指数也是根据比值来判断的，数字越大就证明越幸福。

问题：

1. 结合以上材料，了解当地居民幸福指数如何。
2. 你能否结合当地情况及所学知识，制定一合理的幸福指数体系？

第一节　统计指数的意义

一、统计指数的概念

统计指数是反映社会经济现象在各个不同时间上发展变动的相对程度的统计分析指标。统计指数的编制起源于物价的变动，18 世纪后半叶，金银大量流入欧洲，引起欧洲的物价飞涨，这种现象影响着社会的安定，由此产生了反映物价变动要求的指标——物价指数。指数主要用于分析现象的动态变化，常见的指数有：物价指数、消费指数，同人们的日常生活息息相关；产量指数、成本指数，同企业生产与成本控制联系密切；股票指数、生产资料价格指数，直接影响到人们的投资活动等。

统计指数是一种相对数，是一种无名数，通常表现为百分数。如果把对比的基数视为 100，则指数表明所考查的现象相当于基数的百分之多少。例如，2011 年 9 月我国消费者物价指数比 2010 年 9 月同期增长 6.1%，则 2011 年 9 月消费者物价指数为 106.1%。它表示，若将 2010 年 9 月消费者物价水平看作 100，2011 年 9 月的消费者物价水平为 106.1。进一步分析，现阶段我国一年期定期存款利率为 3.5%，对比于消费者物价指数来看，实质利率为负数。熟悉指数并能熟练地运用指数，对于经济管理专业人员具有不可或缺的作用。

统计指数有广义与狭义之分：广义指数指现象在不同时间条件下数量变动的相对数，主要有动态相对指标；狭义指数是指反映总体现象中不能直接加总与不能直接对比的不同事物在不同时间条件下在数量上总变动的一种相对数，如某商店的总物价指数，不同商品单位价格不能直接相加对比，通过合适的方法变成可以相加与对比的数量关系等。

二、统计指数的性质

了解统计指数的性质有利于正确地应用指数。统计指数的性质可归纳为以下几点。

（一）相对性

要考察统计指数，必须有确定的基期，基期的选择不同，计算出来的指数也不同。例如，A企业 2011 年净利润 30 万，比 2010 年增长 100%，与 2009 年净利润比，增长 200%。不同总体的绝对数与指数反映的方向也不同，例如，甲企业 2011 年净利润是 30 万元，比 2010 年增长 100%；而乙企业净利润是 500 万，比 2010 年增长 25%，论绝对数乙企业好一些，论指数甲企业好一些。

（二）综合性

就狭义指数而言，反映总体现象中不能直接加总与不能直接对比的不同事物在不同时间条件下在数量上总变动的一种相对数。指数的综合性也主要指这种指数。

（三）平均性

指数是总体水平的一个代表性数值。平均性有两个含义：其一是指数进行比较的综合数量是作为个别量的一个代表，这本身具有平均的性质；其二是两个综合量对比形成的指数反映了个别量的平均变动水平。

三、统计指数的种类

无数种社会经济现象就会产生无数种指数，但归纳起来有两种最基本的指数分类。

（一）按照反映社会经济现象的范围不同，统计指数可分为个体指数和总指数

1. 个体指数

反映单一经济现象不同时间上变动的相对程度，有表示数量变动的个体指数，如个体产量指数，个体销售量指数；有表示质量的的个体指数，如个体价格指数，个体成本指数，个体劳动生产率指数等。

表示数量变动的个体指数用公式表示，即：

$$K_q = \frac{q_1}{q_0}$$

式中，K_q 表示个体物量指数；q_1 表示报告期某种产品的数量的量，如产量、销量等；q_0 表示基期某种产品的数量的量。

或者表示质量的个体指数

$$K_p = \frac{p_1}{p_0}$$

式中，K_q 表示个体质量指数；p_1 表示报告期某种产品的质量的量，如价格、成本等；p_0 表示基期某种产品的质量的量。

我们通过一个实例来说明以上内容。

例 4.1.1 红星家电厂生产 3 种产品，2010 年和 2011 年其销量和销售价格资料如表 4.1.1 所示。

表 4.1.1　　　　　　　　　　　红星家电厂销售状况统计表

产品名称	计量单位	销量/百台		销售价格/百元	
		2010 年	2011 年	2010 年	2011 年
		基期（q_0）	报告期（q_1）	基期（p_0）	报告期（p_1）
冰箱	台	60	80	20	18
彩电	台	80	120	40	36
空调	台	100	80	24	28
合计	—	—	—	—	—

这个例题中基期指 2010 年，报告期指 2011 年。则：

冰箱的销量指数 $K_q = \dfrac{q_1}{q_0} = \dfrac{80}{60} = 133.3\%$

冰箱的价格指数 $K_p = \dfrac{p_1}{p_0} = \dfrac{18}{20} = 90\%$

其中，销量指数是表示数量变动的指数，价格指数是表示质量变动的指数。

2. 总指数

它综合反映不能直接相加的多种经济现象不同时间上的总变动程度。如某商店第四季度对比第三季度的销售额指数、销售量指数及销售价格指数，这几个指数是综合说明该商店各数量的变动程度的，称为总指数。

根据编制方式和计算方法的不同，可将总指数分为综合指数、平均数指数和平均指标指数。

（1）综合指数

综合指数是通过确定同度量因素，把不能相加或相比（不能同度量）的现象转换为可以相加或对比（可以同度量）的现象，采用科学的方法计算出报告期和基期的总量指标并进行对比而形成的。

如表 4.1.1 所示，红星家电厂的销量综合指数为 $K_q = \dfrac{pq_1}{pq_0}$，价格综合指数为 $K_p = \dfrac{p_1q}{p_0q}$。

（2）平均数指数

平均数指数是从个体指数出发，通过对个体指数求平均数而形成的指数，即先指数，后平均。

如表 4.1.1 所示，红星家电厂的销量平均数指数

$$I_q = \frac{\sum k_q w}{\sum w} \quad (w \text{ 为权数})$$

式中，I_q 为销量平均数指数；k_q 为销量个体指数；w 为权数。

这个指数采用加权算术平均数的公式，称为加权算术平均法指数。

$$\text{价格平均数指数} \, I_p = \frac{\sum w}{\sum \dfrac{1}{k_p} w} \quad (w \text{ 为权数})$$

式中，I_q 为价格平均数指数；k_q 为价格个体指数；w 为权数。

这个指数采用加调和平均数的公式，称为加权调和平均法指数。

（3）平均指标指数

平均指标指数是指将经济内容相同的两个时期的水平值先做平均，后将平均值进行对比而得的指数，即先平均，后指数。

这类指数我们在本章中不作为重点内容。

（二）按指数化指标的类型不同，统计指数可分为数量指标指数和质量指标指数

1. 数量指标指数

在计算指数时，如果所研究的因素是数量指标，所计算出来的指数就叫做数量指标指数，如产量指数等。个体指数、总指数中都有数量指标指数。

2. 质量指标指数

在计算指数时，如果所研究的因素是质量指标，所计算出来的指数就叫做质量指标指数，如

价格指数等。个体指数、总指数中都有质量指标指数。

以上两种分类是最基本的，另外根据统计需要还有几种分类：

（1）如按计算指数所采用的指数不同，统计指数可分为定基指数和环比指数。这里所说的定基指数和环比指数即第三章所讲的定基发展速度和环比发展速度。如果采用固定基期计算的指数就是定基指数，如果是报告期指标与前一期指标对比，计算出来的指数是环比指数。

（2）如按对比内容不同，分为动态指数和静态指数；按计算总指标的方式不同又可分为综合指数和平均指数等，这里不再一一介绍。

四、统计指数的作用

（一）统计指数可以综合反映复杂现象总体的综合变动

这种综合变动包括变动方向和变动程度。指数不仅能反映不能直接相加的多种产品产量或商品销售量的总变动程度，还能反映不能直接相加的多种产品成本或多种商品价格的总变动程度。指数结果中百分比大于或小于100%，反映现象变动方向是正还是负；而比100%大多少或小多少，则反映现象变动程度的大小。

（二）统计指数在分析受多因素影响的现象的总变动中，分析各个因素的影响方向和影响程度

一个复杂现象的总体，一般由多个因素构成。对于包括两个或两个以上因素的总体现象，可以利用综合指挥或平均法总指数分析其构成因素对总变动的影响，可以从相对数和绝对数两方面分析各因素的影响方向和影响程度。

（三）统计指数可以检查计划完成情况和进行空间对比

随着社会经济的发展和统计研究的需要，统计指数也广泛应用于静态对比，如分析检查计划完成情况，把多种不同产品的单位成本计划完成情况进行分析。此外，利用统计指数还可以进行地区间、国际间经济综合评价、对比，研究计划执行情况。

【阅读材料】

我国的 CPI

我国 CPI 构成和各部分比重，2011 年最新调整为：

① 食品，31.79%；

② 烟酒及用品，3.49%；

③ 居住，17.22%；

④ 交通通讯，9.95%；

⑤ 医疗保健个人用品，9.64%；

⑥ 衣着，8.52%；

⑦ 家庭设备及维修服务，5.64%；

⑧ 娱乐、教育、文化用品及服务，13.75%。

从 2011 年 1 月起，我国 CPI 开始计算以 2010 年为对比基期的价格指数序列。这是自 2001 年计算 CPI 定基价格指数以来，第二次进行基期例行更换，首轮基期为 2000 年，第二轮基期为 2005 年。调整基期是为了更容易比较。因为对比基期越久，价格规格品变化就越大，可比性就会

下降。选择逢"0"逢"5"年度作为计算 CPI 的对比基期，目的是为了与我国国民经济和社会发展五年规划保持相同周期，便于数据分析与使用。

根据 2010 年全国城乡居民消费支出调查数据以及有关部门的统计数据，按照制度规定对 CPI 权数构成进行了相应调整。其中居住提高 4.22 个百分点，食品降低 2.21 个百分点，烟酒降低 0.51 个百分点，衣着降低 0.49 个百分点，家庭设备用品及服务降低 0.36 个百分点，医疗保健和个人用品降低 0.36 个百分点，交通和通信降低 0.05 个百分点，娱乐、教育、文化用品及服务降低 0.25 个百分点。

根据各选中调查市县 2010 年最新商业业态、农贸市场以及服务消费单位状况，按照国家统一规定的原则和方法，增加了 1.3 万个调查网点。采集全国 CPI 价格的调查网点（包括食杂店、百货店、超市、便利店、专业市场、专卖店、购物中心以及农贸市场与服务消费单位等）达到 6.3 万个。

各选中调查市县根据当地居民的消费水平、消费习惯，按照国家统一规定的原则和方法，对部分代表规格品及时进行了更新。

核心 CPI

所谓核心 CPI，是指将受气候和季节因素影响较大的产品价格剔除之后的居民消费物价指数。目前，我国对核心 CPI 尚未明确界定，美国是将燃料和食品价格剔除后的居民消费物价指数作为核心 CPI。这种方法最早是由美国经济学家戈登（Robert J.Gordon）于 1975 年提出的，其背景是美国在 1974~1975 年受到第一次石油危机的影响而出现了较大幅度的通货膨胀，而当时消费价格的上涨主要是受食品价格和能源价格上涨的影响。当时有不少经济学家认为美国发生的食品价格和能源价格上涨，主要是受供给因素的影响，受需求拉动的影响较小，因此提出了从 CPI 中扣除食品和能源价格的变化来衡量价格水平变化的方法。从 1978 年起，美国劳工统计局开始公布从消费价格指数和生产价格指数（PPI）中剔除食品和能源价格之后的上涨率。但是，在美国经济学界，关于是否应该从 CPI 中扣除食品和能源价格来判断价格水平，至今仍然存在很大争议，反对者大有人在。

例 4.1.2 某企业生产三种产品，产量和价格资料如表 4.1.2 所示。

表 4.1.2　　　　　　　　　　　　某企业产品资料表

产品	计量单位	产量		价格/元		产量个体指数 $(k_q = q_1/q_0)$（数量指标个体指数）/%	价格个体指数 $(k_p = p_1/p_0)$（质量指标个体指数）/%
		基期产量 (q_0)	报告期产量 (q_1)	基期价格 (p_0)	报告期价格 (p_1)		
甲	盒	1 000	1 200	80	80	120	100
乙	件	1 200	1 500	100	110	125	110
丙	台	3 000	4 500	50	40	150	80

注：基期，用于对比的标准时期；报告期，用于计算、研究的那个时期。

从表 4.1.1 中，我们不难计算出甲、乙、丙三种产品的产量个体指数和价格个体指数，但我们是否可以简单计算出这个企业的产量指数和价格指数呢？

问题 1：该企业三种产品产量的总变动程度（数量指标总指数）是多少？

显然，三种产品的产量不能够直接相加，即 $\frac{1\,200+1\,500+4\,500}{1\,000+1\,200+3\,000} = \frac{7\,200}{5\,200} = 138.46\%$ 是错误的。

问题 2：该企业三种产品价格的总变动（质量指标总指数）是多少？

显然，三种产品的价格也是不能够直接相加的，即 $\dfrac{80+110+40}{80+100+50}=\dfrac{230}{230}=100\%$ 是错误的。

那么，我们怎样才能合理准确地计算某一现象的总指数呢？针对这个问题，我们下一节作详细的描述。

第二节 综 合 指 数

一、综合指数的概念和特点

（一）综合指数的概念

综合指数是编制和计算总指数的一种基本形式，它是由两个总量指标对比而形成的指数。需要强调的是这两个总量指标包含两个或两个以上的因素，将其中一个或一个以上的因素指标固定下来，仅观察其中一个因素的变动，这样编制出来的总指数就叫综合指数。所以，综合指数是总指数的一种。在第一节我们介绍过：

$$销量综合指数为 K_q = \frac{pq_1}{pq_0}$$

$$价格综合指数为 K_p = \frac{p_1 q}{p_0 q}$$

综合观察以上两个公式，都有两个因素，即指数化因素和同度量因素。指数化因素是指计算的综合指数所反映变动的那个因素，如上式中销量综合指数中的销量因素（q）和价格综合指数中的价格因素（p）；同度量因素是指使不能直接进行对比的总体数值，转化为能进行对比的总体数值的条件，如上式中销量综合指数中所采用的价格因素（p）和价格综合指数中所采用的销量因素（q）。

（二）综合指数的特点

综合指数是总指数的一种，其特点也有其独特性。

（1）先综合后对比。从表 4.1.1 我们不难看出，计算综合指数是不能将分子、分母简单相加作对比的，解决此问题的方法是将不能直接相加的价格和产量，转化成可以相加的生产额（即先综合：价格×产量），然后将不同意义的生产额进行对比。

（2）把总量指标中的同度量因素加以固定，以测定所要研究因素（指数化因素）的影响程度。如要计算价格综合指数，价格就是指数化因素，产量就是同度量因素，将产量固定不变，只观察价格的变动（即 $\dfrac{p_1 q}{p_0 q}=k_p$），如果要计算产量综合指数，则产量是指数化因素，价格是同度量因素。

（3）分子分母所研究对象的范围应该一致。计算综合指数时，分子、分母所包括的范围，如商品品种、计量单位等应当一致。

（4）综合指数的计算对资料要求较高，需要全面资料。通过本节开头的式子可以看出，要计算综合指数需要知道基期和报告期的价格和销量，对资料要求比较全面。

二、综合指数的编制（计算）方法

综合指数的编制原理是先综合，后对比，如例4.1.2，将不能直接对比的价格或销量因素综合成能进行对比的销售额因素。

编制综合指数时应注意两点：①指数中，数量指标用 q 表示，质量指标用 p 表示；下标为0（即 p_0 或 q_0 ）表示基期，下标为1（即 p_1 或 q_1 ）表示报告期。②综合指数的编制原理。编制综合指数，作为同度量因素的指标应该固定在哪个时期，要根据编制指数的具体任务以及指数式的经济内容来决定。以经济内容为依据，确定综合指数中的同度量因素所属时期，具有一般应用意义。同度量因素时期确定的一般方法是：编制质量指标综合指数应以报告期数量指标为同度量因素，说明在报告期实际条件下，此指标的变动对现实造成的影响具有实际意义。编制数量指标综合指数则应以基期的质量指标为同度量因素。说明在质量指标保持不变的水平时，数量指标的动态变化。在计算某一种综合指数时，分子与分母的同度量因素的数值必须是同一时期的。选择不同时期的数值作为同度量因素，结果是不同的，经济意义也不相同。

（一）数量指标综合指数的编制

数量指标综合指数编制原理是：应以相应的基期质量指标为同度量因素。

数量指标综合指数是用综合指数法编制的数量指标总指数。

同度量因素使不能够直接相加的经济现象转化为能够相加的经济现象的因素。

图 4.2.1 中，引入媒介因素即价格，产量×价格＝产值（$q \times p = pq$）。此时：

例如，产量转化为产值后即能相加（见图4.2.1）。

产品产量综合指数 $I_q = \dfrac{\sum p_0 q_1}{\sum p_0 q_0}$ 说明产量的综合变动，同度量因素为基期价格

分子与分母的差额 $\Delta_q = \sum p_0 q_1 - \sum p_0 q_0$ 。

式中，$\sum p_0 q_0$ 为基期产值，已有资料；$\sum p_0 q_1$ 为假定产值，没有资料，完全按统计分析的需要来计算的；$\sum p_0 q_1 - \sum p_0 q_0$，说明产量变动而引起总产值变动的绝对数（额）。

将表4.1.2资料带入公式：

$$产品产量综合指数 = \frac{\sum p_0 q_1}{\sum p_0 q_0} = \frac{80 \times 1\,200 + 100 \times 1\,500 + 50 \times 4\,500}{80 \times 1\,000 + 100 \times 1\,200 + 50 \times 3\,000}$$

$$= \frac{471\,000}{350\,000} = 134.57\%$$

$$\sum p_0 q_1 - \sum p_0 q_0 = 471\,000 - 350\,000 = 121\,000 （元）$$

计算结果表明，该企业由于产量因素变动导致报告期销售额比基期提高了34.57%，从而使产值增加121 000元。

（二）质量指标综合指数的编制

质量指标综合指数编制时，应以相应的报告期数量指标为同度量因素。

例如，价格不能实现相加，转化为产值后即能相加（见图4.2.2）。

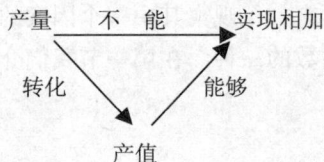

图 4.2.2 中，引入媒介因素即产量后，价格 × 产量 = 产值（$p \times q = pq$），此时：

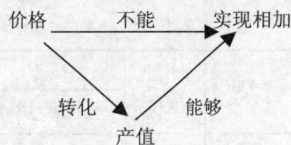

图 4.2.2

产品价格综合指数 $I_p = \dfrac{\sum p_1 q_1}{\sum p_0 q_1}$ 说明价格的综合变动，同度量因素为报告期产量。

分子与分母的差额 $\Delta_p = \sum p_1 q_1 - \sum p_0 q_1$。

I_p、Δ_p 式中，$\sum p_1 q_1$ 为报告期产值，已有资料；$\sum p_0 q_1$ 为假定产值，没有资料，完全按统计分析的需要来计算的；$\sum p_1 q_1 - \sum p_0 q_1$，说明价格变动引起的产值变动的绝对数（额）。

将表 4.1.2 资料带入公式：

$$\text{商品价格综合指数} = \frac{\sum p_1 q_1}{\sum p_0 q_1} = \frac{80 \times 1\,200 + 110 \times 1\,500 + 40 \times 4\,500}{80 \times 1\,200 + 100 \times 1\,500 + 50 \times 4\,500} = \frac{441\,000}{471\,000}$$

$$= 93.63\%$$

$$\sum p_1 q_1 - \sum p_0 q_1 = 441\,000 - 471\,000 = -30\,000 \text{（元）}$$

计算结果表明，该企业报告期价格比基期下降了 6.37%，由此使产值减少 30 000 元。

> **注意** 综合指数不是新的指数，而是总指数编制的一种方法。

三、综合指数统计表及其设计

（一）综合指数统计表

1. 综合指数统计表概念

综合指数统计表是指将计算综合指数所需要的所有数据计算出来并在统计表中加以体现，即提倡大家计算综合指数时都用统计表来计算。

2. 综合指数统计表的作用

（1）运用简便，省去了繁琐的公式。

（2）结果直观，便于分析。

（3）便于实现计算机操作。

（二）综合指数统计表的设计

1. 数量指标综合法总指数统计表

$$\text{产品产量综合指数} = \frac{\sum p_0 q_1}{\sum p_0 q_0} = \frac{80 \times 1\,200 + 100 \times 1\,500 + 50 \times 4\,500}{80 \times 1\,000 + 100 \times 1\,200 + 50 \times 3\,000}$$

$$= \frac{471\,000}{350\,000} = 134.57\%$$

$$\sum p_0 q_1 - \sum p_0 q_0 = 471\,000 - 350\,000 = 121\,000 \text{（元）}$$

这是我们根据表 4.1.2 计算的产品产量综合指数，由所用公式，可以知道我们需要知道甲、乙、丙三种产品的 $p_0 q_1$，$p_0 q_0$，我们计算出这些数据，并在统计表中表示如下（见表 4.2.1）。

表 4.2.1　　　　　　　　　　　　　　某公司产品数量指标综合指数表

产品	计量单位	产量		价格/元		p_0q_0 /元	p_0q_1 /元
		基期产量 q_0	报告期产量 q_1	基期价格 p_0	报告期价格 p_1		
甲	盒	1 000	1 200	80	80	80 000	96 000
乙	件	1 200	1 500	100	110	120 000	150 000
丙	台	3 000	4 500	50	40	150 000	225 000
合计	–	–	–	–	–	350 000	471 000

2. 数量指标综合法总指数统计表

$$产品价格综合指数 = \frac{\sum p_1q_1}{\sum p_0q_1} = \frac{80\times1\,200 + 110\times1\,500 + 40\times4\,500}{80\times1\,200 + 100\times1\,500 + 50\times4\,500} = \frac{441\,000}{471\,000}$$

$$= 93.63\%$$

$$\sum p_1q_1 - \sum p_0q_1 = 441\,000 - 471\,000 = -30\,000（元）$$

这是我们根据表 4.2.1 计算的产品价格综合指数。由所用公式，可以知道我们需要知道甲、乙、丙三种产品的 p_0q_1、p_1q_1，我们计算出这些数据，并在统计表中表示如下（见表 4.2.2）：

表 4.2.2　　　　　　　　　　　　　　某公司产品质量指标综合指数表

产品	计量单位	产量		价格/元		p_0q_1 /元	p_1q_1 /元
		基期产量 q_0	报告期产量 q_1	基期价格 p_0	报告期价格 p_1		
甲	盒	1 000	1 200	80	80	96 000	96 000
乙	件	1 200	1 500	100	110	150 000	165 000
丙	台	3 000	4 500	50	40	225 000	180 000
合计	–	–	–	–	–	471 000	441 000

根据资料计算的要求，我们还可将两个表综合，得到一个比较全面的表，在第四节指数体系分析时我们将做详细介绍。

第三节　平均指数

一、平均指数的概念

平均指数是编制总指数的一种重要形式，以个体指数为基础，通过对个体指数加权平均计算得到的一种总指数，即先对比，后平均。常用的有加权算术平均数指数、加权调和平均数指数、固定权数指数形式。

二、平均指数与综合指数的区别与联系

（一）平均指数与综合指数的区别

（1）平均指数以个体指数为基础计算总指数，即先对比后综合。而综合指数通过引进同度量因素，将单位不同不能直接对比的指标变成可以对比的指标，然后进行对比，即先综合，后对比。

（2）平均指数即适应于资料比较全面的情况，也适应于资料不全面的情况，比较灵活。而综

合指数只适应于资料全面的情况。

（二）平均指数与综合指数的联系

（1）平均指数和综合指数在一定条件下可以互相转换。

（2）平均指数以个体指数为计算基础，如果只知道现象的提高和降低程度，如提高 3%，则应先转化为发展指标 103%，然后才能按平均指数公式计算总指数。

三、平均指数的编制

平均指数的编制原理是先对比，后平均。

对个体指数采用加权平均的方法编制的总指数，称为平均指数。基本方法有两种：

$$\bar{x} = \frac{\sum xf}{\sum f} = \frac{\sum m}{\sum \frac{m}{x}} \quad （权数\ m = xf，注意应用条件）$$

1. 算术平均数指数（编制数量指标指数时采用）

$$产品产量平均指数 = \frac{\sum k_q p_0 q_0}{\sum p_0 q_0}$$

$$分子与分母的差额 = \sum k_q p_0 q_0 - \sum p_0 q_0$$

即对数量指标个体指数 $k_q = q_1/q_0$ 采用加权算术平均法编制的总指数，权数采用 $p_0 q_0$。

例 4.3.1 某企业资料如表 4.3.1 所示。

表 4.3.1　　　　　　　　　　　　　　　　某企业指数表

产品	基期产值 $p_0 q_0$	产量个体指数 k_q/%	$k_q p_0 q_0$
甲	100 000	115	115 000
乙	100 000	110	110 000
丙	60 000	105	63 000
	260 000	−	288 000

根据上述资料，计算企业产品产量总指数。

解：

$$产品产量平均指数 = \frac{\sum k_q p_0 q_0}{\sum p_0 q_0} = \frac{288\,000}{260\,000} = 110.7\%$$

$$\sum k_q p_0 q_0 - \sum p_0 q_0 = 288\,000 - 260\,000 = 28\,000\ 元$$

计算结果表明，该企业 3 种产品产量报告期比基期平均提高 10.7%，从而使产值增加 28 000 元。

产量平均指数的计算结果与产量综合指数完全相同，说明算术平均指数与数量指标综合指数存在变形关系，即：

$$数量指标综合指数 = \frac{\sum p_0 q_1}{\sum p_0 q_0} = \frac{\sum k_q p_0 q_0}{\sum p_0 q_0} = 算术平均指数$$

2. 调和平均数指数（编制质量指标指数时采用）

$$产品价格平均指数 = \frac{\sum p_1 q_1}{\sum \dfrac{p_1 q_1}{k_p}}$$

$$分子与分母的差额 = \sum p_1 q_1 - \sum \frac{p_1 q_1}{k_p}$$

即对质量指标个体指数 $k_p = p_1/p_0$ 采用加权调和平均法编制的总指数。

例 4.3.2 某企业资料如表 4.3.2 所示。

表 4.3.2　　　　　　　　　　　　　某企业指数表

产品	报告期产值 $p_1 q_1$	价格个体指数 k_p/%	$p_1 q_1 / k_p$
甲	115 000	100	115 000
乙	88 000	80	110 000
丙	47 250	75	63 000
	250 250	—	288 000

根据上述资料，计算企业产品价格总指数。

解:

$$产品价格平均指数 = \frac{\sum p_1 q_1}{\sum \dfrac{p_1 q_1}{k_p}} = \frac{250\,250}{288\,000} = 86.89\%$$

$$\sum p_1 q_1 - \sum \frac{p_1 q_1}{k_p} = 250\,250 - 288\,000 = -37\,750\ 元$$

计算结果表明，该企业 3 种产品价格报告期比基期平均下降 13.11%，从而使产值减少 37 750 元。

价格平均指数的计算结果与价格综合指数完全相同，说明调和平均指数与质量指标综合指数存在变形关系，即:

$$质量指标综合指数 = \frac{\sum p_1 q_1}{\sum p_0 q_1} = \frac{\sum p_1 q_1}{\sum \dfrac{p_1 q_1}{k_p}} = 调和平均指数$$

3. 固定权数的加权平均指数

固定权数平均指数是以指数化因素的个体指数为基础，使用固定权数对个体指数或类指数进行加权平均计算的一种总指数。所谓固定权数是指加权平均法计算中的权数用比重形式固定下来，在一段时间内不作变动并固定使用的权数。

加权平均法计算平均数的权数，既可用频数也可用频率，其计算结果是相同的。在平均数指数计算中，其权数的两种表现都可以使用。如加权算术平均指数和加权调和平均数指数就是使用频数为基期、报告期，假定其总量指标为权数计算的平均数指数。这些都需要有具体实际数值，如由于资料不足，特别是假定的总量指标，缺少全面实际资料或不容易或难于及时取得具体有关频数资料，这时可以用固定权数加权平均法计算总指数。

固定权数就是用某一时期经过调整后的资料，以比重的形式固定下来，作为权数，通常用 W 表示，固定权数形式的平均指数的计算公式为:

$$加权算术平均指数 = \frac{\sum KW}{\sum W}$$

$$加权调和平均指数 = \frac{\sum W}{\sum \dfrac{1}{K} W}$$

我国商品零售物价指数、消费价格指数都是用固定权数按加权算术平均指数公式计算的。

现以我国商品零售价格指数为例，简单说明固定权数加权算术平均法的应用。

根据不同需要可以编制不同的零售价格指数。我国现行的零售价格指数，从商品零售范围上看，包括零售市场销售给城乡居民的全部商品，既包括生活消费品，也包括农业生产资料。其编制可以就城乡分别进行。城市零售价格指数的商品范围只包括消费品，农村零售价格指数的商品范围除消费品外，还包括农业生产资料。从观察范围来看，可以编制地区零售价格指数以及零售商品分类价格指数。

（1）代表规格品的选择

全社会零售商品的种类多达上百万种，要编制包括全部商品的零售价格指数显然是不可取的。因此，在编制价格指数时，只能选择部分具有代表性的商品。选择代表规格品时，首先应对商品进行科学的分类，并在此基础上分别选择能代表各类的代表规格品。例如，我国目前将消费品分为食品类、衣着类、日用品类、文化娱乐用品类、书报杂志类、药及医疗用品类、建筑装潢材料类、燃料类等八大类。大类下又分小类，小类下分若干商品细目。各类中代表规格品的选择，通常是选择成交量大、市场供应稳定、能代表该商品类别价格变动趋势的商品。

（2）典型地区的选择

全国零售价格总指数是反映全社会零售商品价格的总体变动水平，但要包括所有的地区也是不可能的，一般只选择部分具有代表性的地区编制价格总指数。典型地区的选择既要考虑其代表性，也要注意类型上的多样性以及地区分布上的合理性和相对稳定性。

（3）商品价格的确定

全社会零售价格总指数包括商品牌价、议价和市价等因素。对所选代表性商品所使用的是全社会综合平均价格。一种商品的综合平均价格是该商品在一定时期内的牌价、议价、市价的加权平均，其权数是各种价格形式的商品零售量或零售额。根据每种代表品基期和报告期的综合平均价，计算每种商品的价格指数，以此作为计算类指数的依据。

（4）权数的确定

我国目前的零售价格总指数是采用加权算术平均形式计算的，其权数是根据上年商品零售额资料，并根据当年住户调查资料予以调整后确定的。在确定权数时，先确定大类权数，然后确定小类权数，权数均以百分比表示，各层权数之和均等于 100。为便于计算，权数一律取整数。

（5）指数的计算

采用部分商品综合平均价格法计算全社会商品零售价格总指数。其计算公式为：

$$\overline{K_p} = \frac{\sum K_p W}{\sum W}$$

式中，K_p 为个体指数或各层次的类指数；W 为各层次零售额比重权数。

具体计算过程是：先分别计算出代表规格品基期和报告期的全社会综合平均价，并计算出相应的价格指数，然后分层逐级计算小类、中类、大类和总指数。现以部分资料说明价格总指数的编制和计算过程。

例 4.3.3 根据表 4.3.3 中的资料，计算零售价格总指数。

表 4.3.3　　　　　　　　　　　　零售价格总指数计算表

商品类别及名称	代表规格品	计量单位	平均价格/元		权数（W）/%	指数（$K_p = \dfrac{P_1}{P_0}$）/%
			P_0	P_1		
总指数					100	⑤114.5
一、食品类					51	④118.3
1.粮食					35	③112.4
（1）细粮					65	②117.5
面粉	标准	kg	2.2	2.4	40	①109.1
大米	标准	kg	2.6	3.2	60	123.1
（2）粗粮					35	103.0
2.副食品					45	128.0
3.烟、酒、茶					11	110.0
4.其他食品					9	103.2
二、衣着类					20	102.2
三、日用品类					11	103.1
四、文化娱乐用品类					5	104.5
五、书报杂志类					2	103.6
六、药及医疗用品类					6	110.3
七、建筑装潢材料类					2	258.0
八、燃料类					3	110.4

解：

① 计算各代表规格品的价格个体指数。例如，标准面粉的价格个体指数为：

$$K_p = \frac{P_1}{P_0} = \frac{2.4}{2.2} = 109.1\%$$

将 109.1% 填入表 4.3.4 中"指数"一栏相应的位置上。

② 根据代表规格品的价格个体指数及相应权数，计算小类价格指数，即价格类指数。例如，细粮类价格指数为：

$$K_p' = \frac{\sum K_p W}{\sum W} = \frac{109.1\% \times 40 + 123.1\% \times 60}{100} = 117.5\%$$

③ 根据小类指数计算中类指数。例如，粮食类价格指数为：

$$K_p'' = \frac{\sum K_p' W}{\sum W} = \frac{117.5\% \times 65 + 103.0 \times 35}{65 + 35} = 112.4\%$$

④ 根据中类指数计算大类指数。例如，食品类价格指数为：

$$K_p''' = \frac{\sum K_p'' W}{\sum W} = \frac{112.4\% \times 35 + 128\% \times 45 + 110\% \times 11 + 103.2\% \times 9}{35 + 45 + 11 + 9} = 118.3\%$$

⑤ 最后计算总指数：

$$\overline{K}_p = \frac{\sum K_p''' W}{\sum W} = \frac{118.3\% \times 51 + 102.2\% \times 20 + \cdots + 110.4\% \times 3}{51 + 20 + \cdots + 3} = 114.5\%$$

第四节　指数体系及因素分析

一、指数体系的概念

任何现象都不是孤立存在的，都与其他现象相互联系。事物现象之间的这种联系，不仅存在于静态中，也存在于动态中。现象之间的联系在动态中的表现形式之一就是指数体系，即在分析现象的变动时，应考虑各个因素和总体之间的内在联系，编制相互联系的若干指数，组成指数体系。

在前几章中，我们讲过一类静态的指标体系，形式如下：

产品总产值 = 产品价格 × 产品产量

产品总销售额 = 产品价格 × 产品销售量

月劳动生产率 = 日劳动生产率 × 月劳动天数

产品总成本 = 单位产品成本 × 产品产量

这类指标体系的特征表现为公式的形式，而这些公式的动态形式表示如下：

产品总产值指数 = 产品价格指数 × 产品产量指数

产品总销售额指数 = 产品价格指数 × 产品销售量指数

月劳动生产率指数 = 日劳动生产率指数 × 月劳动天数指数

产品总成本指数 = 单位产品成本指数 × 产品产量指数

指数体系也可表示为：

$$\frac{\sum p_1 q_1}{\sum p_0 q_0} = \frac{\sum p_1 q_1}{\sum p_0 q_1} \times \frac{\sum p_0 q_1}{\sum p_0 q_0}$$

从以上公式可以看出，指数体系从相对数来看，各因素综合指数之乘积等于总体变动指数，而其绝对数关系可表示如下：

$$\left(\sum p_1 q_1 - \sum p_0 q_1\right) + \left(\sum p_0 q_1 - \sum p_0 q_0\right) = \left(\sum p_1 q_1 - \sum p_0 q_0\right)$$

指数体系从绝对数来看，各个因素指数的分子与分母的差额之和等于总体变动指数分子与分母的差额。

由指标到指数，由静态的指标体系到动态的指数体系，是我们研究指数体系的基本过程。

二、指数体系的作用

（一）利用指数体系进行因素分析

现象的变动同时受到多个因素的影响，可以通过指数体系分析各个因素的影响程度和影响方向。

（二）利用指数进行推算

利用指数的数量关系可进行估计推算。如已知商品销售额指数和销售量指数，就可将两项对比推算出商品销售价格指数。

三、指数体系的二因素分析

（一）二因素分析的含义

总量指标指数发生变动时，一定受到很多个指数因素的影响。我们先从简单的入手，研究影响因素为两个的指数，通过对两个主要因素进行分析，分析其变动对总量指标指数的影响。

例如：产值指数　　　　＝　　　　产量指数　　　×　　　　价格指数

（总量指标指数）　　　（数量指标指数）　　（质量指标指数）

上述乘积关系普遍存在于社会经济现象之中。如：

总成本指数 ＝ 产量指数 × 单位成本指数

销售额指数 ＝ 销售量指数 × 销售价格指数

产量指数 ＝ 工人数指数 × 劳动生产率指数

上述分析要采用指数体系进行分析。

指数体系二因素分析包含两个基本内容：①各因素指数的乘积等于现象的总变动指数；②各因素影响的差额之和等于实际发生的总差额。

指数因素分析就是运用指数体系来测定各因素对总量指标变动的影响程度和影响的数额。

（二）指数体系二因素分析的步骤

（1）先列出总指数及受各个因素影响的指数：

产值总指数 $\overline{K}_{pq} = \dfrac{\sum p_1 q_1}{\sum p_0 q_0}$，产量总指数 $\overline{K}_q = \dfrac{\sum p_0 q_1}{\sum p_0 q_0}$，价格总指数 $\overline{K}_p = \dfrac{\sum p_1 q_1}{\sum p_0 q_1}$。

（2）找出三个指数的相对数关系

$$\overline{K}_{pq} = \overline{K}_q \times \overline{K}_p$$

$$\frac{\sum p_1 q_1}{\sum p_0 q_0} = \frac{\sum p_0 q_1}{\sum p_0 q_0} \times \frac{\sum p_1 q_1}{\sum p_0 q_1}，即：$$

产值总指数　＝ 产量总指数 × 价格总指数　　　　　　（相对数）

（3）找出三个指数的绝对数关系：

$$\sum p_1 q_1 - \sum p_0 q_0 = \left(\sum p_0 q_1 - \sum p_0 q_0\right) + \left(\sum p_1 q_1 - \sum p_0 q_1\right)，即$$

总量指标变动额 ＝ 产量指数变动额　　 ＋　价格指数变动额　（绝对数）

根据资料条件，可以采用综合指数法或平均指数法计算总指数，平均指数法我们上一节已做介绍。

指数体系的多因素分析比较复杂，涉及的情况也比较多，在这里我们不做要求。

本 章 小 结

本章主要讨论了统计指数的编制和运用。统计指数实际上是一种特殊的相对数。综合指数、平均数指数、平均指标指数是总指数的主要形式。综合指数是最基本的形式，平均数指数是综合指数的变型，平均指标指数是平均指标与指数的引申和结合。综合指数的编制原则是所有总指数编制的基本原则，是本章的重点之一；指数体系及因素分析是利用指数体系原理对社会经济现象进行动态综合分析的重要分析方法，本章要求重点掌握二因素分析法。

实 务 题

一、单项选择题

1. 某种品牌的服装有 4 种型号，原均按同一价格销售。现其中 3 种型号的价格没变，只有 1 种型号的价格本月比上月上涨 20%，这种型号服装的销售量占该品牌服装总销售量的比重由上月的 15% 降为 10%。这样，该品牌服装的价格平均比上月上涨（　　　）。

    A. 20%　　　　　　B. 5%　　　　　　C. 2%　　　　　　D. 3%

2. 若商品销售额指数为 110.21%，价格指数为 107%，则商品销售量指数为（　　　）。

    A. 117.92%　　　　B. 103%　　　　　C. 97.09%　　　　D. 17.92%

3. 指数按反映的内容不同，可以分为（　　　）。

    A. 数量指数和质量指数　　　　　　B. 质量指数和品质指数

    C. 个体指数和综合指数　　　　　　D. 个体指数和总指数

4. 下列属于数量指数的是（　　　）。

    A. 零售价格指数　　B. 股票价格指数　　C. 产品成本指数　　D. 产品产量指数

5. 拉氏指数把作为权数的各变量值固定在（　　　）。

    A. 报告期　　　　　　　　　　　　B. 基期与报告期水平的平均数

    C. 与基期和报告期无关的水平　　　D. 基期

6. 帕氏指数把作为权数的各变量值固定在（　　　）。

    A. 基期与报告期水平的平均数　　　B. 报告期

    C. 与基期和报告期无关的水平　　　D. 基期

7. 计算数量综合指数时，通常是（　　　）。

    A. 把多种产品的数量乘以基期相应的价格，然后进行对比

    B. 把多种产品的数量乘以报告期相应的价格，然后进行对比

    C. 把多种产品的价格乘以基期相应的数量，然后进行对比

    D. 把多种产品的价格乘以报告期相应的数量，然后进行对比

8. 商品销售额的实际增加额为 400 元，由于销售量增加使销售额增加 410 元，则由于价格（　　　）。

    A. 增长使销售额增加 10 元

    B. 增长使销售额增加 205 元

    C. 降低使销售额减少 10 元

    D. 降低使销售额减少 205 元

9. 在编制商品价格综合指数时，将同度量因素固定在（　　　）。

    A. 基期的价格　　　B. 报告期的价格　　C. 基期的销售量　　D. 报告期的销售量

10. 在我国，编制零售物价指数采用（　　　）。

    A. 数量指标指数　　　　　　　　　B. 质量指标指数

    C. 固定加权算术平均指数　　　　　D. 平均指标指数

二、计算分析题

1. 某商店 3 种产品的销售量和销售价格资料如表 1 所示。

表 1　　　　　　　　　　　　　　3 种产品销售量和价格资料

商品种类	计量单位	销售量		销售价格/元	
		基期	报告期	基期	报告期
A	包	120	150	10	11
B	份	80	60	50	60
C	米	400	420	20	24

要求：

（1）计算 A、B、C 三种产品的个体指数。

（2）计算销售量总指数和销售价格总指数。

（3）对这三种产品进行因素分析。

2. 某商场销售 3 种药材，资料如表 2 所示。

表 2　　　　　　　　　　　　　　3 种药材销售资料

药材名称	销售额/万元		销售量增减程度/%
	11 月	12 月	
红花	3 600	4 000	−1.5
天麻	5 000	6 000	−5.5
三七	400	500	6.0

要求：计算这 3 种药材的销售量总指数。

第五章
统计假设检验

【学习目的与要求】

通过对本章的学习，了解抽样调查的概念、特点及适用范围；掌握抽样推断的几个基本概念，抽样平均误差、抽样极限误差的概念及计算方法，点估计和区间估计方法，掌握抽样单位数的确定方法，掌握假设检验的基本思想和均值假设检验方法。

【导读】

案例一

现实生活中，可能遇到这样的情况：某企业对所生产灯泡的使用寿命进行质量检验，当然该企业不可能对全部灯泡逐一检查和实验。企业只能从全体产品中随机抽取一部分进行检验，将样本检验结果当做对全体真实信息的估计，由此推断出该企业灯泡的使用寿命。

这种从研究现象全体中抽取一部分来观察，进而对整体进行推断的方法，叫抽样推断。

案例二

统计应用——抓阄征兵计划

在美国对越战争中，为使前线有足够的士兵，美国政府制定了一个"抓阄"的征兵计划。该计划是将一年中的每一天按时间顺序编成 1～366 个号码，准备 366 个完全一样的乒乓球，并在每 1 个乒乓球上标一个号码代表一年中的一天。抓阄时，工作人员将这些乒乓球全部倒入一个大箱子中，从中任意抓起一个乒乓球，假如它是 5 号球，那么它代表 1 月 5 日，于是有年满 18 岁、生日是 1 月 5 日的合格青年都将成为第一批应征入伍的人；再从大箱子随意取出第 2 个乒乓球，依此规律继续下去。

这种抓阄看起来对决定应该被征召入伍是一个相当不错的方法。然而，在抓阄的第 2 天，当所有的日子和他们对应的号码公布后，统计学家们发现了一些规律。例如，我们本应该期望有差不多一半的较小的号码（1～183）被分配给前半年的日子，即从 1 月份到 6 月份；另外一半较小的号码被分配给后半年的日子，即从 7 月到 12 月份。由于抓阄的随机性，前半年中可能不会分到正好一半较小的号码，但是应当接近一半。然而结果是，有 73 个较小的号码被分配了前半年的日子，同时有 110 个较小的号码被分配给了后半年的日子。换句话说，如果你生于后半年的某一天，那么，你因为被分配给一个较小号码而去服兵役的机会要大于生于前半年的人。

73 和 110 之间的差别超过了随机性所能解释的范围。这种非随机性的差别超出了随机性所能解释的范围。这种非随机性是由于乒乓球在被抽取之前没有被充分搅拌造成的。在第二年，主管这件事的部门在抓阄之前去咨询了统计学家（这可能使生于后半年的人感觉稍微舒服些）。

问题：如何实行征兵计划，才能保证公平性？

第一节　抽样推断的知识和准备

一、抽样推断的概念

所谓抽样，就是从统计总体中，随机抽选一部分单位构成样本，其目的是以样本的指标数值去推断总体的指标数值。例如，要了解消费者对公司产品的使用意见，就可以从消费者群体中抽取一部分消费者，了解他们的意见。

抽样推断是依据随机原则，从总体中任意抽取一部分单位组成样本进行调查，并依据样本资料计算的特征值，对总体特征值作出具有一定可靠程度的估计，以达到认识总体数量特征的目的。抽样推断是认识现象总体的一种重要方法，在统计调查研究活动中广为应用。例如，根据对 1% 日光灯使用寿命的检验，来对全部日光灯管的使用寿命作出推断；根据部分居民家庭的生活状况调查资料，来推算全部居民家庭生活的实际水平等，都是抽样推断。

二、抽样推断的特点

抽样推断的特点可以总结为以下几点：

（1）抽样推断的目的是由部分来估计和判断整体。抽样推断是以抽样调查为基础抽样调查以抽选总体里的部分单位为调查对象，来自于总体的部分单位包含有总体分布的信息，适当而有效地利用这些信息，就能够以部分单位的特征推断整体相应的特征。抽样调查是手段，抽样推断才是目的，即通过部分单位的研究，达到认识整体现象的目的。

（2）抽样推断是建立在随机抽样的基础上的。抽样调查在总体中抽取部分单位组成样本时必须遵循随机原则。该原则要求在抽取样本单位时，必须随机（非主观）地对待每一单位，使总体中的每一个单位都有同等的被抽取的可能性，即保证各单位被抽取的机会均等。

（3）抽样推断是运用概率估计的方法，其误差不仅可以事先计算，而且可以控制。用抽样调查得来的资料去推算总体时，一定会有误差，但由于抽样调查是按照随机原则抽取样本的，所以抽样误差可以事先计算，而且可以采取措施把其控制在一定范围内，这样可以使抽样推断达到一定的可靠程度。因而它比其他调查方法更具科学性。其他调查方法中，有的虽然也能用部分单位的数值去估计总体数值，但估计误差是无法计算的，当然也就不能说明估计的准确程度和可靠程度。

三、抽样推断使用的场合

抽样推断具有节省人力、费用、时间，能够提高调查的经济效果和时效性，提高调查资料准确程度等诸多优点，所以抽样推断在社会经济统计中应用十分广泛。其主要应用于以下场合。

（1）用于不可能进行全面调查的无限总体。无限总体是指总体中所包括的总体单位数是无限的。如连续大量生产的小件产品，其总量是无限的；森林中树木的数量、水库中鱼的数量也都认为是无限的。对于这类无限总体，统计上无法进行全面调查了解，就只有借助抽样推断的方法来估计总体的数量。

（2）用于属于破坏性或消耗性的产品质量检查。工业生产中检验某些产品的质量时，常常会有破坏性或消耗性。如灯泡的使用寿命检验，电视机的抗震能力检验等具有破坏性。而罐头食品，烟酒的质量品尝等，均属于消耗性的质量检验，这些都不宜进行全面调查，而需要利用抽样推断来了解这类产品的质量。

（3）用于某些不必要进行全面调查的现象。有时对某些社会经济现象虽然可以进行全面调查，但耗费太大，又不能及时取得所需的统计资料，这时也要借助于抽样调查。例如对职工家庭生活进行调查，就没有必要对所有家庭挨门挨户进行调查，有抽样调查的资料一般就可以满足管理或研究的需要。

（4）抽样调查的结果可以对全面调查的结果进行检查和修正。全面调查涉及面宽，工作量大，参加人员多，调查结果容易出现差错。因此，在全面调查之后进行抽样复查，根据复查结果计算差错率，并以此为依据检查和修正全面调查结果，从而提高全面调查的质量。

（5）用于工业生产过程的质量控制。在工业产品成批或大量连续生产过程中，利用抽样调查可以检验生产工艺过程是否失控，从而找出影响因素，便于及时采取措施，以保证生产质量的稳定，防止不必要的损失。

（6）对某些总体的假设进行真伪判断，为决策提供依据。由于事物的发展变化是复杂的，往往有随机性和不确定性。借助抽样推断，可以对某些未知总体的假设进行真伪判断，以此获得比较正确的决策。例如，工厂研发出某种新工艺或新配方，对其推广使用是否有验，并在行动上作出抉择，从而获得正确的决策。

四、抽样推断中的基本概念

1. 全及总体和抽样总体

（1）全及总体。全及总体，简称总体或母体。它是指我们所要调查对象的全体。组成全及总体的单位称为总体单位，总体单位数用 N 表示。总体单位数的大小取决于调查的目的，如调查全国国有企业职工的生活状况，总体单位数就是全国的国有企业职工人数；调查某市国有企业职工的生活状况，则某市的国有企业职工数就是总体单位数。

（2）抽样总体。抽样总体也简称样本，也称子样，是指在全及总体中随机抽取的那部分单位所构成的一个集合体。组成抽样总体的单位数叫样本容量（或叫样本单位数），用 n 表示。从理论上讲，总体的单位数 N 总是很大，有时可以无限大。样本容量 n 相对于总体单位数 N 而言，是很小的数，它可以是 N 的几十、几百乃至几千、几万分之一，统计把 $\frac{n}{N}$ 称为抽样比例。

一般来讲，$n \geq 30$ 时称为大样本，$n<30$ 时称为小样本。大样本和小样本在用抽样指标推算总体时，处理方法有些不同。在社会经济统计中，一般都取大样本。

2. 全及指标和抽样指标

（1）全及指标

它是根据全及总体各单位标志值计算出来的，反映总体某种属性或特征的综合指标，亦称总体指标或总体参数。由于全及总体是唯一确定的，因此，根据全及总体计算的全及指标也是唯一确定的。常用的全及指标有：总体平均数、总体成数、总体标准差和总体方差。

① 全及平均数。又称总体平均数。它是全及总体各单位标志值的平均数，一般用 $\overline{X}$ 表示。

其公式为：

$$\overline{X} = \frac{\sum X}{N} \text{ 或 } \overline{X} = \frac{\sum XF}{\sum F}$$

式中，X 表示总体各单位的标志值；F 表示总体各组出现的频数（次数）；N 表示总体单位数。

② 总体数量标志标准差。它是指全及总体中根据各单位标志值计算的标准差，记作 σ。其公式为：

$$\sigma = \sqrt{\frac{\sum(X-\overline{X})}{N}} \text{ 或 } \sigma = \sqrt{\frac{\sum(X-\overline{X})F}{\sum F}}$$

总体标准差的平方叫总体方差，记作 σ^2。其公式为：

$$\sigma^2 = \frac{\sum(X-\overline{X})^2}{N} \text{ 或 } \sigma^2 = \frac{\sum(X-\overline{X})^2 F}{\sum F}$$

③ 全及成数。又称总体成数。它是指全及总体中具有某一相同标志表现的单位数占全及总体单位数的比重，一般用 P 表示。若以 N_1 表示具有某一标志的单位数，以 N_0 表示不具有某一标志的单位数。用 Q 表示另一种成数（即结构相对数）。则：

$$P = \frac{N_1}{N}, \quad Q = \frac{N_0}{N}$$

由于 $N_0 + N_1 = N$，所以 $P + Q = 1$，$Q = 1-P$。

例 5.1.1 某电灯泡生产的 10 000 只灯泡中，有 300 只为不合格品，则：

$$\text{灯泡合格率} P = \frac{10\,000 - 300}{10\,000} = 97\%$$

$$\text{灯泡不合格率} Q = 1-P = 1-97\% = 3\%$$

④ 总体是非标志标准差。它是指全及总体根据是非标志计算的标准差。如果我们用"1"表示是非标志中具有某种表现的变量值，以"0"表示不具有某种表现的变量值，则是非标志的加权算术平均数为：

$$\overline{X} = \frac{\sum XF}{\sum F} = \sum X \cdot \frac{F}{\sum F} = 1 \times P + 0 \times Q = P$$

是非标志的方差为：

$$\sigma^2 = \frac{\sum(X-\overline{X})^2 F}{\sum F} = \sum(X-\overline{X})^2 \cdot \frac{F}{\sum F}$$
$$= (1-P)^2 P + (0-P)^2 Q = Q^2 P + P^2 Q = PQ = P(1-P)$$

总体是非标志的标准差则为 $\sqrt{P(1-P)}$。

（2）样本指标

它是根据总体各单位标志值计算的综合指标，也称抽样指标。常用的样本指标有：样本平均数、样本成数、样本总体标准差和样本总体方差。

① 样本平均数

它是样本总体的标志总量与样本总体单位数对比所求的平均数。通常用 $\overline{x}$ 表示。其公式为：

$$\overline{x} = \frac{\sum x}{n} \text{ 或 } \overline{x} = \frac{\sum xf}{\sum f}$$

式中，x 表示样本各单位的标志值；f 表示样本各组出现的频数（次数）；n 表示样本单位数。

② 样本数量标志标准差

它是指样本中根据各单位标志值计算的标准差，记作 S。其公式为：

$$s = \sqrt{\frac{\sum(x-\bar{x})}{n}} \text{ 或 } s = \sqrt{\frac{\sum(x-\bar{x})f}{\sum f}}$$

样本标准差的平方叫样本方差，记作 s^2。其公式为：

$$s^2 = \frac{\sum(x-\bar{x})^2}{n} \text{ 或 } s^2 = \frac{\sum(x-\bar{x})^2 f}{\sum f}$$

③ 样本成数

它是指样本总体中，具有某中标志的单位数占样本单位数的比重，一般用 p 表示。若以 n_1 表示具有某一标志的单位数，以 n_0 表示不具有某一标志的单位数，用 q 表示另一种成数（即结构相对数），则：

$$p = \frac{n_1}{n}, \quad q = \frac{n_0}{n}$$

由于 $n_0 + n_1 = n$，所以 $p + q = 1, q = 1 - p$。

例 5.1.2 从某电灯泡生产 z 的灯泡中，抽样调查了 100 只灯泡，其中有 4 个为不合格品，则：

$$样本灯泡不合格率 p = \frac{n_1}{n} = \frac{4}{100} = 4\%$$

$$灯泡合格率 q = 1 - p = 1 - 4\% = 96\%$$

④ 样本是非标志标准差

它是指样本中根据是非标志计算的标准差。很显然，样本是非标志的标准差为 $\sqrt{p(1-p)}$，方差为 $p(1-p)$。

当然，对于一个总体可以抽取多个样本，对于不同的样本，样本指标的数值可能各不相同。可见，样本指标的数值不是唯一确定的，而是一个随机变量。

由于全及总体指标所反映的范围是明确的，指标的计算方法也是已知的，故其指标量也是唯一的，但具体数值往往是未知的。而样本指标都是可以计算的。所以抽样调查的基本任务，就是用样本指标（比如样本均值）来推断总体指标（比如总体均值），再进一步推断全及总体的总量指标，达到用样本指标来推断总体指标的目的。

第二节 抽 样 误 差

一、抽样误差的概念

要了解什么是抽样误差，须从统计调查误差说起。统计调查误差就是统计调查结果与实际情况在数值上的差别。统计调查误差按其产生的原因可以分为登记性误差和代表性误差两种。

登记性误差是指统计调查时，由于主观原因在登记、汇总、计算、记录中所产生的差错，如没有如实登记或者登记汇总错误造成。不论全面调查还是非全面调查都可能产生登记性误差，它是人为因素造成的。

代表性误差是指抽样调查可能产生的误差。代表性误差又分为两种：系统性误差和随机误差。系统性误差又称偏差，它是由于抽样调查没有遵循随机原则而产生的误差。例如，对一批零件的质量进行抽样检验，如果调查人员偏重抽选技术水平高，生产认真负责的工人生产的零件，根据这部分零件的合格率来推断全部零件的合格率就会偏高。可见，对于系统性误差，只要遵循随机原则就可以避免产生系统性误差。随机误差又称偶然的代表性误差，它是指在没有登记性误差的前提下，又遵循了随机原则，所产生的样本指标与被它估计的总体相应指标的差数。随机误差是抽样误差固有的误差，这种误差是不可避免的，但其大小却是可以控制的。

我们所讲的抽样误差就是这种随机误差。所谓抽样误差就是按随机原则取样而造成的样本指标与总体指标的绝对离差。由于样本单位数只占总体单位数的一小部分，因此，样本指标值一般来说不可能完全等于总体指标数值，二者之间总是存在一定的差异。其计算公式为：

$$平均指标抽样误差 = \left| \overline{x} - \overline{X} \right|$$

$$成数指标抽样误差 = \left| \overline{p} - \overline{P} \right|$$

$$标准差指标抽样误差 = \left| s - \sigma \right|$$

抽样误差越大，表明样本指标对全及指标的代表性就越小，抽样推断的可靠性就越差；反之，抽样推断的可靠性就越好。

二、抽样平均误差的概念和计算

（一）抽样平均误差的概念

抽样误差又分为抽样实际误差和抽样平均误差两种。抽样实际误差是指可能抽到的某个样本的指标数值与总体指标数值之差。对于确定的全及总体来说，总体指标是客观确定的数值。但由于样本是按照随机原则抽取的，这就致使每个样本都有自己的样本指标，这许多个样本指标与总体指标的差数也各不相同。因此，抽样实际误差不是一个确定的数值，这样也就不能以某一个样本计算的实际误差，来表示抽样误差总的情况。

从一般意义上说，抽样平均误差就是所有抽样实际误差的平均水平，确切地说，抽样平均误差是指所有抽样指标与总体指标之间误差的平均数，一般用标准差表示。

为了理解抽样平均误差的概念，先举一个例子。

例 5.2.1 假设全及总体有 4 个单位，样本有 2 个单位。（当然此处的例子过于简单，在实际工作中若总体单位数太少，就不必采用抽样调查）

假设从 4 个工人中抽取 2 名工人进行抽样调查，来判断 4 名工人的平均工资。4 名工人的工资分别为 A，2 000 元；B，3 000 元；C，4 000 元；D，5 000 元。

通过计算可知，他们的平均工资即总体平均数 $\overline{X} = 3\,500$ 元。

已知抽样的具体方法有重复抽样和不重复抽样两种，下面分别来讨论。

1. 重复抽样的抽样平均误差

在重复抽样的条件下，从 4 个单位中抽选两个单位为样本（$N = 4$，$n = 2$），根据排列方法一共可以组成 $N^n = 4^2 = 16$ 个样本。每个样本都可以计算平均工资 $\overline{x}$，而且，它们与总平均工资 $\overline{X}$ 一般都有离差（见表 5.2.1）。

表 5.2.1   重复抽样平均误差计算表

样本序号	样本单位名称	样本单位标志值 x		样本平均数 $\overline{x_i}$	离差 $\overline{x_i} - \overline{X}$	离差平方 $(\overline{x_i} - \overline{X})^2$
1	A A	2 000	2 000	2 000	−1 500	2 250 000
2	A B	2 000	3 000	2 500	−1 000	1 000 000
3	A C	2 000	4 000	3 000	−500	250 000
4	A D	2 000	5 000	3 500	0	0
5	B A	3 000	2 000	2 500	−1 000	1 000 000
6	B B	3 000	3 000	3 000	−500	250 000
7	B C	3 000	4 000	3 500	0	0
8	B D	3 000	5 000	4 000	500	250 000
9	C A	4 000	2 000	3 000	−500	250 000
10	C B	4 000	3 000	3 500	0	0
11	C C	4 000	4 000	4 000	500	250 000
12	C D	4 000	5 000	4 500	1 000	1 000 000
13	D A	5 000	2 000	3 500	0	0
14	D B	5 000	3 000	4 000	500	250 000
15	D C	5 000	4 000	4 500	1 000	1 000 000
16	D D	5 000	5 000	5 000	1 500	2 250 000
合计	——		——	——		10 000 000

由于抽样平均误差是所有可能样本指标的标准差，所以有

$$\mu_{\overline{x}} = \sqrt{\frac{\sum_{i=1}^{k}(\overline{x_i} - \overline{\overline{x_i}})^2}{k}}$$

式中，$\mu_{\overline{x}}$ 表示样本平均数的平均误差；k 表示样本组合总数；$\overline{x_i}(i=1,2,\cdots,k)$ 表示样本平均数；$\overline{\overline{x_i}}$ 表示样本平均数的平均数。

易知，样本平均数的平均数等于总体平均数，也即 $\overline{\overline{x_i}} = \overline{X}$，因此，对于本例的抽样平均误差为：

$$\mu_{\overline{x}} = \sqrt{\frac{\sum_{i=1}^{k}(\overline{x_i} - \overline{\overline{x_i}})^2}{k}} = \sqrt{\frac{10\ 000\ 000}{16}} = \sqrt{625\ 000} = 790.57(元)$$

790.57 元的意思是指对于 16 个样本，无论抽到哪个样本，平均来说误差为 790.57 元。

2. 不重复抽样的抽样平均误差

对于不重复抽样，从 4 个单位中抽选 2 个单位组成样本（$N=4,n=2$），根据排列方法一共可以组成 $A_N^n = N \cdot (N-1) \cdot (N-2) \cdot \cdots \cdot (N-n+1) = 4 \times 3 = 12$ 个样本。

对于每个样本，同样我们可以计算与平均日产量的离差，参见表 5.2.2。

表 5.2.2   不重复抽样平均误差计算表

样本序号	样本单位	样本单位标志值 x		样本平均数 $\overline{x_i}$	离差 $\overline{x_i} - \overline{X}$	离差平方 $(\overline{x_i} - \overline{X})^2$
1	A B	2 000	3 000	2 500	−1 000	1 000 000
2	A C	2 000	4 000	3 000	−500	250 000
3	A D	2 000	5 000	3 500	0	0
4	B A	3 000	2 000	2 500	−1 000	1 000 000
5	B C	3 000	4 000	3 500	0	0
6	B D	3 000	5 000	4 000	500	250 000
7	C A	4 000	2 000	3 000	−500	250 000
8	C B	4 000	3 000	3 500	0	0
9	C D	4 000	5 000	4 500	1 000	1 000 000
10	D A	5 000	2 000	3 500	0	0
11	D B	5 000	3 000	4 000	500	250 000
12	D C	5 000	4 000	4 500	1 000	1 000 000
合计	——	——		——	——	5 000 000

于是，在不重复抽样下，抽样平均误差为 $\mu_x = \sqrt{\dfrac{\sum\limits_{i=1}^{k}(\overline{x_i} - \overline{\overline{x_i}})^2}{k}} = \sqrt{\dfrac{5\,000\,000}{12}} = 645.50$（元）。

这说明，在不重复抽样下，无论抽取 12 个样本中的哪个样本，平均来说误差为 645.5 元。

（二）影响抽样平均误差的因素

如前所述，根据定义，抽样平均数的平均误差公式为：

$$\mu_x = \sqrt{\dfrac{\sum\limits_{i=1}^{k}(\overline{x} - \overline{X})^2}{K}}$$

从抽样平均数的平均误差公式可以看出，影响抽样平均误差的因素主要有以下几个方面。

（1）样本容量。样本容量的多少是影响抽样平均误差的主要因素。在其他条件不变的情况下，样本容量的多少与抽样误差成反方向的变化。也就是说，样本容量越大，抽样平均误差越小。从极端意义上来说，当样本容量大到等于总体单位数时，即 $n = N$ 时，则样本平均数等于总体平均数，也就是 $\overline{x} = \overline{X}$，当然这种情况下样本成数也等于总体成数，即 $p = P$。反之，样本容量越小，抽样误差越大。数理统计证明，抽样平均误差（μ）与样本容量（$\sqrt{n}$）的平方根成反比。

（2）全及总体的标志变异程度。全及总体标志变异程度与抽样误差的大小成正方向的变动。全及总体标志变异程度愈大，抽样误差也愈大；反之，则愈小。也可以从极端意义上来看，当总体标志变异程度为 0 时，说明总体各单位标志表现相同，即没有差异，则样本指标等于总体指标，当然也就不存在抽样误差；反之，当总体标志变异程度愈大，则抽样误差就愈大。反映标志变异程度的指标是标准差或者方差。数理统计证明，抽样平均误差（μ）与总体的标准差成正比。

（3）抽样方法。抽样方法不同，抽样误差也不同。一般来说，重复抽样比不重复抽样误差要大些。

（4）抽样调查的组织方式。不同的组织方式产生的抽样误差不同。一般来说，机械抽样和分类抽样由于事先把全及总体单位分组排列，因而较其他抽样组织方式更能保证样本单位在全及总体中分布均匀，从而提高样本的代表性。因此，这两种组织方式比其他方式抽样误差要小。

（三）抽样平均误差的计算

1. 重复抽样的抽样平均误差

（1）抽样平均数的抽样平均误差：

$$\mu_{\bar{x}} = \sqrt{\frac{\sigma^2}{n}} = \frac{\sigma}{\sqrt{n}}$$

式中，$\mu_{\bar{x}}$ 为抽样平均数的平均误差；σ（σ^2）为总体数量标志标准差（方差）；n 为样本容量。

（2）抽样成数的抽样平均误差：

$$\mu_p = \sqrt{\frac{P(1-P)}{n}}$$

式中，μ_p 为抽样成数的抽样平均误差；$\sqrt{P(1-P)}$ 为总体是非标志标准差；n 为样本容量。

2. 不重复抽样的抽样平均误差

（1）抽样平均数的抽样平均误差：

$$\mu_{\bar{x}} = \sqrt{\frac{\sigma^2}{n}\left(1-\frac{n}{N}\right)}$$

（2）抽样成数的抽样平均误差

$$\mu_p = \sqrt{\frac{P(1-P)}{n}\left(1-\frac{n}{N}\right)}$$

可见，与重复抽样相比，不重复抽样多了一个修正系数 $\left(1-\frac{n}{N}\right)$。因此，在其他条件相同的情况下，不重复抽样的抽样误差要小于重复抽样的抽样误差。这是由于不重复抽样与重复抽样相比，其全及总体单位数在抽样过程中是逐渐减少的，从相对意义上说，等于扩大样本容量，而样本容量越大，则抽样误差越小。

应当指出，当 N 很大时，不论用重复抽样还是用不重复抽样公式计算抽样误差，其结果相差无几。因为当 N 很大甚至是未知数时，$\frac{n}{N}$ 就很小，$\left(1-\frac{n}{N}\right)$ 则近似等于 1。因此，实际进行抽样时，尽管采用的是不重复抽样方法，但仍采用重复抽样公式计算抽样误差。

例 5.2.2 对一批某型号的电子元件 10 000 只进行耐用性能检查，并随机抽取 1% 作耐用时数测试，所得结果的分组资料参见表 5.2.3。

表 5.2.3　　　　　　　　　　　　　电子元件耐用时数表

耐用时数/小时	全面检查元件/只	抽样检查元/件
900 以下	80	1
900～950	210	2
950～1 000	530	6
1 000～1 050	3 570	35
1 050～1 100	4 210	43
1 100～1 150	880	9
1 150～1 200	360	3
1 200 以上	160	1
合计	10 000	100

按照质量标准规定，元件耐用时数不及 10 000 小时者视作不合格品处理。

根据以上资料按重复抽样和不重复抽样方法计算该电子元件平均耐用时间的抽样平均误差和合格率的抽样平均误差。

解：全部元件的平均耐用时间：

$$\overline{X} = \frac{\sum XF}{\sum F}$$

$$= \frac{875 \times 80 + 925 \times 210 + 975 \times 530 + 1\,025 \times 3\,570 + 1\,075 \times 4\,210 + 1\,125 \times 880 + 1\,175 \times 360 + 1\,225 \times 160}{10\,000}$$

$= 1\,057.5$（小时）

全部元件的耐用时间的标准差：

$$\sigma = \sqrt{\frac{\sum (X - \overline{X})^2 F}{\sum F}} = \sqrt{\frac{(875 - 1\,057.5)^2 \times 80 + (925 - 1\,057.5)^2 \times 210 + \Lambda + (1\,225 - 10\,57.5)^2 \times 160}{10\,000}}$$

$$= \sqrt{\frac{28\,487\,500}{10\,000}} = 53.37 \ （小时）$$

重复抽样 $\mu_{\overline{x}} = \sqrt{\dfrac{\sigma^2}{n}} = \dfrac{\sigma}{\sqrt{n}} = \dfrac{53.37}{\sqrt{100}} = 5.337$（小时）

不重复抽样 $\mu_{\overline{x}} = \sqrt{\dfrac{\sigma^2}{n}(1 - \dfrac{n}{N})} = \dfrac{\sigma}{\sqrt{n}}\sqrt{1 - \dfrac{n}{N}} = 5.337\sqrt{1 - \dfrac{100}{10\,000}} = 5.310$（小时）

全部元件的合格率 $P = \dfrac{10\,000 - (80 + 210 + 530)}{10\,000} = 91.8\%$

全部元件合格率的标准差 $\sqrt{P(1-P)} = 2.52\%$

重复抽样 $\mu_p = \sqrt{\dfrac{P(1-P)}{n}} = \dfrac{0.252}{\sqrt{100}} = 2.52\%$

不重复抽样 $\mu_p = \sqrt{\dfrac{P(1-P)}{n}(1 - \dfrac{n}{N})} = \dfrac{0.252}{\sqrt{100}} \times \sqrt{1 - \dfrac{100}{10\,000}} = 2.52\% \times \sqrt{0.99} = 2.51\%$。

上述计算中，不论是平均数的标准差 σ，或者是成数的标准差 $\sqrt{P(1-P)}$，都是对全及总体而言的。而事实上，在抽样之前乃至抽样之后，这两个指标都是未知的。实际工作中经常采用以下几种方法来代替总体标准差：

（1）用样本标准差代替总体标准差，即用 S 代替 σ，用 $\sqrt{p(1-p)}$ 代替 $\sqrt{P(1-P)}$；

（2）用过去同类问题全面调查或抽样调查的经验数据代替；

（3）在正式抽样调查之前，先组织试验性抽样，用试验样本资料代替；

（4）如果总体成数未知，也可以用 0.5 代替，从而得到成数方差的最大值 0.25。

对于此例，我们用样本总体的相应指标来代替。由表 5.2.3 可知，样本元件平均耐用时间为：

$$\overline{x} = \frac{\sum xf}{\sum f} = \frac{875 \times 1 + 925 \times 2 + 975 \times 6 + 1\,025 \times 35 + 1\,075 \times 43 + 1\,125 \times 9 + 1\,175 \times 3 + 1\,225 \times 1}{100}$$

$= 1\,055.50$（小时）

样本元件耐用时间的标准差为：

$$s = \sqrt{\frac{\sum (x - \overline{x})^2 f}{\sum f}} = \sqrt{\frac{(875 - 1\,057.5)^2 \times 1 + (925 - 1\,057.5)^2 \times 2 + \Lambda + (1\,225 - 1\,057.5)^2 \times 1}{100}}$$

$$= 51.91 (\text{小时})$$

平均耐用时间的抽样平均误差：

重复抽样 $\sqrt{\dfrac{s^2}{n}} = \dfrac{s}{\sqrt{n}} = \dfrac{51.91}{10} = 5.191 (\text{小时})$

不重复抽样 $\mu_{\overline{x}} = \sqrt{\dfrac{s^2}{n}\left(1 - \dfrac{n}{N}\right)} = \dfrac{s}{\sqrt{n}}\sqrt{1 - \dfrac{n}{N}} = 5.191 \times \sqrt{1 - \dfrac{100}{10\,000}} = 5.165$ （小时）

样本元件的合格率 $p = \dfrac{100 - (1 + 2 + 6)}{100} = 91\%$

样本元件合格率的标准差 $\sqrt{p(1 - p)} = \sqrt{0.91 \times 0.09} = 0.286$

重复抽样 $\mu_p = \sqrt{\dfrac{p(1 - p)}{n}} = \dfrac{0.286}{\sqrt{100}} = 0.028\,6$

不重复抽样 $\mu_p = \sqrt{\dfrac{p(1 - p)}{n}\left(1 - \dfrac{n}{N}\right)} = 0.028\,6 \times \sqrt{1 - \dfrac{100}{10\,000}} = 0.028\,45$

由此可见，与全及总体计算的结果非常接近。也就是说，用抽样总体的指标代替全及总体的指标，只要组织工作妥当，抽样数目足够，一般都能获得令人满意的结果。

三、抽样极限误差

抽样极限误差又称"置信区间和抽样允许误差范围"，是指在一定的把握程度（P）下保证样本指标与总体指标之间的抽样误差不超过某一给定的最大可能范围。

抽样极限误差是指样本指标与总体指标偏差的可允许的最大范围。它表明被估计的总体指标有希望落在一个以样本指标为基础的可能范围。它是由抽样指标变动可允许的上限或下限与总体指标之差的绝对值求得的。

由于总体平均数和总体成数是未知的，它要靠实测的抽样平均数成数来估计。因而抽样极限误差的实际意义是希望总体平均数落在抽样平均数的范围内，总体成数落在抽样成数的范围内。

基于理论上的要求，抽样极限误差需要用抽样平均误差 $u_{\overline{x}}$ 或 u_p 为标准单位来衡量。现设 $\Delta_{\overline{x}}$ 与 Δ_p 分别表示平均数的极限误差和成数的极限误差，则：

$$\Delta_{\overline{x}} = \left| \overline{x} - \overline{X} \right|$$

$$\Delta_p = \left| p - P \right|$$

基于理论上的要求，抽样极限误差要以抽样平均误差 $u_{\overline{x}}$ 或 u_p 为标准来衡量，求得相对数 t。在数理统计中称为概率度，表示相对误差范围。用公式表示为：

$$t = \frac{\Delta_{\overline{x}}}{u_{\overline{x}}}$$

$$t = \frac{\Delta_p}{u_p}$$

抽样极限误差也可以表示为抽样平均误差的若干倍，其倍数就是概率度 t，即：

$$\Delta_{\bar{x}} = \left| \bar{x} - \overline{X} \right| = t \cdot u_{\bar{x}} = t \cdot \frac{\sigma}{\sqrt{n}} \quad （在重复抽样条件下）$$

$$\Delta_p = \left| p - P \right| = t \cdot u_p = t \cdot \sqrt{\frac{p(1-p)}{n}} \quad （在重复抽样条件下）$$

$$\Delta_{\bar{x}} = \left| \bar{x} - \overline{X} \right| = t \cdot u_{\bar{x}} = t \cdot \frac{\sigma}{\sqrt{n}} \cdot \sqrt{1 - \frac{n}{N}} \quad （在不重复抽样条件下）$$

也就是说，抽样极限误差 Δ 可以表示成抽样平均误差 u 的 t 倍。

例 5.2.3 某村对 2 000 亩小麦进行抽样调查，随机抽取 20 亩进行实割实测，结果平均亩产 600kg，标准差为 20kg，在概率度为 0.95 的保证下，求抽样极限误差。

解：已知 $F(t) = 95\%$，查表得 $t = 1.96$，$s = 20$kg，$n = 20$，则 $\Delta_{\bar{x}} = t \cdot u_{\bar{x}} = t \cdot \frac{s}{\sqrt{n}} = 1.96 \times \frac{20}{\sqrt{20}}$

$= 1.96 \times 4.47 = 8.76$（kg）

即抽样极限误差为 8.76 kg。

例 5.2.4 从 20 000 瓶化妆品中，随机抽取 500 瓶作质量检验，检验结果有 15 瓶变质，在 92.81% 的概率保证下，合格品率的抽样误差最大允许范围是多少？

解：已知 $F(t) = 92.81\%$，查表得 $t = 1.8$，$n = 500$，则：

$$合格率 \, P = \frac{500 - 15}{500} = 97\%$$

$$\Delta_p = t \cdot u_p = t \cdot \sqrt{\frac{p(1-p)}{n}} = 1.8 \sqrt{\frac{0.97 \times (1-0.97)}{500}} = 1.37\%$$

即化妆品合格率最大允许误差为 1.37%。

四、抽样估计

抽样估计又称为抽样推断，也称为参数估计。它是在抽样调查的基础上所进行的数据推测，即用抽样调查所得到的一部分单位的数量特征来估计和推算总体的数量特征。抽样估计是对总体进行描述的另一种重要方法。它具有花费小、适用性强、科学性高等特点。因此，在许多领域都广泛地运用抽样推断来收集和分析统计资料。

（一）抽样估计的特点

（1）抽样估计运用的是归纳推理方法。归纳推理是从局部的前提来求对总体的认识，即从研究个别命题出发达到一般性的认识。

（2）抽样估计运用的是概率原理。抽样估计就是把样本观察值所决定的样本指标看作是随机事件。在实践中被抽取的样本及计算出的样本指标，是随机变量，据此推出总体指标，这就要采用概率估计法，确定其可靠程度的大小。

（3）抽样估计的结论存在着一定得抽样误差。在其他条件不变的情况下，抽样误差大小和概率保证程度的关系是：如果精确度的要求愈低，允许的误差范围（即极限误差）愈大，则概率保证程度也愈大；反之，如果精确度的要求愈高，允许的误差范围愈小，则概率保证程度也愈小。

（二）抽样估计的方法

1. 点估计

点估计也称定值估计，它是以抽样得到的样本指标作为总体指标的估计量，并以样本指标的实际值直接作为总体未知参数的估计值的一种推断方法。即：

$$p = P$$

点估计的方法简单，一般不考虑抽样误差和可靠程度，看不出估计值与被估计值的接近程度。所以，点估计不能满足更进一步分析的需要，只适用于对推断准确程度与可靠程度要求不高的情况。

2. 区间估计

区间估计就是根据样本指标、抽样误差和概率保证程度去推断总体参数的可能范围。在统计实践中，通常用一个区间及其出现的概率来估计总体参数，并以一定的概率保证总体参数包含在估计区间内，这就是参数的区间估计问题。区间估计是抽样估计的主要方法。进行区间估计要完成两个方面的估计：①根据样本指标和抽样平均误差估计总体指标的可能范围；②估计推断总体指标真实值在这个范围的可靠程度。

A　区间估计的计算方法

根据样本指标和抽样平均误差，可以确定总体指标所在的范围，即：

$$\bar{x} - \Delta_{\bar{x}} \leqslant \overline{X} \leqslant \bar{x} + \Delta_{\bar{x}}，即\bar{x} - t\mu_{\bar{x}} \leqslant \overline{X} \leqslant \bar{x} + t\mu_{\bar{x}}$$
$$p - \Delta_p \leqslant P \leqslant p + \Delta_p，即p - t\mu_p \leqslant P \leqslant p + t\mu_p$$

由抽样平均误差所估计的总体指标的范围称为置信区间，总体平均数的置信区间和总体成数的置信区间分别记作：

$$[\bar{x} - t\mu_{\bar{x}}, \bar{x} + t\mu_{\bar{x}}]，$$
$$[p - t\mu_p, p + t\mu_p]$$

B　区间估计的步骤

第一步，给定估计的概率或概率密度，对于一般性的问题，通常规定概率为95%，即 $t = 1.96$；

第二步，计算样本指标 $\bar{x}$ 或 p；

第三步，收集总体数量方差的经验数据或计算样本数量标志方差 s^2；

第四步，计算抽样平均误差 $u_{\bar{x}}$ 或 u_p；

第五步，计算抽样极限误差 $\Delta_{\bar{x}}$ 与 Δ_p；

第六步，确定区间的上下限即置信区间，并说明所估计的概率。

如果已给定抽样极限误差，可以计算出概率度 t，从而可以估计在这个极限误差内概率的保证程度。

例5.2.5　某市手机生产厂家欲推出一款新手机，为了预测销路，在市场上随机对1 000名成年人进行调查，结果有400人喜欢这款新式手机，要求以95%的概率保证程度，估计该市成年人喜欢这款新式手机的比率。

解：由95%的概率保证程度，查表得 $t = 1.96$。

计算样本指标：

$$P = \frac{400}{1\,000} = 40\%$$

$$\sqrt{p(1-p)} = \sqrt{0.4 \times (1-0.4)} = 49\%$$

$$u_p = \sqrt{\frac{p(1-p)}{n}} = \sqrt{\frac{0.4 \times 0.6}{1\,000}} = 1.5\%$$

计算极限误差：

$$\Delta_p = t \cdot u_p = t \cdot \sqrt{\frac{p(1-p)}{n}} = 1.96 \times 1.5\% = 2.94\%$$

$$p - \Delta_p \leqslant P \leqslant p + \Delta_p$$

确定置信区间

$$40\% - 2.94\% \leqslant P \leqslant 40\% + 2.94\%$$

$$37.06\% \leqslant P \leqslant 42.94\%$$

即在 95%的概率保证程度下，该市成年人喜欢这款新式手机的比率在 37.06%～74.02%之间。

例 5.2.6 某企业生产电子元件 15 000 只，采用重复抽样方法，抽取 100 只检查零件耐用时间。检查结果见表 5.2.4。

表 5.2.4　　　　　　　　　　　电子元件耐用时数表

耐用时数/小时	抽样检查数/只
1 000 以下	10
1 000～1 100	20
1 100～1 200	40
1 200～1 300	20
1 300 以上	10
合计	100

又知，该元件耐用时间允许误差为 20 小时。试估计这批产品的平均耐用时间，并说明估计的可靠程度。

解：计算样本指标：

$$\bar{x} = \frac{\sum xf}{\sum f} = \frac{950 \times 10 + 1\,050 \times 20 + 1\,150 \times 40 + 1\,250 \times 20 + 1\,350 \times 10}{100} = 1150（小时）$$

$$s = \sqrt{\frac{\sum (x - \bar{x})^2 f}{\sum f}} = \sqrt{\frac{(950-1150)^2 \times 10 + (1\,050-1150)^2 \times 20 + \Lambda + (1\,350-1150)^2 \times 10}{100}}$$

$$= 109.54（小时）$$

$$\mu_{\bar{x}} = \sqrt{\frac{s^2}{n}} = \frac{s}{\sqrt{n}} = \frac{109.54}{\sqrt{100}} = 10.95（小时）$$

该批产品的平均耐用时数的变化范围：

$$\bar{x} - \Delta_{\bar{x}} \leqslant \bar{X} \leqslant \bar{x} + \Delta_{\bar{x}}$$

$$1150 - 20 \leqslant \bar{X} \leqslant 1150 + 20$$

$$1130 \leqslant \bar{X} \leqslant 1170$$

计算概率度：$t = \dfrac{\Delta_{\bar{x}}}{\mu_{\bar{x}}} = \dfrac{20}{10.95} = 1.83$

查概率表，$F(t) = 0.932\,8 = 93.28\%$

计算结果表明，该厂生产的产品平均耐用时数在 1 130～1 170 小时，可靠程度为 93.28%。

（三）抽样估计的评价标准

用样本指标估计总体指标，如何比较好的估计呢？一般来说，有 3 个要求或标准，即无偏性、有效性，一致性。

（1）无偏性。对于待估参数，不同的样本值就会得到不同的估计值。这样，要确定一个估计量的好坏，就不能仅仅依据某次抽样的结果来衡量，而必须由大量抽样的结果来衡量。对此，一个自然而基本的衡量标准是要求估计量无系统偏差。也就是说，尽管在一次抽样中得到的估计值不一定恰好等于待估参数的真值，但在大量重复抽样时，所得到的估计值平均起来应与待估参数的真值相同。换句话说，我们希望估计量的均值（数学期望）应等于未知参数的真值，这就是所谓无偏性(Unbiasedness)的要求。

（2）有效性。比较两个无偏估计量优劣的一个重要标准就是观察它们哪一个取值更集中于待估参数的真值附近，即哪一个估计量的方差更小，这就是有效性(Effectiveness)概念。

（3）一致性。估计量的无偏性和有效性都是在样本容量 n 固定的情况下讨论的。由于估计量和样本容量 n 有关，我们自然希望当 n 很大时，一次抽样得出的值能以很大的概率充分接近被估参数，这就是一致性 (Consistency)（相合性）的要求。

第三节　抽样方法

样本是按照一定的抽样规则从总体中抽取的一部分单位组成的集合。根据抽取的抽样规则从总体中抽取的一部分单位组成的集合。根据抽取的原则不同，抽样方法有随机抽样和非随机抽样两种。随机抽样是根据一个已知的概率来抽取样本单位，也就是说，哪个单位被抽中与否不取决于研究人员的主观意愿，而是取决于客观的机会——概率。非随机抽样则是研究人员有意识地选取样本单位，样本单位的抽取不是随机的。一般的抽样推断都是建立在随机抽样的基础上，因此本节主要介绍一些常用的随机抽样方法。

一、简单随机抽样

一般的，设一个总体含有 N 个个体，所谓简单随机抽样是指从中逐个不放回地抽取 n 个个体作为样本（$n \leq N$）。如果每次抽取时总体内的各个个体被抽到的机会都相等，就把这种抽样方法叫做简单随机抽样。

简单随机抽样的特点是：每个样本单位被抽中的概率相等，样本的每个单位完全独立，彼此间无一定的关联性和排斥性。

简单随机抽样最基本的抽样方法，分为重复抽样和不重复抽样。在重复抽样中，每次抽中的单位仍放回总体，样本中的单位可能不止一次被抽中。不重复抽样中，抽中的单位不再放回总体，样本中的单位只能抽中一次。社会调查采用不重复抽如下。

简单随机抽样的具体作法如下：

（1）直接抽选法。直接抽选法，即从总体中直接随机抽选样本。如从货架商品中随机抽取若干商品进行检验；从农贸市场摊位中随意选择若干摊位进行调查或访问等。

（2）抽签法。先将总体中的所有个体编号（号码可以从 1 到 N），并把号码写在形状、大小相同的号签上，号签可以用小球、卡片、纸条等制作。然后将这些号签放在同一个箱子里，进行均匀搅拌，抽签时，每次从中抽出 1 个号签，连续抽取 n 次，就得到一个容量为 n 的样本。对个体编号时，也可以利用已有的编号，例如从全班学生中抽取样本时，可以利用学生的学号、座位号等。抽签法简便易行，当总体的个体数不多时，适宜采用这种方法。

（3）随机数表法。随机数表法，即利用随机数表作为工具进行抽样。随机数表（见样例）

又称乱数表，是将 0～9 的 10 个数字随机排列成表，以备查用。其特点是，无论横行、竖行或隔行读均无规律。因此，利用此表进行抽样，可保证随机原则的实现，并简化抽样工作。其步骤是：①确定总体范围，并编排单位号码；②确定样本容量；③抽选样本单位，即从随机数表中任一数码始，按一定的顺序(上下左右均可)或间隔读数，选取编号范围内的数码，超出范围的数码不选，重复的数码不再选，直至达到预定的样本容量为止；④排列中选数码，并列出相应单位名称。

下面举例说明如何用随机数表来抽取样本。

例 5.3.1 为了检验某种产品的质量，决定从 40 件产品中抽取 10 件进行检查，在利用随机数表抽取这个样本时，可以按下面的步骤进行。

第一步，先将 40 件产品编号，可以编为 00，01，02，…，38，39。

第二步，在随机数表中任选一个数作为开始，例如从第 8 行第 5 列的数 59 开始（即下面数字中第 2 行倒数第 6 个数），为便于说明，我们将随机数表中的第 6 行至第 10 行摘录如下。

16 22 77 94 39 49 54 43 54 82 17 37 93 23 78 87 35 20 96 43 84 26 34 91 64 84 42 17 53 31 57 24
55 06 88 77 04 74 47 67 21 76 33 50 25 83 92 12 06 76 63 01 63 78 59 16 95 55 67 19 98 10 50 71 75
12 86 73 58 07 44 39 52 38 79 33 21 12 34 29 78 64 56 07 82 52 42 07 44 38 15 51 00 13 42 99 66 02
79 54 57 60 86 32 44 09 47 27 96 54 49 17 46 09 62 90 52 84 77 27 08 02 73 43 28。

第三步，从选定的数 59 开始向右读下去，得到一个两位数字号码 59，由于 59＞39，将它去掉；继续向右读，得到 16，将它取出；继续下去，又得到 19，10，12，07，39，38，33，21，随后的两位数字号码是 12，由于它在前面已经取出，将它去掉，再继续下去，得到 34。至此，10 个样本号码已经取满，于是，所要抽取的样本号码是 16，19，10，12，07，39，38，33，21，34。

提示 将总体中的 N 个个体编号时可以从 0 开始，例如，$N = 100$ 时编号可以是 00，01，02，…，99，这样总体中的所有个体均可用两位数字号码表示，便于运用随机数表。

当随机地选定开始读数的数后，读数的方向可以向右，也可以向左、向上或向下。

在上面每 2 位、每 2 位地读数过程中，得到一串 2 位数字号码，在去掉其中不合要求和与前面重复的号码后，其中依次出现的号码可以看成是依次从总体中抽取的各个个体的号码。由于随机数表中每个位置上出现哪一个数字是等概率的，每次读到哪一个两位数字号码，即从总体中抽到哪一个个体的号码也是等概率的。因而利用随机数表抽取样本保证了各个个体被抽取的概率相等。

简单随机抽样(Simple Random Sampling)是其他抽样方法的基础，因为它在理论上最容易处理，而且当总体单位数 N 不太大时，实施起来并不困难。但在实际中，若 N 相当大时，简单随机抽样就不是很容易办到的。因为首先它要求有一个包含全部 N 个单位的抽样框；其次用这种抽样得到的样本单位较为分散，调查不容易实施。因此，在实际中直接采用简单随机抽样的并不多。

二、分层抽样

分层抽样，也称分类抽样，是指在抽样之前，先将总体按某种特征分为若干次级总体（层），然后再从每一层内进行单纯随机抽样，组成一个样本。

例如，一个单位的职工有 500 人，其中不到 35 岁的有 125 人，35 岁至 49 岁的有 280 人，50 岁以上的有 95 人。为了了解这个单位职工与身体状况有关的某项指标，要从中抽取一个容量为 100 的样本，由于职工年龄与这项指标有关，决定采用分层抽样方法进行抽取。因为样本容量与总体的个数的比为 1：5，所以在各年龄段抽取的个数依次为 125/5，280/5，95/5，即 25，56，19。

分层抽样尽量利用事先掌握的信息，并充分考虑了保持样本结构和总体结构的一致性，这对提高样本的代表性是很重要的。当总体是由差异明显的几部分组成时，往往选择分层抽样的方法。

在分层抽样之前，要解决两个关键问题：一是如何分层？二是样本容量如何在各层内分配？因此对于分层抽样，要遵循如下原则：①根据研究目的分层。如要研究不同职业的消费者的消费特征，就要把消费者按照职业进行分层；要研究某学校不同专业同学的就业趋向，就要把同学们按照专业进行分层；②分层时要遵循"层内同质，层间差异"的原则，即使层内各单位之间的差异尽可能小，使层与层之间的差异尽可能大。

三、系统抽样

系统抽样，也称等距抽样或机械抽样，它首先将总体中各单位按一定顺序排列，根据样本容量要求确定抽选间隔，然后随机确定起点，每隔一定的间隔抽取一个单位的一种抽样方式。它是纯随机抽样的变种。在系统抽样中，先将总体从 $1\sim N$ 相继编号，并计算抽样距离 $K = N/n$。式中 N 为总体单位总数，n 为样本容量。然后在 $1\sim K$ 中抽一随机数 k_1，作为样本的第一个单位，接着取 k_1+K，k_1+2K，…，直至抽够 n 个单位为止。

根据总体单位排列方法，系统抽样的单位排列可分为 3 类：按有关标志排队、按无关标志排队以及介于按有关标志排队和按无关标志排队之间的按自然状态排列。按照具体实施等距抽样的作法，系统抽样可分为：直线等距抽样、对称等距抽样和循环等距抽样 3 种。

系统抽样方式相对于简单随机抽样方式最主要的优势就是经济性。系统抽样方式比简单随机抽样更为简单，花的时间更少，并且花费也少。使用系统抽样方式最大的缺陷在于总体单位的排列上。一些总体单位数可能包含隐蔽的形态或者是"不合格样本"，调查者可能疏忽，把它们抽选为样本。由此可见，只要抽样者对总体结构有一定了解时，充分利用已有信息对总体单位进行排队后再抽样，可提高抽样效率。

在定量抽样调查中，系统抽样常常代替简单随机抽样。由于该抽样方法简单实用，所以应用普遍。系统抽样得到的样本几乎与简单随机抽样得到的样本是相同的。

在系统抽样中，样本距离 = 总体单位数样本单位数。系统抽样方式随意用一个起点，例如，如果你把一本电话本作为抽样框，必须随意取出一个号码决定从该页开始翻阅。假设从第 5 页开始，在该页上再另选一个数并决定从该行开始。这就决定了开始的位置。

四、整群抽样

整群抽样又称聚类抽样。是将总体中各单位归并成若干个互不交叉、互不重复的集合，称之为群；然后以群为抽样单位抽取样本的一种抽样方式。

应用整群抽样时，要求各群有较好的代表性，即群内各单位的差异要大，群间差异要小。整群抽样的优点是实施方便、节省经费；整群抽样的缺点是往往由于不同群之间的差异较大，由此而引起的抽样误差往往大于简单随机抽样。

整群抽样时，先将总体分为 i 个群，然后从 i 个群中随机抽取若干个群，对这些群内所有个体或单元均进行调查。抽样过程可分为以下几个步骤：

（1）确定分群的标注；

（2）总体（N）分成若干个互不重叠的部分，每个部分为一群；

（3）据各样本量，确定应该抽取的群数；

（4）采用简单随机抽样或系统抽样方法，从 i 群中抽取确定的群数。

例如，调查中学生患近视眼的情况，抽取某一个班做统计；进行产品检验；每隔 8 小时抽 1 小时生产的全部产品进行检验等。

整群抽样与分层抽样在形式上有相似之处，但实际上差别很大。

分层抽样要求各层之间的差异很大，层内个体或单元差异小，而整群抽样要求群与群之间的差异比较小，群内个体或单元差异大；分层抽样的样本由从每个层内抽取若干单元或个体构成，而整群抽样则是要么整群抽取，要么整群不被抽取。

第四节　抽样组织形式

一、抽样调查的组织原则

抽样调查的组织原则如下。

（1）随机性原则。抽样推断的基础是样本，要保证样本对总体的代表性，并能计算抽样误差，抽取样本就必须遵循随机性原则。

（2）最好抽样效果原则。最好抽样的效果是以最少的调查费用取得误差最小的推断结果。影响抽样效果的因素，主要有样本单位数的多少、抽样组织方式的选择和调查费用的多少。样本单位数越多，抽样误差就越小，反之，抽样误差就越大。抽样单位数的多少，取决于抽样推断可靠性的要求。可靠性要求越高，抽取的样本单位数就越多。反之，抽取的样本单位数就越少。因此，须得合理地确定抽样推断的可靠性。抽样组织方式是影响抽样效果的另一个重要因素。另外，调查费用也是抽样调查的一个实际的限制条件，任何一项抽样调查都是在一定的费用限制条件下进行的。而调查费用的多少与抽样允许误差的大小成反比，允许误差越小，需抽的样本数就越多，所需调查费用就越大。反之，调查费用就可以越小。要实现最好抽样的效果，就必须在一定调查费用条件下，选用抽样误差最小的抽样组织方式，或在保证达到所要求的准确程度条件下，做到调查费用最少。

二、抽样调查的程序

（1）立项，即确定调查目的、要求、调查完成时间等。

（2）收集总体的相关资料，编制抽样框。所谓抽样框就是总体单位的名单。抽样框可以分为 2 类：①总体单位的名称表；②地段抽样框，一般是依据地图，划分若干个明确边界的地段即单位。之所以编制抽样框，其原因一是将总体所有单位置于可以被抽中的位置上，提高抽样调查的效率；二是编制抽样框就确定了调查对象即全及总体的范围，否则无法确定抽样调查推断的总体是谁。至于如何编制抽样框，往往根据对总体单位了解的程度而定，如果对总体单位不甚了解，往往只能编制总体单位清单或地段抽样框；如果对总体单位的情况比较了解，甚至掌握与调查内容有关的标志表现的资料时，可以按有关标志值的高低进行有序排队。

（3）设计调查方案。抽样调查方案是统计调查方案的一种，抽样调查方案应该包括统计调查的一般内容。根据抽样调查的特点，还要解决好如下问题：①如何贯彻随机原则，保证总体各个单位有同等机会被抽中。②根据允许误差，确定必要的样本容量。根据总体的了解情况及抽样框的编制情况，确定抽样方式。③在一定的误差要求下，选择费用最小的方案设计。

（4）组织调查，收集样本单位的数据，对样本进行准确性和代表性检查。

（5）进行数据处理。

（6）推断总体，并予以论证。

（7）提供抽样调查结果及对结果的可靠性作出说明。

本 章 小 结

1. 抽样调查的特点；
2. 抽样平均误差；
3. 抽样极限误差的计算及误差范围和置信区间；
4. 抽样单位数的确定方法；
5. 掌握假设检验的基本思想和均值假设检验方法。

实 务 题

一、思考题

1. 影响抽样平均误差的因素有哪些？
2. 抽样估计的特点是什么？
3. 什么是类型抽样？有哪些方法？
4. 影响必要样本容量的因素有哪些？
5. 抽样平均误差、抽样极限误差和概率度三者之间是何关系？

二、单项选择题

1. 抽样调查必须遵循的基本原则是（　　）。
   - A. 灵活性原则
   - B. 准确性原则
   - C. 随机原则
   - D. 可靠性原则

2. 抽样误差是（　　）。
   - A. 代表性误差
   - B. 登记性误差
   - C. 系统性误差
   - D. 随机误差

3. 抽样平均误差和极限误差的关系是（　　）。
   - A. 抽样平均误差小于极限误差
   - B. 抽样平均误差大于极限误差
   - C. 抽样平均误差等于极限误差

D. 抽样平均误差可能大于、等于或小于极限误差

4. 在其他条件不变的情况下，如果允许误差缩小为原来的 1/2，则样本容量（　　）。

    A. 扩大为原来的 4 倍　　　　　　　　B. 扩大为原来的 2 倍

    C. 缩小为原来的 1/4 倍　　　　　　　D. 缩小为原来的 1/2 倍

5. 一般来说，在抽样组织形式中，抽样误差较大的是（　　）。

    A. 简单抽样　　　　　　　　　　　　B. 分层抽样

    C. 整群抽样　　　　　　　　　　　　D. 等距抽样

6. 根据抽样的资料，一年级优秀生比重为 10%，二年级为 20%，在人数相等时，优秀生比重的抽样误差（　　）。

    A. 一年级较大　　　　　　　　　　　B. 二年级较大

    C. 相同　　　　　　　　　　　　　　D. 无法判断

7. 根据重复抽样的资料，甲单位工人工资方差为 25，乙单位为 100，乙单位人数比甲单位多 3 倍，则抽样误差（　　）。

    A. 甲单位较大　　　　　　　　　　　B. 无法判断

    C. 乙单位较大　　　　　　　　　　　D. 相同

8. 一个全及总体（　　）。

    A. 只能抽取一个样本　　　　　　　　B. 可以抽取多个样本

    C. 只能计算一个指标　　　　　　　　D. 只能抽取一个单位

9. 最符合随机原则的抽样组织形式是（　　）。

    A. 整群抽样　　　　　　　　　　　　B. 类型抽样

    C. 阶段抽样　　　　　　　　　　　　D. 简单随机抽样

10. 差错比率指标是用于（　　）。

    A. 点估计法　　　　　　　　　　　　B. 区间估计法

    C. 直接换算法　　　　　　　　　　　D. 系数修正法

三、多项选择题

1. 抽样估计的抽样平均误差（　　）。

    A. 是不可以避免的

    B. 是可以改进调查方法消除的

    C. 是可以事先计算的

    D. 只有调查结束之后才能计算

    E. 其大小是可以控制的

2. 影响样本客量的因素有（　　）。

    A. 推断的可靠程度　　B. 抽样方式　　　　C. 抽样方法

    D. 允许误差的大小　　E. 总体各单位标志变异程度

3. 抽样估计的特点是（　　）。

    A. 运用归纳推理　　B. 运用演绎推理　　C. 运用数学分析法

    D. 运用概率分析法　　E. 抽样误差和抽样估计的可靠程度有关

4. 提高推断的可靠程度，可以采取的办法是（　　）。

    A. 扩大估计值的误差范围　　　　　　B. 缩小估计值的误差范围

    C. 增大概率度　　　　　　　　　　　D. 降低概率度

E. 增加样本容量

5. 影响整群抽样的抽样误差的因素有（　　）。

　　A. 总方差　　　　　　B. 组内方差　　　　C. 组间方差

　　D. 总体群数　　　　　E. 样本群数

6. 抽样估计的优良标准是（　　）。

　　A. 无偏性　　　　　　B. 随机性　　　　　C. 一致性

　　D. 有效性　　　　　　E. 代表性

7. 影响抽样平均误差的因素有（　　）。

　　A. 总体标志变异程度　　　　　　B. 样本容量

　　C. 抽样方法　　　　　　　　　　D. 抽样组织形式

　　E. 样本指标值的大小

8. 抽样调查遵循随机原则的原因是（　　）。

　　A. 样本客量有限

　　B. 保证总体中每个单位有同等机会被抽中

　　C. 能确定抽样方法

　　D. 能确定推断的可靠程度

　　E. 能计算抽样误差

9. 和重复抽样相比，不重复抽样的特点是（　　）。

　　A. 总体单位数在抽选过程中逐渐减少

　　B. 总体中每个单位都有被重复抽中的可能

　　C. 总体中每个单位没有被重复抽中的可能

　　D. 样本可能数目要多些

　　E. 样本可能数目要少些

10. 总体标准差未知时，常用的替代办法有（　　）。

　　A. 用过去调查的同类问题的经验数据

　　B. 用样本的标准

　　C. 凭调查者经验确定

　　D. 用总体方差

　　E. 先组织试验性抽样，用试验样本的标准差

11. 抽样调查的主要目的是（　　）。

　　A. 对调查单位作深入研究

　　B. 用样本指标推断总体的指标

　　C. 计算和控制误差

　　D. 广泛运用数学方法

　　E. 对总体进行科学的估计和判断

12. 区间估计的基本要素是（　　）。

　　A. 概率度　　　　B. 点估计　　　　C. 误差范围　　　　D. 抽样数目

四、计算分析题

某厂对新试制的一批产品的使用寿命进行测定，随机抽选 100 个零件，测得其平均寿命为 2 000 小时，标准差为 10 小时。要求计算：

（1）从 68.27%的概率推断其平均寿命的范围。

（2）如果抽样极限误差减少一半，概率不变，则应该抽查多少个零件?

（3）如果抽样极限误差减少一半，概率度提高到 95.45%，则又应该抽查多少个零件。

（4）通过上述条件变化与计算结果，如何理解样本单位数、抽样极限误差、概率度三者之间的关系。

第六章
企业经营系统与统计

【学习目的与要求】

本章学习企业统计学的一般问题和基础知识。通过本章的学习，了解企业统计学的基本概念，理解企业统计在企业经营中的地位、作用和基本职能，了解企业统计体系。

【导读】

信息时代给予了现代企业诸多的机遇和挑战，此时企业之间竞争的不仅是产品与服务，已经上升为信息层面的竞争。信息的表现形式是统计数据，指通过处理统计数据从而进行客观有效的描述，以发现事物的本质及其发展变化规律。统计数据可以涵盖任何具有数量特征的事物。正确理解得到的统计数据，并对其进行科学的分析以判断其未来发展态势，已经成为现代企业经营管理决策者不可或缺的能力。

第一节　企业与企业经营活动

一、企业及其分类

（一）企业

企业是市场主体，是社会经济活动的基本单位。

在市场经济条件下，企业是指直接组合生产要素，为社会消费而从事货物生产、流通，或提供服务等经济活动，有权拥有资产和承担债务，谋取盈利，实行独立核算，具有法人资格的经济实体。企业作为从事经济活动的组织，主要有以下特征。

（1）企业必须拥有一定的资源，即拥有人力、物力、财力和科技实力，以及相应的管理组织机构。例如，企业必须拥有符合国家法律规定的从业人员；有固定的经营场所和必要的设施等生产资料；有符合规定数额的资本金；有一定的技术基础和研发能力；有符合法律规定的名称、组织机构。这些都是企业能够独立从事经营活动的基本物质、技术条件。

（2）企业是经济组织。它作为一种经济组织，首先表现为企业是独立的市场主体和市场竞争的主体，是法律确认和保护的，拥有商品生产经营者应有的全部权利，并承担相应责任的实体。其次，企业作为经济组织，还表现在它是直接组合生产要素，从事货物的生产和流通或提供劳务，并为实现一定经济目的而开展活动的组织。

（3）企业是自主经营、自负盈亏，以盈利为目的的经济实体。企业不受任何个人和组织的行政干预，能够独立自主地进行经营活动，实行独立核算，自负盈亏，照章纳税，对出资者承担资产保值、增值责任，以自己的经营活动收入抵偿支出，不断取得盈利。企业为了创造盈利，就必须成为市场竞争的主体，承担市场竞争的风险，增强市场竞争力，提高劳动效率，讲求经济效益。

（4）企业具有法人资格，拥有法定的义务和权利。企业作为一种人格化的、具有独立法律地位的经济组织，一方面受到法律保护，一方面要承担法律义务。企业法人享有在依法核准登记的范围内以其全部法人财产从事经营活动并取得盈利的权力，但同时它也要对其盈亏承担经济责任，即企业在与其他实体进行交易时，既独立享有法定的民事权利又要承担法定的民事义务。

上述4个方面，既是企业的基本特征，也是企业区别于事业单位、国家机关、社会团体等社会组织的基本条件。一个单位是不是企业，必须同时符合上述特征，具备上述条件。

（二）企业分类

现代企业是多种多样的，分类的方法也是不同的。根据不同的标准，企业可以分成各种不同的类型。下面我们介绍几种常用的分类方法。

1. 根据部门分工或经营领域分类

按照各经营单位的活动性质或职能的同类性质进行分类，即按照部门分工或经营领域分类。这是由全国主管部门统一制定的，又称行业分类。企业的行业分类与国民经济的部门分类是相适应的。我国现行国民经济行业分类标准有行业门类、行业大类、行业中类、行业小类。

参照企业的基本条件，与国民经济行业分类相对应，有以下几类企业。

（1）生产企业。工业企业是从事工业性产品的生产和提供劳务的基本单位，如工业企业、采矿业、交通运输企业等。

（2）流通企业。批发零售贸易企业和餐饮企业，统称商品流通企业。①批发贸易企业是指从事商品生产的企业或从其他商品流通企业购进商品，转卖给生产经营单位作为生产经营用，以及将商品转卖给其他批发贸易企业或零售贸易业的商品流通基本单位。农副产品采购、供应企业，对国（境）外商品进出口的对外贸易企业，物资供销企业等，一般都属于批发贸易企业。②零售贸易企业是指从生产者、批发贸易企业或居民处购进商品，转卖给城乡居民作为消费品和销售给社会集团作为公共消费品的商品流通基本单位。③餐饮企业是指从事食品的加工制作并直接销售给居民和社会集团的基本单位。

（3）金融企业。包括各种专业银行以及保险公司、信用合作社等，但不包括中国人民银行。

（4）消费服务企业。它的种类很多，大多是小型企业、居民服务业和其他服务业，如住宿和餐饮企业、旅店等。

（5）其他企业。根据企业所属的经济部门，除上述4类外，按国民经济行业分类，还有科学研究、技术服务和地质勘查业、房地产业、商业服务业等。

因为工业、商品流通业等是国民经济活动中生产领域和流通领域的主要经济部门，所以我们重点研究工业企业和商品流通企业的统计。

2. 按三次产业分类

在行业分类的基础上，国民经济又可分为一、二、三次产业。我国三次产业划分的内容是：第一产业，农业；第二产业，工业和建筑业；第三产业分为两大部门，流通部门和服务部门。这两大部门具体分为4个层次：第一层次是流通部门；第二层次是为生产生活服务的部门；第三层次是为提高科学文化水平和居民素质服务的部门；第四层次是为社会公共需要服务的部门。一般说来，第一产业、第二产业和第三产业的前两个层次中，具备企业条件的生产经营组织属于企业，第三产业后两个层次的基层单位基本属于事业单位、国家机关或社会团体。

3. 按企业组织形式分类

企业组织形式指企业组建并从事生产经营活动所采取的结构形式。一般说来，企业组织形式主要分为单厂企业和联合企业两大类。

单厂企业指由单个的生产经营单位，如单个工厂构成的企业。但生产经营单位与企业是两个不同的概念。判断一个生产经营单位，如一个工厂是否是企业，要着它是否符合企业的基本特征，是否具备企业的条件。

联合企业，也称多厂企业，多厂企业可进一步分为公司、经济联合体、企业集团、跨国公司等组织形式。

公司是依法由两个以上的个人或法人出资组成，有独立的注册资产，自主经营、自负盈亏的法人企业。公司的形式有多种：①按公司所从事生产经营活动的内容，可分为工业公司、商业公司、建筑安装公司等；②按公司所属企业的生产技术经济联系，可分为专业公司、联合公司和综合公司；③按公司所属企业的分布状况，可分为地区性公司、跨地区性公司、全国性公司、跨国公司等；④按公司的资本集中和债务清偿责任，可分为有限公司、无限公司、股份公司，其中，有限责任公司、股份有限公司是现代企业的主要组织形式。

经济联合体指经济组织之间通过合同或协议建立起来的松散及相对稳定的经济联合组织。参加经济联合体的各方在自愿互利的基础上，不改变各自的领导体制、隶属关系、所有制和财务关系；各方实行独立核算、自负盈亏；按照等价有偿的原则在各成员之间进行各种经济活动。联合的内容和项目用合同等法律形式固定下来。

企业集团由众多具有内在经济技术联系的独立法人在共同利益目标下，以生产某种或某些名特优新产品的骨干企业为核心，在自愿互利的基础上，按股份制形式结成的，具有生产、经营、开发、服务等多种功能的经济联合组织。企业集团按形成方式，可以划分为松散型企业集团、半紧密型企业集团、紧密型企业集团。

二、企业经营系统

企业是一个将生产要素组合起来，为实现特定的系统目标，不断适应外部环境，合理利用内部资源，有效地进行生产、经营的经济系统。

要使企业经营系统有序、连续、最优地运行，首先要正确认识企业经营活动过程。在市场经济中，企业的生产经营活动是物质运动与资金运动的统一。为客观地反映、有效地控制企业的物质运动与资金运动，并使运动结果在特定的外部环境下达到最优，就要连续不断地收集、传递、储存、使用各种信息。企业经营系统的运行，实际上是物质运动、资金运动和信息运动的总和。

（一）企业经营中的物质运动

企业经营中的物质运动是指企业经营过程中，各种物质形态的生产要素的购置、供应、储存、维护、使用、消耗，并转变成产品或向社会提供服务等实物成果的运动过程。例如，工业企业经营过程中的物质运动表现为：从企业外部吸收劳动力和购买生产资料，劳动者在一定的生产场所，运用劳动资料，作用于劳动对象，生产出一定实物产品和劳务，并向企业外部进行销售。

企业经营中的物质运动可分为若干阶段。从工业企业来看，其物质运动可分为供应、生产、销售三个过程。

1. 供应过程

要使企业经营中的物质活动正常运行，企业必须拥有劳动力、劳动资料和劳动对象三大基本要素，以及体现在三大基本要素之中和独立于三大基本要素之外的科学技术要素。在供应过程中，企业按照生产经营所需要的数量、结构、质量，吸收并调配劳动力，购置并安装设备等劳动资料，采购并储备原材料等劳动对象，引进并开发科学技术。企业经过供应过程，形成了企业的投入要素，并为生产经营提供了物质准备。

2. 生产过程

在生产过程中，企业投入生产要素，并将其有机地结合起来。劳动者在一定生产技术条件下，按照分工协作原则，使一定的劳动资料，根据一定的程序和方法作用于劳动对象，生产出新的产品。

3. 销售过程

在销售过程中，企业根据市场需求，以一定的营销手段、销售方式、销售渠道出售自己的产品。销售过程是企业经营中物质运动的至关重要的阶段。只有通过不断扩大销售，企业才能使自身经营中的物质运动继续下去，否则会造成企业再生产的困难。

商品流通企业通过购销活动，组织商品流通，满足市场需求，因而商品流通企业经营中的物质运动分为购进和销售两个过程。

(二) 企业经营中的资金运动

企业的经营过程是物质运动和资金运动的统一。随着企业经营中物质运动经过供应、生产和销售三个过程，企业的资金也依次经过储备资金、生产资金和成品资金三个阶段并实现增值。企业无论是正常进行经营活动，还是设立企业、开拓新经营方向、改善经营条件、扩大经营规模，都需要筹集必要的资金。企业资金筹集包括企业资本金的筹集和企业负债的筹集。在正常的经营活动中，企业的经营资金不断改变形态，进行着周而复始的运动。工业企业经营中的资金运动，可分为以下几个阶段。

1. 储备资金阶段

在供应过程，企业以货币资金购进原材料等劳动对象，生产或进行必要的物质储备，货币资金就转化为储备资金。资金表现为原材料等形态。

2. 生产资金阶段

在生产过程，因产品的生产而发生了各种费用，如直接材料费、工人工资及职工福利费、制造费用等，储备资金和一部分货币资金转化为生产资金。生产资金表现为在产品、半成品等形态。

3. 成品资金阶段

产品制造完成后，生产资金转化为成品资金，成品资金表现为产成品等形态。

4. 货币资金阶段

在销售过程，企业将产品销售出去，形成销售收入，成品资金又转化为货币资金，从而完成资金的一次循环。企业的纯收入除一部分以税金的形式上缴国家和进行积累外，其余部分又重新投入供应阶段，继续进行周转。

商品流通企业经营中的物质运动分为购进和销售两个过程。在购进过程中，随着商品采购的进行，货币资金转化为商品资金；然后在销售过程中卖出商品，商品资金又转化为货币资金，并实现增值。

（三）企业统计信息系统

企业经营活动离不开信息。信息与物质、资金被称为现代企业经营的三大资源。信息活动对企业的物质运动和资金运动起着显示、跟踪、协调和控制的作用。信息流、物流、资金流构成了企业经营系统。

在企业经营活动中，信息一般是指经过加工处理的各种情报、资料、讯号、指令、消息等的统称。由于统计学具有总体性和综合性，统计工作在为企业经营服务中具有整体功能，因而统计信息是企业信息的主体。

企业统计信息系统，包括统计信息的客体范围、统计信息的管理体系和统计信息的使用系统三大组成部分。

1. 统计信息的客体范围

企业统计信息，按信息的来源分为企业内部信息和外部信息；按信息的时间性分为历史信息、现状信息和前景信息；按信息计量状况分为量化信息和非量化信息；按信息的运动状态分为流动信息和固定信息；按信息的流向分为输入信息、输出信息和反馈信息；按信息的功能分为描述性信息、评价性信息、预测性信息、决策性信息和控制性信息。总之，统计信息的客观范围贯通了企业经营活动的整个过程，连接了供、产、销，人、财、物等各个方面、环节。

2. 统计信息管理体系

企业统计信息体系是指从事统计信息的收集、整理、传递和储存等工作的企业统计信息机构或企业统计信息网络。一般来说，企业统计信息管理体系由班组、车间、职能部门、企业综合统计信息部门等纵向的信息生产、加工、传递系统和供应、生产、销售、技术、财务等各职能部门、企业综合统计信息部门等横向的信息流转系统所构成。

不同的企业根据自己采用的不同的企业管理组织结构形式，可设置不同的企业统计信息管理体系。

3. 统计信息的使用系统

企业统计信息的使用系统一般指企业经营管理和决策机构。企业统计信息除一部分上报国家统计机构，为宏观经济管理提供服务外，它还同时负责为企业经营管理和经营决策服务提供服务。一般来说，统计信息的使用系统根据经营管理和决策的需要及对前期信息的掌握情况，提出信息要求；统计信息管理体系根据要求，在一定的统计信息客体范围之内收集、整理、加工信息，向使用系统提供服务；统计信息使用系统根据这些信息，作出决策，付诸施行，保证企业经营活动正常进行。

第二节　企业经营系统与统计

一、企业统计的基本职能

企业统计是统计学在微观经济领域中的一个应用分支，它是研究企业经营活动数据的科学。企业统计工作与其他各领域的应用统计一样，它的任务分为完成统计设计、统计调查、统计整理和统计分析4个阶段。同时，由于微观经济活动的特点，企业统计有其特定职能。

企业统计的职能归纳起来有描述、评价、预测、决策和控制5个基本职能。

（1）企业统计的描述职能。企业是一个复杂的经济系统，要使系统正常运行，必须做到心中有数、情况明确，全面掌握企业经营状况。企业统计描述由完整而系统的反映企业经营状态的指标体系和信息数据的收集、整理方法构成。它显示了企业经营活动的过去、现在及变化规律的全面信息。

（2）企业统计的评价职能。企业统计评价是指对企业经营系统或某个子系统的整体状态进行的多种指标综合评价。统计人员可以通过判断企业经营状态的好与差、优与劣、快与慢、正常与异常，并对名次排序作出综合评定。它具有考核、监控等作用。

（3）企业统计的预测职能。研究过去和现在是为了把握未来。企业统计预测，是在统计描述和统计评价的基础上，根据企业经营活动的内在规律和变化模式，分析和推测企业经营活动或某个方面、某个环节以及某项指标在今后某一时期或某一时刻可能出现的趋势和达到的状态。

（4）企业统计的决策职能。企业经营的中心是决策。决策决定着企业经营活动的方向和效益，决策正确与否关系到企业经营的兴衰成败。企业统计决策是指为了实现某种预定的经营目标，在统计描述、评价和预测的基础上，设计各种经营方案，对各方案进行评价，从中选择出最优方案，并检查其实施状态的过程。

（5）企业统计的控制职能。企业经营目标和经营方案确定以后，在实施过程中，可能会出现新的情况、新的矛盾，使目标与方案相联系的各种因素及其结构、约束条件发生变化，影响既定目标的实现。企业统计控制就是对企业经营系统中各种扰动因素进行采集、识别、反馈、调节并采取措施，使企业经营活动在新的条件下达到稳定或最优运行，实现既定目标，或使经营目标在新的条件下达到最优。

企业统计 5 个方面的职能是相互联系、相互交叉的，它们构成了企业统计职能体系。

二、企业经营活动与统计

企业是人力、物资、资金、生产、供应、销售等方面相互联系的整体。企业经济活动是投入-产出循环运动过程。企业的生产经营活动从开拓市场入手，进行资产经营，实现企业盈利最大化。分析一个企业的生产经营活动，不仅要分析当期生产经营活动的状况，还要观察其长期的发展，把企业生存与企业发展有机结合起来，从而对企业的生产经营状况进行总体评价。企业经营管理统计分析的内容如下。

（一）企业经营环境统计分析

企业经营环境，是指企业周围的、不受企业控制但与企业生产经营活动相关的各种外界因素，包括宏观环境、市场环境和竞争对手情况。宏观环境由影响企业的社会约束力量构成，主要包括自然环境、政治环境、经济环境、技术环境、人口环境、文化环境等。市场环境是指与企业购销活动直接相关的影响因素，由企业的供应者、消费者、中间商和竞争者构成。这些环境对不同企业的影响程度存在着差异，甚至是巨大的差别。企业对外部环境只能是适应，而无法改变。同时，市场如同战场，竞争是每一个企业必然面对的，企业必须了解竞争对手的情况及本企业的竞争实力，把握正确的竞争策略，才能争取主动权，克敌制胜。因此，企业必须正确认识客观环境及其变化，开展经营环境的调查与分析，弄清外部环境变化会给企业带来的机遇和危机，以便采取正确的措施，抓住机遇，规避危机，使企业得到长足的发展。

（二）企业投入要素与经营状况统计分析

企业外部环境研究和企业内部条件分析是两项有密切联系的工作，两者相互对照，相辅相成，结合起来进行综合分析得出的结论，才能成为企业进行经营决策的重要依据。对企业内部条件分析主要从投入、生产、产出几个环节进行。

企业要从事生产经营活动，必须有一定量的投入，包括人力、财力和物力。对这 3 方面的分析，不仅要分析其投入情况，而且要分析其经营、运行和管理状况。重视人才、用好人才、管好人才是事业成功的关键。员工是从事企业生产经营活动的主体，是生产力中首要的和决定性的因素。在市场经济条件下，企业间在平等条件下的竞争，实质上是所拥有的员工的竞争。企业要想在竞争环境中求得生存和发展，就必须合理配置和使用本企业的人力资源，做到人尽其才，才尽其用。因此，企业员工数量和素质统计的任务，就是要研究企业内部人力资源的配置状况，促使企业建设一支素质上乘、人员类别结构和布局合理的人力资源队伍。

资金是组织企业生产经营活动的前提条件，也是企业再生产活动的必要保证。对财力状况的分析主要从 4 个方面进行：企业资金的筹措，企业资金的投放，企业资金的收回与分配以及企业资产经营与资本经营统计分析。

劳动资料的配备是企业进行生产活动的物质条件之一。企业的生产设备是劳动资料的重要组成部分。企业生产的发展与生产设备的发展是息息相关的。生产设备的发展水平是衡量企业生产发展的一个标准。对企业设备的统计分析包括：企业设备数量统计分析，企业设备利用统计分析和企业设备生产能力统计分析。

三、企业生产经营管理统计分析

成本与效率的分析是企业在生产经营管理过程中的重点。成本直接关系企业自身生产经营和市场竞争力，因而受到企业的特别关心。研究成本水平，分析成本水平的变动因素，评价成本的计划执行情况，剖析成本升降的内因和外因，以便采取措施，挖掘潜力，促进成本费用的进一步减少，可以增强企业的竞争力。企业成本统计分析包括：成本构成及其变动统计分析、薪酬和人工成本统计分析、成本预估、决策与控制统计分析。

企业劳动生产率水平的高低，劳动经济效益的大小，直接或间接取决于劳动时间的利用程度。合理利用劳动时间，减少劳动时间的浪费，才能实现工作效率的提高，从而降低产品成本，增加企业盈利。

提高劳动生产率不仅可以改善劳动条件、减轻劳动强度、提高产品质量，而且还会增加企业效益，推动社会经济的发展。劳动生产率统计分析的内容包括：劳动生产率指数体系及应用，劳动生产率变动的因素分析，劳动生产率变动对产量和劳动量的影响等。

四、企业生产经营成果统计分析

企业生产经营成果统计分析主要有两个方面：企业产、销、存统计分析，企业盈亏统计分析。

企业产品的生产、销售和库存统计分析是对企业生产经营成果的研究。通过生产成果的分析对比，揭示企业生产管理中的经验和问题，以便查明原因，采取相应措施，保证企业生产计划和销售计划的顺利完成，并进一步挖掘企业内部潜力，增加产量和销量，开发新产品，提高产品质量，为实现产销平衡创造条件。企业产、销、存统计分析的内容包括产品产量与构成统计分析、产品销售统计分析和商品库存统计分析。

盈亏，是指企业在一定时期内全部经营活动在财务上获取的成果。它综合反映企业在一定时期内的经营情况，是考核企业经济效益大小的重要指标。盈亏分析可以帮助企业了解其在市场竞争中的情况，判断企业的生存发展能力，明确企业在市场竞争中的地位，还可以检查企业经营目标的完成情况，评价企业经营决策的正确与否。盈亏分析包括企业盈亏状况与趋势统计分析、企业盈亏因素统计分析、企业盈亏分界点统计分析等。

五、企业经营状况总评价

企业生产经营全过程是一个复杂的系统。这个系统既包括物质的运动，也包括资金的运动；既包括生产，也包括流通和分配；既受企业经营的各种内部机制的制约，也受企业外部条件变化的影响，是预测、决策、计划、调节和控制有机结合的整体。企业生产经营活动各个子系统的状况，都会对企业生产经营活动总状况产生影响。对企业生产经营活动的总评价，就是从整体上，从相互联系和相互制约中，对企业生产经营活动进行全面的评价，研究企业生产经营活动的规律性，提高企业竞争能力和应变能力，使企业生产经营活动能够在恰当的宏观约束条件下，最大限度地研究自身的经济利益。

企业统计将企业看做是由相互联系且共同运作的各个子系统组成的经济系统。企业经营活动就是系统运行的过程。企业系统具有特定的经营目标，在特定环境下，投入生产要素，经过经营过程，产出一定成果，取得一定经济效益。因而，企业经营活动，可以归结为外部环境、要素投入、经营过程、成果产出和经济效益5个方面。

第三节 企业统计体系

一、企业统计资料的收集

（一）企业统计资料的来源

企业统计资料是企业工作的成果，又是企业统计分析的基础。企业统计资料主要来源于以下几个方面：

1. 国家统计报表制度规定的基层统计报表

为满足宏观经济决策和调控的基本需要，国家统计部门制定了统计报表制度，企业必须依法填报。虽然国家统计报表制度规定的基层统计报表主要是为宏观决策与管理服务的，但报表中各项指标反映了企业经营活动的基本面貌。因此基层统计报表在满足上级需要的同时，也可部分地满足企业经营管理的需要，它是企业统计资料的来源之一。

国家统计报表制度规定的基层报表主要包括：企业基本情况报表，企业主营业务活动情况报表，企业财务状况报表，企业劳动情况报表，企业原材料、能源消费与库存报表，企业技术开发基本情况报表，企业非主营业务活动情况报表。除上述定期统计报表以外，国家和地区为研究某些情况或某项问题还不定期地组织专门调查，如工业普查、第三产业普查等，企业也有义务填报有关报表。企业为此收集和报送的统计资料也是企业统计分析资料的来源。

2. 国家统计部门发布的统计资料和各类公开的出版物

企业通过上报的基层统计报表，只能掌握企业内部的情况和资料，通过收集国家统计部门发布的统计信息和各类公开出版物等，可以了解企业统计分析所必需的外部情况和资料。

国家统计部门和地方统计部门定期地公布国民经济及社会发展的各种统计资料，供国民经济各部门和全社会使用，如统计公报、经济形势报告、统计年鉴、统计摘要、统计资料汇编等。国家的一些方针、政策、法规、规划等也大都以报刊、文件汇编等公开出版的形式公布。企业为了解和掌握国家的方针、政策、法规、规划，国家的政治、经济形势，市场状况等，就需要收集企业外部的信息。国家统计部门发布的统计资料和各类公开的出版物是企业统计分析资料的重要来源。

3. 企业专门组织的调查

上述两方面的统计资料主要是为宏观经济调控和管理服务的，因而还不能完全满足企业经营管理的需要。为此，企业就需要专门组织一些统计调查。

从调查的内容来看，企业专门组织的调查主要是弥补以上两方面资料的不足，如市场状况、企业竞争对手的情况，以及基层统计报表制度未包括的企业内部的有关资料等；从调查的时间状况来看，分为经常性调查和一次性调查；从调查的形式来看，分为普查、重点调查、典型调查和抽样调查；从取得资料的方法来看，可分为直接观察法、报表法、访问法和问卷法等；从调查的空间范围来看，可分为企业内部的调查和企业外部的调查。专门组织的调查，可为企业统计分析提供或补充统计资料。

（二）企业原始记录、台账和统计报表

1. 企业原始记录

原始记录是指按照统计、会计和业务核算的要求，通过一定的形式对企业经营活动所做的最初的直接记载。它是企业统计工作的基础，也是各种核算共同的最初资料来源。

企业原始记录是企业经营活动的客观反映，范围十分广泛，包括以下几个方面：①劳动记录，如职工调动通知单、考勤卡、加班记录等。②物资记录，如领料单、退料单、投料记录、消耗记录、废料回收记录等。③设备记录，如设备运行记录、设备调拨单、设备修理登记表、设备事故登记表等。④产品生产记录，如加工路线单、施工单、半成品入库单、成品入库单、生产操作技术记录等。⑤新产品及技术改造记录，如新产品试制记录、设备改造记录等。⑥产品销售过程的记录，如产品出库单等。⑦财务活动记录，如现金收支、转账等各方面的原始凭证等。⑧向企业外部进行专门调查而收集到的原始数据和情况。

为适应企业经营管理的需要，提高原始记录准确性，企业要科学地设置原始记录，加强对原始记录的管理和整顿。

2. 企业统计台账

企业统计台账是指根据统计调整和分析的要求而设置的一种汇总资料和积累资料的账册。统计台账与原始记录不同。原始记录是对企业经营活动随事件发生而经常地进行的记载，而统计台账则是按时间顺序对统计资料进行的循序登记。

按企业经营管理和核算工作需要的不同，统计台账可以在班组、车间和厂部（公司）分别设置。

（1）班组台账。班组一级台账的内容主要是系统地积累直接反映生产活动情况的资料，如产品产量、质量、工时利用、物资消耗等。班组台账可分为工人个人生产情况的台账和整个班组生产情况的台账。

（2）车间台账。车间台账的内容主要包括车间生产进度、产品质量情况、劳动时间使用情况、设备利用情况及其他有关技术经济指标完成情况等。

（3）企业台账。企业一级的台账包括各职能部门按主管业务设置的专业台账和企业综合统计台账。专业台账有生产部门设置的台账、供应部门的台账、销售部门的台账、财务部门的台账等。专业台账反映的是职能部门主管业务的情况，如生产部门的台账有产值、产量、品种台账等。企业综合统计台账是为了工作需要建立的定期资料和历史资料等反映整个企业情况的台账，以及反映企业外部信息的台账等。

3. 企业的统计报表

企业的统计报表又称企业内部报表，它是根据原始记录或统计台账的资料汇总编制的。班组向车间、车间向企业有关职能部门报送统计资料，各职能部门之间或向企业领导提供统计资料，大都是通过企业内部报表进行的。

企业内部报表是完成国家和上级主管部门统计任务的工具，也是企业经营管理的主要依据。企业内部报表的种类很多，内容包括经营活动各方面的情况，如生产进度、产品质量、生产定额完成情况、劳动时间使用情况、设备运转情况、原材料收支存情况等。企业内部报表按其报送时间不同，有日报、周报、旬报、月报等。对于主要指标，如产品产量、产值、质量等，由于领导需及时了解其生产完成情况，因此一般采用日报、旬报等形式，对那些不必经常掌握其情况的，如劳动设备使用情况、设备维修情况等，一般可采取月报形式。

4. 原始记录、台账和统计报表的关系

企业原始记录、台账和内部报表之间存在着密切关系。企业统计所需要收集的基本资料，归根到底要来自于原始记录。台账是积累统计资料的手段，它将原始记录所登记的资料加以整理和系统化。企业内部报表是把整理过的资料加以汇总、核算，用报表形式反映出来，以满足上级和企业各方面的需要。

汇总原始记录、登记台账和编报统计报表的过程，可用图 6.3.1 表示。

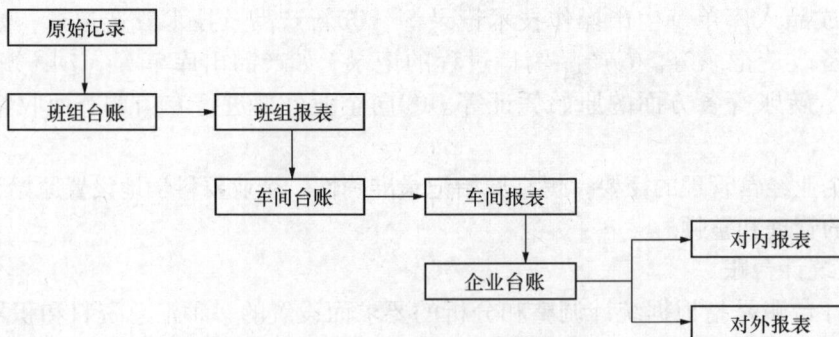

图 6.3.1　一般统计资料的编报过程

图 6.3.1 只是表示一般统计资料的编报过程。由于有些企业实行二级核算，有的企业实行

三级核算，而企业的经营性质又各有不同，因而并不是所有企业统计资料的编报都按上述过程进行。随着电子计算技术的发展，我们还可以通过建立企业数据库来完成企业统计资料的编报过程。

二、企业统计资料的整理与显示

当收集到统计资料并审核无误以后，企业就要对统计资料进行整理。对统计资料进行整理，首先要确定统计资料的计量尺度并对其进行计量。

（一）统计资料的计量尺度

由于企业经营活动中各种现象的性质不同，因此其可量化的尺度也不同。统计资料的计量大体有以下 4 种尺度。

（1）定类尺度。分类是统计整理，也是统计分析的一种基本方法。定类尺度的特点就是对资料进行定性的分类或分组。各类或各组之间关系平等，并具有互相排斥性，某现象归入这一类，就不能同时归入另一类。例如，企业职工按工种分类，企业按经济类型分类等。定类尺度是一种最低的、最基本的计量尺度，对其进行分析的统计量主要是各组频率和列联系数等。

（2）定序尺度。将各类现象按某一特征的大小、高低、强弱、好坏等顺序排列起来，就构成定序尺度。例如，产品质量的等级可以分为优等品、一等品、二等品等。定序尺度比定类尺度更为精确一些，各组之间可以比较大小。由于各组之间能够排序和比较，因而定序尺度的统计量不仅可以用频率进行研究，还可以大致计算众数、中位数等。

（3）定距尺度。将定序排列的现象间的差异明确起来，就构成定距尺度。它是按某一数量标志进行的分组，如企业对职工技术考核的百分数、温度等。与前 2 种计量尺度相比，定距尺度更为精确。其适用的统计量，除频率、众数、中位数等以外，还有算术平均数和标准差等。

（4）定比尺度。当定距尺度有一个客观的零点时，就称为定比尺度。定距尺度中"0"表示一个数值，不表示没有，如温度为 0℃，不表示没有温度。而定比尺度中"0"表示没有，如产量为 0，表示没有产量，利润为 0，表示没有利润。对比尺度中，不仅可以比较数值的大小，计算其差异的具体值，而且还可以计算数值之间的倍数。此外，加、减、乘、除等数学方法在定比尺度中都可以运用。

（二）统计资料的显示

1. 统计分组

根据不同现象的性质，使用不同计量尺度对统计资料进行分类或分组，可以是单变量分组，也可以是组距式分组。

2. 统计指标

在统计分组的基础上，可以计算出反映数据分布特征的统计指标。常用的统计指标如下。

（1）总量指标。即反映现象发展的总规模或总水平的指标，包括总体单位总量和总体标志总量，如企业职工人数、全部产量等。

（2）相对指标。即有联系的指标相互对比得到的反映统计总体内部结构、比例、强度或密度的统计指标，如计划完成情况、人口密度等。

（3）平均指标。即反映总体各单位某一数量特征的一般水平或统计数列的集中趋势的统计指标。平均指数按其计算方法不同分为算术平均数、几何平均数、调和平均数、众数和中位数等。平均指标是最重要的统计指标，如职工平均工资、平均零售价格等。

（4）变异指标。即反映总体分布的变异状况或离散程度的统计指标，其作用在于说明现象发展变化的均衡性和平均指标的代表性高低。常用的变异指标有方差、标准差和离散系数等。

三、企业统计分析的基本方法

（一）描述性统计分析方法

描述性统计分析，是指对被调查或所研究的总体所有单位的有关数据作收集、整理和计算综合指标等加工处理，用来描述总体特征的统计分析方法。描述性统计分析是统计分析的重要组成部分，在统计研究中有着广泛的应用。最常用的描述性统计分析，主要包括对数据分组分析、相对程度分析、集中趋势分析和离散程度分析等几个方面。

（二）企业统计分析的基本方法

运用统计指数可以综合地反映复杂现象总体在数量上变动的方向和程度，可以分析复杂现象总体变动中各个因素的变动，以及它们的变动对总体变动的影响程度。

（三）解析性统计分析方法

统计分析的目的，一方面在于对所研究总体表层现状的了解；另一方面是对事物内部隐藏的本质的规律性进行深入的剖析。描述性统计分析，主要解决第一方面的问题；第二方面的问题，就需要借助于解析性统计分析方法。

解析性统计分析的方法，如假设检验、方差分析、相关分析、回归分析、主成分分析等，更多地以数学理论为基础，因而对大多数人而言，掌握起来有一定困难。

本 章 小 结

企业是社会经济活动的基本单位，具有以下4个特征：企业必须拥有一定资产；是一种经济组织；是自主经营、自负盈亏的经济实体；具有法人资格。企业可以根据不同的分类标志进行分类，主要有按行业分类、按三次产业分类、按机构部门分类、按企业组织形式分类以及按其他标志分类。企业经营系统包括物资运动和资金运动2个方面，其中资金运动包括货币资金、储备资金、生产资金和产品资金等阶段。企业统计信息系统包括企业统计信息的客体范围、统计信息的管理体系和统计信息的使用系统3个部分。

企业统计是企业管理的重要组成部分，具有描述、评价、预测、决策和控制5个基本职能，在企业管理中具有重要作用，是企业管理的基础，为企业管理提供多种方法。企业管理统计包括生产管理统计、技术管理统计、劳动管理统计、销售管理统计和财务管理统计等多个方面。在企业统计中要应用到多个基本概念和基本统计指标，包括计量尺度、统计分组等概念，以及总量指标、相对指标、平均指标和变异指标等。

实务题

一、思考题

1. 什么是统计信息管理体系？并简述其内容和特点。

2. 简述企业管理和统计的作用。

3. 什么是企业经营中的物质运动？从工业企业来看具体分为几个过程？

4. 随着企业经营中的物质运动，企业资金也顺次经过几个阶段实现增值？举例说明各个阶段的资金表现。

5. 简述企业统计是如何从实物量和价值量两方面反映企业产出的。

二、实务题

（一）单选题

1. 企业能够独立从事经营活动的基本物质技术条件是（   ）。

   A. 企业是经济组织

   B. 企业具有法人资格，拥有法定的义务和权力

   C. 企业必须拥有一定的资源

   D. 企业是自主经营、自负盈亏，以盈利为目的的经济实体

2. 以下属于第三产业的企业有（   ）。

   A. 房地产企业   B. 交通运输企业

   C. 种植业企业   D. 地质普查企业

3. 企业经营的中心是（   ）。

   A. 控制   B. 决策   C. 预测   D. 评价

4. （   ）是完成国家和上级主管部门统计任务的工具，也是企业经营管理的主要依据。

   A. 企业原始记录

   B. 企业统计台账

   C. 国家统计报表制度所规定的基层统计报表

   D. 企业内部报表

5. 只能对各组频率和列联系数进行分析的计量尺度是（   ）。

   A. 定距尺度   B. 定类尺度   C. 定比尺度   D. 定序尺度

6. 可以计算数值之间的倍数，加、减、乘、除等数学方法都可以运用的计量尺度是（   ）。

   A. 定距尺度   B. 定类尺度   C. 定比尺度   D. 定序尺度

7. 当企业在设计各种经营方案，对各方案进行评价，从中选择出最优方案，并检查其实施状态的阶段中，属于企业统计的是（   ）。

   A. 控制职能   B. 评价职能   C. 预测职能   D. 决策职能

8. （   ）是企业信息的主体。

   A. 会计信息   B. 市场信息   C. 统计信息   D. 产品信息

9. 下列哪个指标反映投入要素的综合状况（   ）。

   A. 劳动数量   B. 财务成本   C. 设备技术状况   D. 原材料供应量

10. 以下不属于企业经营过程统计的是（　　　　）。

    A. 投入要素的利用、消耗状况　　　　　B. 投入要素、经营环节的平衡状况

    C. 投入要素的综合状况　　　　　　　　D. 经营过程控制

（二）多选题

1. 企业经营信息系统的组成内容包括（　　　　）。

    A. 统计信息的客体范围　　　　　　　　B. 统计信息的操作范围

    C. 统计信息的管理体系　　　　　　　　D. 统计信息的使用系统

    E. 统计信息的主体范围

2. 企业经营系统包括物资运动和资金运动，其中资金运动包括（　　　　）等阶段。

    A. 产品资金　　　　　B. 货币资金　　　　　C. 储备资金

    D. 生产资金　　　　　E. 贷款资金

3. 企业统计工作运动中的四个阶段是（　　　　）。

    A. 完成统计设计　　　　B. 统计咨询　　　　C. 统计整理

    D. 统计分析　　　　　　E. 统计调查

4. 以下属于第二产业的企业有（　　　　）。

    A. 工业企业　　　　　B. 金融企业　　　　　C. 地质普查企业

    D. 建筑企业　　　　　E. 保险企业

5. 企业统计的 5 个基本职能是（　　　　）。

    A. 描述　　　　　　　B. 评价　　　　　　　C. 决策

    D. 控制　　　　　　　E. 预测

6. 企业经营活动可以归结为（　　　　）。

    A. 要素投入　　　　　B. 成果产出　　　　　C. 外部环境

    D. 经济效益　　　　　E. 经营过程

7. 企业专门组织的调查从调查的形式来看分为（　　　　）。

    A. 重点调查　　　　　B. 普查　　　　　　　C. 抽样调查

    D. 问卷法　　　　　　E. 典型调查

8. 按投入要素的表现形态，可分为（　　　　）。

    A. 物的要素　　　　　B. 劳动资料　　　　　C. 人的要素

    D. 财的要素　　　　　E. 劳动对象

9. 以下哪些指标可以表现企业活力（　　　　）。

    A. 市场应变能力　　　B. 资产增值能力　　　C. 技术开发能力

    D. 职工凝聚能力　　　E. 产品竞争能力

10. 企业统计资料主要来源于（　　　　）。

    A. 问卷调查　　　　　B. 国家统计报表制度所规定的基层统计报表

    C. 典型调查　　　　　D. 国家统计部门发布的统计资料和各类公开的出版物

    E. 企业专门组织的调查

（三）判断题

1. 在统计计量尺度中"0"表示没有。　　　　　　　　　　　　　　　　　　　　　（　　　）

2. 企业统计只可以客观反映企业经营状况。　　　　　　　　　　　　（　　　）

3. 将产品质量的等级分为优等品、一等品、二等品是根据定类尺度划分的，且各组之间不可以比较大小。　　　　　　　　　　　　　　　　　　　　　　　　　（　　　）

4. 我国国民经济行业分类标准将产业部门分为门类、大类、中类三级。　　（　　　）

5. 企业统计体系是一个板块结构的基本体系，具有较强的组合功能。　　（　　　）

第七章
企业经营要素统计

【学习目的与要求】

通过本章的学习，让学生了解经营要素统计内容，学会各要素的统计资料收集及相关计算及分析，重点掌握企业经营要素统计分析方法并在实践中学会应用，提高为企业管理决策提供统计信息能力。

【导读】

统计是社会主义建设的一项重要基础工作。我国要实现工业、农业、科学技术和国防现代化，必须实现统计工作的现代化。（《国务院关于加强统计工作的决定》，1984 年 1 月 6 日）。

在市场经济条件下，企业都是自负盈亏，自求发展，以赢利为目的的经济实体。以制造业为例，企业生产经营包括物资供应、生产、销售过程；而流通企业包括商品购入，商品销售两个过程。不管哪类企业，企业经营必须具备一定的人力、物力、财力、信息技术等要素，通过有效经营管理，才能使企业在市场竞争中永远立于不败之地。而企业所需的人力、物力、财力、信息技术等就构成了企业经营要素、内容，而反映这些要素的数量、质量、构成及其利用效率也就构成企业经营要素统计。

第一节 企业经营要素统计概述

一、企业经营要素的内容

企业经营要素包括劳动力、劳动资料、劳动对象及技术进步等内容。

劳动力指在企业中从事生产经营活动及管理活动的劳动者。劳动力统计包括劳动力数量统计、素质统计、劳动时间统计、劳动效率统计和劳动报酬统计等内容。

劳动资料指企业生产经营活动必须具备的物质条件，包括设备、厂房、建筑物等。劳动资料统计包括固定资产数量统计、构成统计、利用统计和生产能力统计等内容。

劳动对象是企业生产经营过程中的另一种物质要素，主要包括原材料、能源等被加工的对象。劳动对象统计包括原材料数量统计、消耗和利用统计、能源消费统计等。

以上经营要素是企业进行生产经营活动的基本条件。

二、企业经营要素统计指标体系

企业经营要素统计指标体系由反映各要素的统计指标构成，随着社会发展和技术进步，科学技术和管理也成为企业经营活动的生产要素。同时，企业生产经营活动投入要素可以用资金、成本和费用等价值综合表示。

企业经营要素统计指标体系主要由 5 部分构成：劳动力要素指标、劳动资料要素指标、劳动对象要素指标、技术投入指标体系和企业财务指标。

劳动力要素指标包括劳动力数量、构成、素质指标、劳动力的时间利用指标、劳动生产率指标以及劳动报酬指标；劳动资料要素指标包括固定资产数量、构成、更新等指标，主要用企业设备及利用指标反映；劳动对象要素指标包括原材料、能源收入、库存、消费以及利用指标；技术投入指标包括技术开发活动和其他技术活动中人力、物力方面投入的指标；企业财务指标包括资金筹措指标、资金占用指标和成本费用指标等。

三、企业经营要素统计分析常用方法

企业经营要素统计分析常用方法有结构分析法、动态分析法和因素分析法等。

结构分析是研究部分与总体之间数量关系的一种方法。在企业经营要素统计分析中，结构分析法应用比较广泛。如研究劳动力的结构情况时，可将企业劳动者按年龄或文化程度进行分类划分，以反映企业劳动者的年龄构成或文化程度构成情况等；研究劳动资料的构成情况时，可将企业固定资产按类型或按使用情况进行划分，以反映企业各类固定资产的构成或固定的磨损、更新情况等；研究劳动对象的构成情况时，可将企业原材料按种类进行划分，以研究各类原材料所占的比重，并进一步分析各类原材料的收入、消费、利用情况等。

动态分析法是将不同时间的同类指标值进行对比，以反映现象发展变化的情况。企业经营要素动态分析就是根据不同时间各要素指标值，计算其增减变化的绝对量和相对量，以反映各要素发展变化的趋势和规律。

因素分析法是利用指标之间的数量关系分析各构成要素对总变动影响和贡献程度的分析方法。在企业经营要素统计分析中，经常进行的因素分析有企业劳动生产率变动因素分析、工资变动因素分析、设备利用因素分析和原材料消耗因素分析等。

第二节 企业经营要素统计指标及计算

企业经营要素统计指标按其要素的内容、性质及用途共分 5 类统计指标。一类是反映企业人力方面的统计指标，二类是三级生产资料及使用效率指标，三类是原材料及能源消费指标，四类是技术投入统计指标，五类是企业财务统计指标。这五类指标相互联系构成一个整体即企业经营要素统计指标体系。

一、企业劳动力统计指标

（一）企业劳动力数量指标

企业劳动力也称企业劳动者，指在企业从事各种劳动和工作，并取得劳动报酬的人员，包括固定工、合同工、临时工和计划外用工。根据不同的需要，企业劳动力可按两个口径进行统计：一是按实际参与企业各种生产经营活动的人员进行统计，目的是研究企业生产经营活动对劳动力的需求情况；二是按国家统计制度规定的"谁发工资，谁统计"的原则进行统计，目的是满足国家对企业劳动者管理的需求。按两个口径统计的企业劳动力的数量是有差异的，前者只包括实际参与企业生产经营活动的人员，而后者既包括实际参与企业生产经营活动的人员，也包括未参与企业生产经营活动却由本企业支付工资的人员。

企业劳动力数量有期末人数和平均人数2个具体指标。

期末人数指报告期最后一天企业的实有人数，如月末、季末人数。期末人数是企业编制和检查劳动力计划，研究劳动力配备的依据。

平均人数指一定时期内企业平均每天拥有的人数。该指标只是反映了企业占用劳动力的一般水平，也是计算其他经济指标的基础。企业经常计算的平均人数指标有：月平均人数、季平均人数和年平均人数。

$$月平均人数=\frac{报告月每天实有人数之和}{报告月日历日数}$$

$$季平均人数=\frac{季内各月平均人数之和}{3}$$

$$年平均人数=\frac{年内各月平均人数之和}{12}$$

（二）企业劳动力素质指标

企业劳动力素质也称劳动力质量，是劳动者在敬业精神、文化、技术和身体各个方面满足企业生产经营活动需要的程度，一般由职工的政治素质、文化素质、技术素质和身体素质等构成。

（三）企业劳动时间及利用指标

劳动时间及利用指标反映了企业直接生产者的劳动时间利用情况。

1. 劳动时间的计量单位

劳动时间指企业劳动者从事生产经营活动持续的时间，一般以工日和工时为计量单位。

工日指一个劳动者工作一个轮班的时间。在一个工日中既包括工人实际参加生产劳动的时间，也包括非生产时间，如因停电、设备故障、开会、学习、非全日缺勤等造成的停工时间。因此，按工日计算的劳动时间只能粗略地反映企业劳动者实际参加劳动的时间。工时指一个劳动者工作一小时的时间。按工时计算的劳动时间可以比较准确地反映企业劳动者实际参加生产劳动的时间。按规定，一个工日等于8小时。

2. 各种劳动时间的含义及计算方法

常用的劳动时间指标有以下几种。

（1）日历工日。它是指按日立时间和工日计算的劳动时间。它是企业报告期内平均人数与日历日数的乘积是企业最大可能利用的劳动时间。

（2）制度公休工日和实际公休工日。制度公休工日指按国家法律、法规规定的节、假日数；制度公休工日减去公休加班工日为实际公休工日。

（3）制度工作工日和制度工作工时。制度工作工日指国家规定报告期内应该工作的工日数；制度工作工时是制度工作工日数与制度工作日长度的乘积。制度工作工日和制度工作工时是国家制度规定的最大可能利用的劳动时间。其计算公式为：

$$\frac{制度工}{作工日}=\frac{日历}{工作数}-\frac{制度公休}{工作数}$$

$$=\frac{报告期}{平均人数}\times\left(\frac{报告期}{日历天数}-\frac{报告期}{节假日数}\right)$$

$$\frac{制度工}{作工时}=\frac{制度工作}{工日数}\times\frac{制度工作}{日长度}$$

（4）出勤工日和出勤工时。出勤工日指企业劳动者在制度工作工日内实际出勤的工日数。出勤工时指从全日出勤工时数中扣除非全日缺勤工时数。计算公式为

$$出勤工日＝制度工作工日数-缺勤工日数$$

$$出勤工时＝出勤工日数\times制度工作日长度-非全日缺勤工时数$$

（5）全日缺勤。它是指企业劳动者因本身的原因，如病假、事假、工伤及旷工等原因未能出勤的时间。若缺勤未满一个轮班，称为非全日勤，按实际缺勤工时计算。

（6）全日非生产日。它是指企业劳动者因开会、学习、参观等活动而未能参加企业生产的工日数。非生产时间不满一个轮班的按非生产工日计算。

（7）全日停工工日。它是指企业劳动者出勤后由于停电、停水、停气、待料、设备故障等原因，未能参加企业生产的工日数。停工未满一个轮班的按停工工时计算。

（8）制度内实际工作工日数和制度内实际工作工时。其计算公式为

$$\frac{制度内实际}{工作工日}=\frac{制度工作}{工日数}-\frac{全日缺勤}{工日数}-\frac{全日停工}{工日数}-\frac{全日公假}{工日数}$$

$$\frac{制度内实际}{工作工时}=\frac{制度内实际}{工作工日}\times\frac{制度工作日}{长度}-\frac{非全日制}{缺勤工时}-\frac{非全日}{非生产工时}-\frac{非全日}{停工工时}$$

3. 企业劳动时间利用指标及计算方法

企业劳动时间利用指标有：出勤率、出勤时间利用率和制度时间利用率。

（1）出勤率。出勤率是出勤工日（工时）与制度工作日（工时）的比率，反映职工在制度规定的劳动时间内实际出勤的程度。其计算公式为

$$出勤率=\frac{出勤工日（工时）}{制度工作工日（工时）}\times100\%$$

（2）出勤时间利用率。出勤时间利用率又称作业率，是制度内实际工作工日（工时）与出勤工日（工时）的比率，反映企业劳动者的出勤时间直接用于生产活动的程度。其计算公式为

$$\frac{出勤时间}{利用率}=\frac{制度内实际工作工日（工时）}{出勤工日（工时）}\times100\%$$

（3）制度时间利用率。制度时间利用率是制度内实际工作时间与制度工作时间的比率，反映制度时间实际被利用的公式为

$$\frac{制度时间}{利用率}=\frac{制度内实际工作工日（工时）}{制度工作工日（工时）}\times100\%$$

以上3个指标存在以下关系：

$$\frac{制度时间}{利用率}=出勤率\times\frac{出勤时间}{利用率}$$

例7.2.1　某企业6月份平均每日生产工人人数为400人，该月份公休节假日为8天，每天制度工作日为8小时。该月缺勤工时数为800工时，停工工时数为200工时，非生产工时数为300小时。试计算时间利用指标。

日历工时数 = 400 × 30 × 8 = 96 000(工时)

制度工时数 = 96 000−400 × 8×8 = 70 400（工时）

出勤工时数 = 70 400−800 = 69 600（工时）

实际生产工时数 = 69 600−200−300 = 69 100（工时）

$$出勤率=\frac{69\,600}{70\,400}=99\%$$

$$出勤时间利用率=\frac{69\,100}{69\,600}=99.3\%$$

$$制度时间利用率=\frac{69\,100}{70\,400}=98.2\%$$

（四）企业劳动生产率指标

劳动生产率是劳动者在一定时期内完成的生产经营成果数量与相应的劳动消耗量的比率。它反映了劳动者在生产经营中的劳动效率。

1．劳动生产率的 2 种表现形势

（1）用单位劳动消耗量完成的生产经营成果表示。其计算公式为

$$劳动生产率=\frac{生产经营成果}{劳动消耗量}$$

公式表明，劳动生产率与单位劳动消耗量完成的生产经营成果成正比，因而该指标称为劳动生产率的正指标。

（2）用单位生产经营成果所耗用的劳动量表示。其计算公式为

$$劳动生产率=\frac{劳动消耗量}{生产经营成果}$$

公式表明，劳动生产率与单位生产经营成果所耗的劳动量成反比，因而该指标称为劳动生产率的逆指标。

劳动生产率的正指标和逆指标在理论上没有本质的区别，在实际工作中正指标较为常用，逆指标一般用于劳动定额的制定和检查。

2．劳动生产率的具体计算方法

具体计算劳动生产率指标，依据工时分子、分母采用的指标不同而形成多种劳动生产率指标。具体有：

（1）按不同人员范围计算的劳动生产率指标：全员劳动生产率、工人劳动生产率等。

（2）按不同劳动时间计算的劳动生产率指标：小时劳动生产率、日劳动生产率、月劳动生产率和年劳动生产率等。

（3）按不同的生产经营成果计算的劳动生产率指示：实物量劳动生产率、价值量劳动生产率、定额时间劳动生产率等。

由于各行各业生产经营活动特点不同，生产经营成果表现不同，所以不同类型的企业应根据其生产经营活动特点采用相应的劳动成果和劳动消耗量计算其劳动生产率，以反映企业劳动效率。

（五）企业劳动报酬指标

企业劳动报酬是企业劳动者在企业内从事各种劳动而获得的收入。

1. 企业工资总额

企业工资总额指一定时期内企业实际支付给企业全部劳动者的劳动报酬总额。核算企业工资总额时，应遵循以下原则。

（1）企业工资总额是支付给企业全部劳动者的劳动报酬。因此，不论是企业的长期职业、临时工，还是其他从业人员，其取得的劳动报酬都应计入企业工资总额中。

（2）工资总额是支付给企业劳动者劳动报酬的总额，凡不属于劳动报酬的开支，如劳动保险费、职工福利费、劳动保护费和各种非工资性津贴等，不应计入工资总额中。

（3）核算企业工资总额时，不论是以货币形式支付的，还是以实物形式支付的；不论是由工资科目开支的，还是由工资科目以外其他各项经费科目开支的，均应统计在内。

2. 企业平均工资

企业工资总额指标受企业劳动者数量多少的影响，因此不能说明企业劳动者的工资水平。为了反映企业劳动者工资的一般水平及其变动情况，需计算平均工资指标。

平均工资表示一定时期内企业平均每一位劳动者的工资额，反映了当期企业劳动者的工资收入水平。其计算公式为

$$平均工资 = \frac{工资总额}{平均人数}$$

企业平均工资可以按企业全部职工计算，也可以按企业各类人员的收入水平状况，但计算时需注意工资总额与平均人数的计算口径要一致。

二、企业设备利用统计指标及计算

企业生产设备是劳动资料要素的主要构成部分。生产设备及利用统计主要包括设备数量利用统计、设备时间利用统计和设备能力利用统计以及产品生产能力统计等。

（一）生产设备数量利用指标

1. 生产设备分类

企业在一定时期内所拥有的全部设备按其使用情况可分为实有设备、已安装设备、完好设备和实际使用设备。

（1）实有设备。实有设备指企业实际拥有的、可供企业调配的全部设备，包括企业自有、租用和借用的已安装和未安装的一切设备。它不包括经批准报废的设备，订购尚未运抵企业的设备，租出及借出的设备和由基建投资但尚未转入生产部门的设备。

（2）已有设备。已有设备指已在现场安装完毕、经检验合格的设备，包括正常开动、备用、封存、因故障不能开动待修理或正在修理改装中的设备，以及可移动使用的设备。

（3）完好设备。实际使用设备指报告期的生产中实际使用过的所有设备，不管使用时间长短都统计在内。

2. 生产设备数量利用具体指标

将以上4种按不同统计范围计算的设备数量进行对比，就可得到反映设备数量利用程度的各指标。

$$\frac{实有设备}{安装率} = \frac{已安装设备数}{实有设备数} \times 100\%$$

$$\frac{已安装设}{备完好率} = \frac{完好设备数}{已安装和设备数} \times 100\%$$

$$\frac{\text{实有设备}}{\text{利用率}} = \frac{\text{实际使用设备数}}{\text{实有设备数}} \times 100\%$$

$$\frac{\text{完好设备}}{\text{利用率}} = \frac{\text{实际设备数}}{\text{完好设备数}} \times 100\%$$

上述 4 个指标有如下关系

$$\frac{\text{实有设备}}{\text{利用率}} = \frac{\text{实有设备}}{\text{安装率}} \times \frac{\text{已安装设}}{\text{备完好率}} \times \frac{\text{完好设备}}{\text{利用率}}$$

例 7.2.2 某企业拥有 A 设备 200 台，已安装 160 台，其中完好 A 设备 144 台，正在使用的 A 设备为 130 台。则有关设备利用程度指标计算如下：

$$\frac{\text{实有设备}}{\text{利用率}} = \frac{\text{已安装设备数}}{\text{实有设备数}} = \frac{160}{200} = 80\%$$

$$\frac{\text{已安装设}}{\text{备完好率}} = \frac{\text{完好设备数}}{\text{已安装设备数}} = \frac{144}{160} = 90\%$$

$$\frac{\text{实有设备}}{\text{利用率}} = \frac{\text{实际使用设备数}}{\text{实有设备数}} = \frac{130}{200} = 65\%$$

$$\frac{\text{完好设备}}{\text{利用率}} = \frac{\text{实际使用设备数}}{\text{完好设备数}} = \frac{130}{144} = 90.3\%$$

各项设备数量利用指标通常按各类设备分别计算，也可按大类生产设备总数进行计算；可以用时点资料计算，也可用某一时期的序时平均数计算。但这些指标说明问题比较粗略，因为它们只考虑了设备数量的利用情况，而没有考虑设备开动时间的长短。因此，反映企业设备利用情况，需进一步核算设备时间利用指标。

（二）生产设备时间利用指标

生产设备时间利用率是把设备的数量与开动时间联系起来进行研究，为进一步挖掘生产潜力提供资料。其基本公式为

$$\frac{\text{生产设备}}{\text{利用率}} = \frac{\text{实际作业时间}}{\text{最大可能利用时间}} \times 100\%$$

公式中的分母，即最大可能利用时间，因不同行业设备的作业特点不同而有不同的表现形式。连续作业的设备，如热力化学设备昼夜不停地工作，其最大可能利用时间就是日历时间；非连续作业的设备如金属切削机床等，其最大可能利用时间是制度规定开动时间或计划开动时间。制度规定开动时间一般称为制度工作台时，它是已安装设备台数与报告期制度工作日数、每日按制度规定班次工作小时数的乘积。机械工业企业制度规定班次工作小时为：一班制工作为 8 小时，二班制工作为 15.5 小时，三班制工作为 22.5 小时。

（三）生产设备能力利用指标

各类生产设备都具有一定的生产能力，其能力能否得到充分的发挥，直接影响到生产成果的大小。所以分析生产设备的利用情况，除了从设备数量利用、时间利用方面进行分析外，还要从设备能力利用上进行分析。

生产设备能力利用指标，是通过对比设备实际能力与设备的理论能力即设计能力得到的，一般计算公式为

$$\frac{\text{设备能力}}{\text{利用率}} = \frac{\text{设备实际能力}}{\text{设备理论能力}} \times 100\%$$

该指标反映了设备设计能力被实际利用的程度。分式的分子，即设备实际能力，一般用单位设备在单位时间内的实际产量来表示。由于各类生产设备各有其生产技术上的不同特点，因而指标的名称、表示方法、计量单位等也有所不同。

（四）生产设备综合利用指标

生产设备综合利用指标是将时间和能力两个因素综合起来研究生产设备的利用情况。该指标有两种计算方法，计算结果含义略有不同。

（1）按设备实际产量、设备可能产量计算的生产设备综合利用指标

$$\frac{\text{设备综合}}{\text{利用率}} = \frac{\text{设备实际产量}}{\text{设备可能产量}} \times 100\% = \frac{\text{时间作业时间} \times \text{实际能力}}{\text{可能作业时间} \times \text{理论能力}} \times 100\%$$
$$= \text{设备时间利用率} \times \text{设备能力利用率}$$

该指标反映了设备时间率和设备能力利用率两因素对设备综合利用的影响。

（2）按设备实际产量和设备最大可能利用时间计算的设备综合利用指标

$$\frac{\text{设备综合}}{\text{利用率}} = \frac{\text{设备实际产量}}{\text{设备可能利用时间}} \times 100\%$$

该指标反映了设备实际能力和设备时间利用率两因素对设备综合利用的影响。

（五）产品生产能力指标

$$\text{产品生产能力指标} = \text{设备实际能力} \times \frac{\text{设备作业时间}}{\text{设备可能利用时间}}$$
$$= \text{设备实际能力} \times \text{设备时间利用率}$$

从事实物产品制造的企业进行产品的生产活动时，某种产品的生产往往要经过多道生产工序，使用多种生产设备共同完成。产品生产能力指标实际上是考察生产企业生产某种产品的全部设备的综合平衡能力的指标。我们现以工业企业为例说明产品生产能力指标的核算。

1. 工业产品生产能力的概念及计算原则

工业产品生产能力指工业企业生产某种产品的全部设备，在原材料、燃烧供应充分，劳动力配合合理，设备正常运转条件下，可能达到的最大年产量。

计算工业产品生产能力必须遵循以下原则：

第一，将企业生产某种产品的全部生产设备进行综合平衡；

第二，不考虑原材料、燃烧动力的供应，劳动力的配备以及厂外运输等条件的影响；

第三，分产品计算。

2. 工业产品生产能力的计算方法

决定某类设备生产能力的基本因素有 3 个：设备的数量、设备的全年有效工作时间和单项设备生产能力。

（1）设备数量。设备数量是指企业可能使用的最大设备数量，包括企业全部已安装的设备，但不包括不配套的、批准报废的、正在进行基建或技术改造的设备等。

（2）设备全年有效工作时间。设备全年有效工作时间指在全年内设备最大可能运转时间，不包括制度或计划规定的检修时间。

（3）单项设备生产能力。单项设备生产能力指单位设备在单位时间内可能达到的最大产量，也就是设备的理论生产能力。

将上述 3 个基因因素连乘即可计算出某类设备的产品生产能力。

$$\text{某类设备的产品生产能力} = \text{可能使用的设备数量} \times \text{设备全年有效工作时间} \times \text{单项设备生产能力}$$

利用上式计算，得到的是生产某种产品时某种设备的生产能力。将生产该产品各类设备的能力进行综合平衡即可得到生产某种产品的生产能力。

3．工业产品生产能力的主要指标

反映产品生产能力的主要指标有年初生产能力、本年新增生产能力、本年减少的生产能力、年末生产能力、年平均生产能力和产品生产能力利用率。

（1）年初生产能力。年初生产能力指企业在报告年年初生产某种产品的全部设备的最大可能年产量。在生产方向及产品构成没有大的变化的条件下，年初生产能力即为上年年末生产能力。

（2）本年新增生产能力。本年新增生产能力指本年内由于新建投资、技术改造或购入、投入设备等而新增加的产品生产能力。

（3）本年减少的生产能力。本年减少的生产能力指本年内由于设备报废、拆除或调出等原因而减少的产品生产能力。

（4）年末生产能力。年末生产能力指在报告年年末生产某种产品的全部设备的最大可能年产量。年末生产能力可按下式计算：

$$\text{年末生产能力} = \text{年初生产能力} + \text{本年新增生产能力} - \text{本年减少的生产能力}$$

（5）年平均生产能力。年平均生产能力指报告年企业生产能力的一般水平。因为企业设备增加或减少的时间有先有后，因此这些设备参加本年产品生产的时间就有多有少，这会造成一年中企业产品生产能力的波动。为了考察企业产品生产能力的利用情况，我们需要计算年平均生产能力。其计算公式为

$$\text{年平均生产能力} = \text{年初生产能力} + \text{本年新增年平均生产能力} - \text{本年减少年平均生产能力}$$

其中：

$$\text{新增年平均生产能力} = \frac{\sum \left(\text{新增设备的年生产能力} \times \text{自投入生产到年底的日数或月数} \right)}{365 \text{日或} 12 \text{个月}}$$

$$\text{减少年平均生产能力} = \frac{\sum \left(\text{减少设备的年生产能力} \times \text{自减少之日到年底的日数或月数} \right)}{365 \text{日或} 12 \text{个月}}$$

（6）产品生产能力利用率。产品生产能力利用率指年实际产量与年平均生产能力的比率，该指标反映了企业产品生产能力实际被利用的程度。其计算公式为

$$\text{产品生产能力利用率} = \frac{\text{某产品年实际产量}}{\text{年平均生产能力}} \times 100\%$$

该指标受到企业产品生产能力未能充分利用的各种因素的影响，因此对此指标进行更深一步的分析，可以找到影响产品生产能力高低的主要因素，可以为企业挖掘潜力、提高企业产品生产能力的利用率提供依据。

三、企业原材料及能源统计指标

（一）原材料的概念及统计任务

原材料是劳动对象要素的重要构成部分，是经过人类劳动而生产出来的劳动对象。来自采掘工业和农业作为劳动对象的产品一般称为原料，来自加工工业作为劳动对象的产品一般称为材料。构成产品实体的劳动对象称为原料和主要材料；只在产品形成过程中发挥作用，不构成产品实体的劳动对象称为劳动材料。

（二）原材料收支存指标

原材料收支存指标是企业原材料统计的基本指标，它反映了企业原材料的收入、消耗和储备情况，为企业组织原材料供应，分析原材料供应对生产保证程度和原材料利用情况提供了基础数据。

1. 原材料收入量

原材料收入量指企业在报告期内实际收到的、并经过验收后入库的全部原材料数量。它反映企业能够随时动用可供应生产需要的实际收入的原材料数量。

2. 原材料消费量

原材料消费量指企业在报告期内实际消费的原材料数量。它既包括直接用于产品生产的原材料的消耗，也包括与产品生产无直接关系的原材料的消耗，因此该指标反映了企业原材料使用的数量和方向，为企业确定原材料需要量和购进计划提供了依据。原材料消费量的计算应按"谁消费谁统计"的原则进行。

3. 原料拨出量

原材料拨出量指企业在报告期内实际拨出并已办理出库手续的原材料数量，包括拨出加工、调剂拨出、拨出加工改制等。

4. 原材料库存量

原材料库存量指企业在报告期初或期末的实际库存量。该指标反映了企业原材料的储备情况。企业原材料储备过少，会影响企业产品生产活动；原材料储备过多，会占用企业资金，降低资金的使用效率。因此，保持原材料储备的合理水平是企业管理的一项非常重要的内容。

上述 4 个指标存在如下关系：

期初库存量 + 本期收入量 = 本期消费量 + 本期拨出量 ± 盘盈盘亏量 + 期末库存量

（三）原材料消耗、利用指标

1. 原材料消耗量

原材料消耗量指企业产品生产自投料开始到制成成品为止的整个生产过程中所实际消耗的某种原材料数量。它包括本企业生产的合格品、次品、废品的原材料消耗，委托外单位加工而拨出的原材料量，生产过程中发生的不可避免的原材料损失，返修、改制产品发生的原材料消耗，由于管理不善或设备不良而丢损浪费的原材料等。

原材料消耗量与原材料消费量不同。原材料消耗量是以产品为单位进行统计的，原材料消费量则是以企业为单位进行统计的。

2. 原材料利用指标

考核企业原材料利用情况，通常有两类指标：单位产品原材料消耗量和原材料利用率。

单位产品原材料消耗量简称单耗，指生产每单位产品平均实际消耗的原材料数量。该指标反映了某种原材料的实际消费水平，其计算公式为

$$单耗 = \frac{生产某种产品的某种原材料总消耗量}{某种产品的合格产量}$$

原材料利用率是指合格品中包含的原材料数量在原材料总消耗量中所占的比重，即已被利用的原材料与实际消耗的原材料之比。原材料利用率说明原材料被有效利用的程度。其计算公式为

$$原材料利用率 = \frac{合格产品中包含的原材料数量}{生产该产品的原材料总消耗量} \times 100\%$$

原材料利用率和单耗都反映了原材料的使用水平，但二者又有区别：单耗是从消耗角度表明原材料的使用情况，指标越低越好；原材料利用率是从利用角度表明原材料的使用情况，指标越低越好。单耗只能就每种产品分别计算，反映每种产品原材料的消耗水平；原材料利用率可以就不同产品消耗同种原材料的总量来计算，综合反映不同产品对某种原材料的总的利用程度。

（四）能源消费统计指标

能源是指产生各种形式力量（如热能、电能、光能和机械能等）的自然资源和物质资料。自然资源的能源指自然界赋予的能够生产各种形式能量的天然财富，如煤炭、石油、天然气等矿藏资源及水利资源、地热、风能等；物质资料的能源指经过人们开发和利用的能够产生各种形式能量的物质产品，如原煤、原油、焦炭、汽油、电力等。企业能源统计研究的对象主要是属于物质资料的能源。能源在产品制造中，既可充当原料和主要材料也可充当辅助材料。

能源通常采用实物单位计量，如煤炭、原油用吨计量，天然气、煤气按立方米计量，电力按千瓦时计量等。由于各种能源的实物单位不同，因此不同能源的实物量不能直接汇总。为了反映能源消费总量，就需要将各种能源的发热量，按照统一的标准进行折算，从而求出能源的标准实物量。能源标准实物量可以较准确地反映企业能源使用价值总量。

企业能源统计指标分为 2 类：能源消费量指标和能源消耗水平指标。

1. 能源消费量指标

企业计算能源消费量时须注意以下 2 点：①能源消费量在企业内不允许重复计算，在有能源加工转换情况时，只计算购入能源的实际消费量。②企业消费的各种能源均要按实际测试或统一规定的系数计算为标准消费量。企业能源消费量指标包括：能源消费总量、综合能源消费量、能源最终消费量。

（1）能源消费总量。能源消费总量，指企业在报告期内全部生产活动实际消费的各种能源总量。该指标从能源供应角度反映企业范围内实际已消费的能源数量，是企业制定能源供应计划的依据。企业能源消费总量包括三部分内容：企业能源最终消费量、能源加工转换损失量和企业加工转换能源的外售量。

（2）综合能源消费量。综合能源消费量，简称总能耗。它是企业在一定时期内主营生产活动消费的各种能源消费总量。该指标从生产消费角度反映企业在主营生产活动中消费的能源总量，是企业分析能源消耗水平，提高能源消费效益的依据。该指标包括两部分内容：企业主营生产活动的能源最终消费量和企业能源加工转换损失量。

（3）能源最终消费量。能源最终消费量，简称净能耗。它是从企业能源综合消费量中扣除能

源加工转换过程中的损失量之后，再加上企业附营活动最终消费量后得到的企业直接使用的能源数量。该指标可以反映企业能源最终消费的使用方向与使用构成情况，对其研究可以发现提高能源利用效率的途径。

2. 能源消耗水平指标

（1）单位产品单项能耗。单位产品单项能耗，指企业生产某种产品对某种能源的消耗水平。其计算公式为

$$单位产品单项能耗=\frac{该种产品消耗的某种能源的数量}{产品产量}$$

公式的分母为合格品产量，分子为生产该产品的某种能源的全部消耗量。

（2）单位产品综合能耗。单位产品综合能耗，指企业生产的全部产品或某种产品对各种能源消耗的总水平。该指标可以用单位产品产量和单位产值来计算。其计算公式为

$$单位产量综合能耗=\frac{某种产品综合能源消耗总量（标准量）}{某种产品合格品产量}$$

$$单位产值综合能耗=\frac{企业综合能源消耗量（标准量）}{产品产值（万元）}$$

单位产量综合能耗反映了企业生产某种产品消耗各种能源的消耗水平。如果企业生产两种或两种以上的产品，则应分别计算出每一种产品的单位产量综合能耗。

单位产值综合能耗，反映企业生产全部产品消耗各种能源的消耗总水平。这一指标不论生产单一产品或多种产品的企业都可以进行计算。

因为各企业的生产起点不同，因此单位产品综合能耗不适合在不同企业之间进行对比，我们一般只在本企业进行动态对比分析时对其加以使用。

四、企业技术投入统计指标

科学技术是第一生产力，是促进企业发展的关键要素。企业技术投入的规模、结构、强度在很大程度上决定着企业科学技术活动的面貌，影响着企业技术开发、技术改造、技术引进及消化吸收的能力，影响着企业生产经营要素本身的品质及其效能的发挥，并从根本上决定着企业的生产经营状况。因此，企业要保持其继续发展能力，必须不断地进行技术投入。

企业技术投入指企业在生产经营过程中，对其开展的技术开发活动和其他技术活动在人力、物力、财力等要素反面的投入。根据企业技术投入的内容不同，反映企业技术投入的指标有 4 个。

（一）技术开发人员统计指标

1. 技术开发人员统计范围

技术开发人员指企业在报告年内从事技术开发活动的时间占全年工作时间 10%及以上的企业劳动者。它包括直接从事技术开发活动的工程技术人员、管理人员和为技术开发活动提供直接服务的辅助人员，如为技术开发的实施提供直接服务的办事员、秘书、实验厂（场）工人等，不包括仅提供间接服务的人员，如司机、门卫、勤杂人员等。

2. 技术开发人员的分类

为研究企业技术人员的构成情况，我们对企业技术人员可进行以下分类：

（1）按岗位类别划分。企业技术人员可分为工程技术人员、管理人员、工人及其他人员。

（2）按技术类别划分。企业技术人员可分为基础研究人员，应用研究人员、试验发展人员和

其他人员。

（3）按职称类别划分。企业技术人员可划分为高级职称人员、中级职称人员、初级职称人员、未定职称人员和其他人员。

（4）按学历划分。企业技术人员可分为博士及博士后研究生、硕士研究生、大学本科毕业生、大学专科毕业生、中专毕业生、其他人员。

（5）按从事技术开发时间的多少划分。企业技术开发人员可分为全时人员和非全时人员。全时人员指从事技术开发工作的时间占全部工作时间90%及以上的人员；非全时人员指从事技术开发工作的时间占全部工作时间10%及以上但不到90%的人员。

3．企业技术开发人员总量指标

企业技术开发人员总量指企业所拥有的从技术开发工作的人员总数。我们一般采用以下两种方法统计企业技术开发人员总量：

（1）自然人数。根据统计目的的不同，自然人数可分为时点人数和平均人数两种。时点人数指企业在期末或某一时点上实际拥有的技术开发人员总数。平均人数指企业在报告期（年、月、日）内平均每天拥有的技术开发人员总数。企业技术开发人员的自然人数能够反映企业从事技术开发活动人员的规模、结构和变动等情况，但不能确切地反映技术开发人员从事技术开发工作的时间总量。

（2）约当全时人员数。企业从事技术开发的人员，除一部分专职人员外，往往还有一些兼职人员。兼职人员从事的技术开发的时间长短各不相同，因此为了准确地反映技术开发的工作量，有必要将兼职人员按其从事的技术开发工作的时间折合为相当于专职人员的人数。这个折合人数就是约当全时人员数。确切地说，约当全时人员数是以报告期内每个全时技术开发人员制度规定的工作时间为基础，将非全时技术开发人员从事技术开发活动的时间折合为相当全时人员的人数。其计算公式如下：

$$约当全时人员数 = \frac{全部非全时人员从事技术开发工作时间总和}{每个全时人员制度规定的工作时间}$$

或

$$\frac{约当全时}{人员数} = \sum \left(\frac{非全时}{人员数} \times \frac{从事技术开发工作时间}{占全部工作时间的比重} \right)$$

（二）技术开发经费统计指标

技术开发经费是技术开发活动中消耗的各种人力、物力资源的货币表现，它是企业进行技术开发活动的必备条件和制约因素。技术开发经费统计包括经费来源统计和经费支出统计两个部分。

1．技术开发经费来源统计指标

反映技术开发经费来源的统计指标是经费筹集总额，它指的是企业在报告期内为开展技术开发活动，通过各种渠道筹集到的经费总额。它主要由以下几部分组成：

（1）上级拨款。上级拨款指报告期内企业从上级各部门获得的用于技术开发活动的各种款项总和。

（2）专项贷款。专项贷款指报告期内企业从各种渠道获得的专门用于技术开发活动的贷款总额。

（3）本企业自筹。本企业自筹指报告期内企业为进行技术开发工作从企业内部生产经营活动的资金中列支的经费。

（4）接受外单位委托。接受外单位委托指报告期内外单位委托本企业开发的项目所付给的经费即有偿合同款。

（5）其他。指从上述以外的渠道筹集到的技术开发活动经费。

2. 技术开发经费支出统计指标

反映技术开发经费支出的统计指标是经费支出总额。他指的是企业在报告期内用于技术开发活动和其他技术活动实际支出的全部费用，包括内部支出和外部支出。

（1）内部支出。内部支出指报告期内企业用于技术开发活动和其他技术活动实际支出的费用。这部分支出是支出总额的主要部分。内部支出包括经常性费用支出、固定资产购置费和其他技术活动经费支出。经常性费用支出指报告期内企业在技术开发活动中用于支付劳务费、材料费等方面的日常费用，包括技术开发人员劳务费（工资），原材料费，设计、实验、调研费等。固定资产购置指企业在报告期内为技术开发工作所支出的土地、建筑物和使用年限一年以上、单位价值在1 000～2 000元以上的机械、仪器、设备等的购置费。其他技术活动经费支出指企业进行技术改造、技术消化等活动发生的经费支出。

（2）外部支出。外部支出指报告期内企业委托外单位从事技术开发活动而拨给对方的经费和企业进行技术引进而对外支出的经费。

（三）技术开发物质条件统计指标

企业进行技术开发活动除了要有技术开发人员和经费以外,还必须具备一定的物质基础条件,如用于技术开发活动的场所，实验仪器设备，研究所需要的物质材料，科技书刊、杂志、文献等。对技术开发物质条件进行统计，可计算其总量及分类指标。

1. 技术开发用资产总值指标

技术开发用资产总值指标指直接或间接用于技术开发活动的固定资产和流动资产总和。固定资产如实验楼、实验室、试验用的仪器设备等，流动资产如技术开发活动用的原材料、燃料、辅助材料、低值易耗品等。

2. 技术开发用固定资产分类统计

技术开发用固定资产可分为以下几类：①技术开发活动使用的房屋、建筑物；②科学仪器设备；③计算机；④科技图书、期刊、文献。各类固定资产可以按其相应的实物单位分别加以计量。

（四）技术开发成果统计指标

技术开发成果指企业通过技术活动取得的，经过科学技术鉴定或进行鉴别、评议得到的，新型的、有价值的成果。对技术开发成果的统计主要包括科技成果获奖情况统计、科学著述情况统计、获得专利情况统计、新产品统计等。

1. 技术开发成果获奖数量

技术开发成果获奖数量指企业实际取得的技术开发成果在报告期内获得国家级、省部级、地市级奖的数量。它反映企业技术开发成果达到的水平。

2. 科学著述的数量

科学著述的数量指科学论文和科技著作的数量，它们是技术开发活动的直接成果，反映了企业技术开发活动的理论研究水平。

3. 获得专利数量

获得专利数量指企业在报告期内经国家专利局审查批准而获得的发明专利数。它在一定程度上反映了企业技术开发活动的水平。

4. 新产品数量

新产品数量指采用新技术原理、新设计构思而研制生产的全新产品或在结构、材质、工艺等某一方面比老产品有明显改进，从而显著提高了产品性能或扩大了使用功能的产品。

五、企业财务统计指标及计算

企业财务统计指标主要包括资金筹集指标、自己占用指标、成本费用指标等。

（一）企业资金筹集指标

企业进行生产经营活动必须要拥有一定数量的资金。企业资金筹集统计就是反映企业筹集资金的数量、构成、筹集资金的渠道、筹集资金成本等情况。

1. 企业资金分类

根据企业资金来源不同，可以将企业筹集到的资金分为 2 大类，即所有者权益和负债。具体包括资本金、资本公积金、留存收益和企业负债 4 个方面。

（1）资本金。企业资本金指企业在工商行政管理机关登记的注册资金，是企业所有者实际投入企业生产经营活动的财产的货币表现。根据投资主体不同，资本金可分为国家资本金、法人资本金、个人资本金和外商资本金。

（2）资本公积金。资本公积金是所有者权益的组成项目。它是一种资本储备形式，可以按照法定程序转化为资本金。它的来源包括股票溢价、法定资产重估增值、企业接受捐赠等。

（3）留存收益。留存收益也是所有者权益的组成项目。它是企业在生产经营活动中取得的收益，是一种对净收益的积累。它由盈余公积金、公益金、未分配利润构成。

（4）企业负债。企业负债指企业承担的能够以货币计量，并需要以资产或劳务偿付的债务。负债是企业筹集资金的重要方式。企业负债按偿还期限的长短分为流动负债和长期负债：①流动负债指可在一年或一个营业周期内偿还的债务，包括短期借款、应付票据、应付账款、预收货款、应付工资、应交税金、应付利润、其他应付款、预提费用等；②长期负债指偿还期限在一年或超过一年的、一个营业周期以上的债务，包括长期借款、应付债券、长期应付款等。

2. 企业资金成本统计指标

资金成本指企业为筹集和使用资金而付出的代价，包括筹集资金过程中发生的筹集费用和用资过程中支付的报酬。前者如股票、债券的发行费用等；后者如利息、股利等。资金成本通常用相对数表示，即支付的报酬与获得的资金之间的比率。其计算公式为

$$资金成本率=\frac{支付的工资报酬}{筹集资金总额-筹资费用}\times100\%$$

根据不同情况，我们可以计算各种筹资方式的资金成本，如银行借款资金成本率、债券资金成本率、股票资金成本率等，从而为企业核定筹资方案、探讨最佳的筹资结构提供依据。

（二）企业资金占用统计指标

企业将筹集到的资金投入到各项生产经营活动中，形成企业资金的占用，企业资金占用的结果形成企业资产。企业资产是企业拥有或控制的、能以货币计量的经济资源，包括各种财产、债

权和其他权利。企业资金占用形成的资产包括流动资产、固定资产、长期投资、无形投资、递延资产和其他资产。

1. 企业流动资产统计指标

流动资产指一年内或者超过一年的一个经营周期内变现或耗用资产。企业流动资产根据其变现能力不同，可以划分为现金和各种存款、短期存投资、应收及预付款项、存货等；根据其在一个生产周期中表现形态的不同，可以划分为货币资金、生产资金、成品资金，最后随着产品的销售再到货币资金。企业流动资产基本统计指标有流动资产、期末余额和流动资产平均占用额。

（1）企业流动资产期末余额。企业流动资产期末余额指报告期期末各类流动资产以及全部流动资产被占用的总金额。它主要反映企业各类流动资产的总量及构成情况。

（2）企业流动资产平均占用额。企业流动资产平均占用额指一定时期内企业平均每天占用的流动资产总额。该指标反映企业占用流动资金的一般水平，是计算流动资金周转速度指标的基础。其基本公式为

$$流动资产平均占用额 = \frac{报告期每天占用流动资产之和}{报告期日历日数}$$

如果报告期内流动资产变动不大，为了计算简便，可采用下式计算：

$$流动资产平均占用额 = \frac{期初流动资产占用率 + 期末流动资产占用额}{2}$$

2. 企业固定资产统计指标

固定资产是企业为了正常地组织生产经营活动而拥有和使用的劳动资料，如企业拥有的具有一定使用年限和价值的房屋、仓库、机器设备、用具等。企业固定资产具有以下几个特征：

① 在使用过程中始终保持原有实物形态；

② 使用期限较长，一般在一年以上；

③ 单项价值较高，在规定限额以上。

符合以上3个特征的劳动资料就属于企业固定资产。企业固定资产种类繁多，为加强对企业固定资产的管理，可将资产进行合理的分类，以反映企业各类固定资产的数量、构成和使用状况。

（1）固定资产总量指标。统计核算企业固定资产总量，需采用固定资产价值指标，该指标以货币单位计量，能够综合表明企业全部固定资产的价值总量。企业固定资产价值量指标有：固定资产原值、固定资产净值和固定资产重置完全价值。

固定资产原值，指企业购买或建造各种固定资产时，实际支付的金额和以后改建或扩建所追加投资金额的总和。

固定资产净值，指固定资产原值减去固定资产累计折旧额后的净额，即固定资产原值扣除因使用磨损程度而转移到产品成本中去的那部分价值以后预存的价值。该指标可以反映企业固定资产的磨损程度，表明企业固定资产的实有价值。在实际工作中，固定资产净值是企业规划固定资产再生产和安排固定资产更新改造计划的依据。

固定资产重置完全价值，指在现时的生产技术条件下，重新构建同样的固定资产所需要支出的全部金额。该指标比较真实地反映了企业固定资产的现时价值。由于实际计算固定资产重置完全价值比较复杂，所以除在清查财产中确定盘盈固定资产的价值或专题性研究等少数场合外，其应用并不普遍。

（2）企业固定资产的核算方法。为达到不同研究目的的需要，对企业固定资产进行核算可统计企业固定资产期末指标和固定资产平均指标。

企业固定资产期末指标反映企业在报告期期末所拥有的固定资产价值总量。该指标是企业制订生产计划、安排生产任务的依据。

企业固定资产平均指标反映企业在报告期平均拥有的固定资产价值总量。该指标是分析固定资产变动和计算其他经济的基础。其计算公式为

$$固定资产月平均数 = \frac{月初固定资产价值 + 月末固定资产价值}{2}$$

$$固定资产年平均数 = \frac{本年各月固定资产平均数之和}{12}$$

3. 企业长期投资、无形投资、递延投资及其他资产统计

（1）长期投资。长期投资指企业不准备随时变现，持有时间在 1 年以上的有价证券以及超过 1 年的其他投资。它包括以现金、实物、无形资产或者以购买股票债券等有价证券方式，向其他单位进行的投资。

（2）无形资产。无形资产指企业可长期使用的、能取得收益但没有实物形态的资产，包括专利权、商标权、土地使用权、非专利技术、商誉等。

（3）递延资产。递延资产指本期不能一次性计入损益，应当在以后年度内分期摊销的各种费用。它主要包括企业开办费、租入固定资产的改良支出、股票债券发行费用。递延资产均是费用支出，一般按照实际发生的支出金额计量。

（4）其他资产。其他资产包括特准储备物资、银行冻结存款、冻结物资、诉讼中财产等。其他资产一般不参加企业的正常生产经营活动，也不需要进行摊销，因而其他资产统计要与参与生产经营活动的资产分别进行计量。

（三）企业成本费用指标

1. 费用的概念及分类

费用指企业为生产和销售商品、提供劳务等日常活动所发生的各项消耗。费用具有两个特征：①费用最终将会减少企业的资源；②费用最终减少企业的所有者权益。按照费用的经济用途分类，费用可以分为直接材料、直接人工、其他直接费用、制造费用和期间费用。其中，直接材料、直接人工、其他直接费用和制造费用可以按产品归集，构成产品生产成本；期间费用与产品生产不存在明显的因果关系，难以按产品归集，因而须在发生的当期从损益中全额扣除。期间费用包括管理费用、营业费用和财务费用。

2. 企业成本构成内容

根据费用按经济用途划分的结果，凡是以产品作为计算对象所归集和分配的费用，就构成产品成本的内容。其具体内容有：

（1）直接材料。直接材料指企业在生产产品和提供劳务过程中所消耗的，直接用于产品生产，构成产品实体的原料及主要材料、外购半成品、修理用备品、包装物以及有助于产品形成的辅助材料及其他直接材料。

（2）直接人工。直接人工指企业在生产产品和提供劳务过程中，直接从事产品生产的工人工资以及按工人工资总额和规定比例计算提取的职工福利费。

（3）其他直接费用。其他直接费用指企业发生的除直接材料费用和直接人工费用以外的，与生产产品、提供劳务有直接关系的费用。

（4）制造费用。制造费用指企业为生产产品和提供劳务而发生的各项间接费用，包括工资

和福利费、修理费、办公费、水电费、劳动保护费等。制造费用应通过一定的方法分配计入产品成本。

3. 企业成本统计指标

反映企业成本的统计指标主要有总成本和单位成本。

（1）总成本。总成本指企业在报告期生产产品所支付的成本费用总额。该指标可以就一种产品计算，也可以就多种产品计算，因此它反映了一定时期企业产品生产成本的总规模。

（2）单位成本。单位成本指生产单位产品所平均花费的成本费用。该指标反映了企业产品生产成本的一般水平，是考察企业成本变动的主要依据。该指标只能就同种产品来计算，既可以计算某企业生产某产品的单位成本，也可以计算多个企业生产同类产品的平均单位成本。其计算公式为

$$某一产品单位成本 = \frac{该产品生产总成本}{该产品产量}$$

$$\frac{部门平均}{单位成本} = \frac{\sum(各企业生产同类产品的单位成本 \times 各同类产品产量)}{\sum 各企业同类产品产量}$$

企业单位产品成本反映了企业为生产某产品消耗活劳动和物化劳动的消耗水平；部门平均单位成本反映了社会生产该类产品的一般消耗水平。将企业消耗水平与社会一般消耗水平加以对比，可以反映企业与社会一般消耗水平的差距。

第三节　企业经营要素统计分析

本节主要在上节掌握经营要素统计指标的基础上，对其要素变动趋势及其变动原因进行分析：一是将对企业劳动生产率变动及影响因素进行分析；二是对企业员工劳动报酬变动进行分析；三是对原材料利用及技术投入效益进行分析；四是对企业财务状况进行分析。

一、企业劳动生产率统计分析

（一）企业劳动生产率变动分析

企业劳动生产率是企业范围内的一个平均指标，其变动既受到企业各部分劳动生产率高低的影响，又受到各部分劳动者数量所占比重大小的影响，所以对企业劳动生产率变动程度进行分析，既要分析企业劳动生产率的总变动，又要分析各部分因素对企业劳动生产率变动的影响程度。

其分析方法如下：

① 反映企业生产劳动率总变动，可编制劳动生产率可变构成指数；

② 反映各部分劳动生产率的变动对企业劳动生产率变动的影响，编制劳动生产率固定构成指数；

③ 反映各部分劳动者数量所占比重变化对企业劳动生产率的影响，可编制劳动生产率结构变动影响指数。

三个指数的关系如下：

$$\frac{劳动生产率}{可变构成指数} = \frac{劳动生产率}{固定构成指数} \times \frac{劳动生产率结构}{变动影响指数}$$

相对数体系：$\dfrac{\sum q_1 T_1}{\sum T_1} \Big/ \dfrac{\sum q_0 T_0}{\sum T_0} = \left[\dfrac{\sum q_1 T_1}{\sum T_1} \Big/ \dfrac{\sum q_0 T_1}{\sum T_1} \right] \times \left[\dfrac{\sum q_0 T_1}{\sum T_1} \Big/ \dfrac{\sum q_0 T_0}{\sum T_0} \right]$

绝对数体系：$\dfrac{\sum q_1 T_1}{\sum T_1} - \dfrac{\sum q_0 T_0}{\sum T_0} = \left[\dfrac{\sum q_1 T_1}{\sum T_1} - \dfrac{\sum q_0 T_1}{\sum T_1}\right] = \left[\dfrac{\sum q_0 T_1}{\sum T_1} - \dfrac{\sum q_0 T_0}{\sum T_0}\right]$.

式中：q 代表劳动生产率；T 代表职工人数；1 代表报告期；0 代表基期。

（二）企业劳动生产率变动效果分析

企业劳动生产率变动效果分析可包括两个方面：一是在劳动投入量一定的条件下劳动生产率的变动对劳动成果的影响，二是在劳动成果一定的条件下劳动生产率的变动对劳动投入量的影响。

1. 劳动生产率变动对劳动成果的影响

在劳动投入量一定的情况下，劳动生产率的提高会增加劳动成果。根据劳动生产率、劳动成果和劳动投入量的关系，通过下式分析劳动生产率的变动对劳动成果的影响：

$$\text{由于提高劳动生产率而增加的劳动成果} = \left(\text{报告期劳动生产率} - \text{基期劳动生产率}\right) \times \text{报告期劳动力平均人数}$$

2. 劳动生产率的变动对劳动投入量的影响

在劳动成果一定的条件下，劳动生产率的提高，可节约劳动的投入量。根据劳动生产率、劳动成果、劳动投入量的关系，可通过下式分析劳动生产率的变动对劳动投入量的影响：

$$\text{由于提高劳动生产率而节约的劳动力数量} = \dfrac{\text{报告期劳动成果}}{\text{基期劳动生产率}} - \dfrac{\text{报告期劳动成果}}{\text{报告期劳动生产率}}$$

$$= \text{按基期劳动生产率计算的报告期劳动力数量} - \text{报告期实际劳动力数量}$$

例 7.3.1 某企业基期生产甲产品 2 000 件，人均生产 50 件。报告期生产 18 000 件，人均生产 60 件。计算由于提高劳动生产率而节约的劳动力数量。

解：

$$\text{提高劳动生产率而节约的劳动力数量} = \dfrac{18\,000}{50} - \dfrac{18\,000}{60} = 60（人）$$

（三）企业劳动生产率变动的因素分析

企业劳动生产率有多重计算方法，不同计算方法的劳动生产率，其影响因素也不同，通常企业对以下几种劳动生产率的变动进行因素分析。

1. 影响全员劳动生产率的变动因素

企业全员劳动生产率的变动受到企业工人劳动生产率和工人占全部职工比重因素两个因素的影响。这两个因素与全员劳动生产率的关系式为：

全员劳动生产率 = 工人劳动生产率 × 工人占全部职工的比重

根据三者的关系建立的指标体系为：

全员劳动生产率指数 = 工人劳动生产率指数 × 工人占全部职工的比重指数

例 7.3.2 某企业根据有关资料计算各指标如表 7.3.1 所示。

表 7.3.1 　　　　　　　　某企业 2010 年度劳动生产率资料表

指标	基期	报告期	指数
全员劳动生产/万元·人$^{-1}$	2.0	2.254	1.127
工人劳动生产率/万元·人$^{-1}$	2.5	2.800	1.120
工人占全部人员比重/%	80.0	80.500	1.006 3

由上表计算结果可知，该企业 2010 年度全员劳动生产率提高了 12.7%，绝对额增加了 2.254−2.0 = 0.254（万元/人）。全员劳动生产率变动是由于工人劳动生产率变动和工人占全部职工比重变动两因素共同影响的结果。

其中：由于工人劳动生产率的提高，使全员劳动生产率增加了：

（报告期工人劳动生产率−基期工人劳动生产率）× 报告期工人占全部人员比重

$$= （2.8 − 2.5）× 80.5\% = 0.241\ 5（万元/人）$$

由于工人占全部职工比重提高，使全员劳动生产率增加了：

（报告期工人劳动生产率−报告期工人占全部人员比重）× 基期工人劳动生产率

$$= （80.5\% − 80\%）× 2.5 = 0.012\ 5（万元/人）$$

三者之间关系为：2.254/2 = 80.5%/80%，即：

$$1.27 = 1.12 × 1.006\ 3$$
$$2.254 − 2 = 0.241\ 5 + 0.012\ 5$$

即：

$$0.254 = 0.241\ 5 + 0.012\ 5$$

2. 影响工人月劳动生产率变动的因素分析

工人月劳动生产率的变动，受到工人时劳动生产率和工人月平均工作小时数两个因素的影响，三者的关系为：

工人月劳动生产率 = 工人时劳动生产率 × 工人月平均工作小时数

根据关系建立的指数体系为：

工人月劳动生产率指数 = 工人时劳动生产率指数 × 工人月平均工作小时数指数

例 7.3.3　某公司根据有关资料计算各指标如表 7.3.2 所示。

表 7.3.2　　　　　　　　　　　　　　　某公司 2010 年 9 月份有关资料如下表

指标	基期	报告期	指数
工人月劳动生产率/公斤·人$^{-1}$	140	180	1.286
工人时劳动生产率/公斤·工日$^{-1}$	0.8	0.9	1.125
人均工作小时数/2 小时·人$^{-1}$	175	200	1.143

根据上表计算结果可知，该企业工人月劳动生产率报告期比基期增长了 33.33%，绝对额增加了 180−140 = 40（公斤/人）。工人月劳动生产率的提高是由于人时劳动生产率的提高和人均工作小时数的提高这两个因素共同影响的结果。

其中：由于时劳动生产率的提高对工人月劳动生产率的影响为：

(报告期时劳动生产率−基期时劳动生产率)× 报告期人均工作小时数

$$= （0.9 − 0.8）× 200 = 20（公斤/人）$$

由于人均工作小时数的增加对工人月劳动生产率的影响为：

（报告期人均工作小时数−基期人均工作小时数）× 基期工人时劳动生产率

$$= （200 − 175）× 0.8 = 20（公斤/人）$$

三者之间关系式为：

$$1.286 = 1.125 × 1.143$$
$$40（公斤/人）= 20（公斤/人）+ 20（公斤/人）$$

3. 技术装备及其利用情况对企业劳动生产率的影响分析

企业劳动者技术准备程度的提高和固定资产利用程度的提高，都可以有效提高劳动生产率。劳动者技术装备程度和固定资产利用程度与劳动生产率的关系为：

劳动生产率 = 劳动者技术装备程度 × 固定资产利用率

其中：

$$固定资产利用率 = \frac{产量（产值）}{固定资产平均原值}$$

依据关系式建立指数体系：

$$劳动生产率指数 = 劳动者技术装备程度指数 \times 固定资产利用率指数$$

例 7.3.4　某企业根据有关资料计算有关指标如表 7.3.3 所示。

表 7.3.3　　　　　　　　　　　某企业劳动生产率情况表

指标	基期	报告期	指数/%
全员劳动生产率/元·人$^{-1}$	520	750	1.442 3
劳动者技术装备程度/百元·人$^{-1}$	40	50	1.250 0
固定资产利用率/元·百元$^{-1}$	13	15	1.153 6

根据上表资料，对该企业全员劳动生产率的变动分析如下：

该企业全员劳动生产率指数为 144.23%，报告期比基期增长了 44.23%，绝对额增加了 750−520 = 230（元/人），这一变化是固定资产装备程度提高和固定资产利用率提高两个因素共同影响的结果。

其中：由于劳动者技术装备程度提高使全员劳动生产率增加了：

（报告期固定资产装备程度−基期固定资产装备程度）× 基期固定资产利用率

$$= （50 - 40） \times 13 = 130（元/人）$$

由于企业固定资产利用程度的提高使全员劳动生产率增加了：

（报告期固定资产利用率−基期固定资产利用率）× 报告期技术装备程度

$$= （15 - 13） \times 50 = 100（元/人）$$

三者关系为：

$$1.442\ 3 = 1.25 \times 115.36$$
$$750 - 520 = 130 + 100$$

即：

$$230 = 130 + 100（元人）$$

二、企业劳动报酬统计分析

（一）企业工资总额变动分析

企业工资总额的变动情况可通过计算工资总额指数来分析。工资总额指数是两个不同时期工资总额对比的结果。其计算公式为

$$工资总额指数 = \frac{报告期工资总额}{基期工资总额}$$

企业工资总额的变动受到企业劳动者数量和工资水平变动两个因素的影响。分析企业工资总额的变动情况，就要分别分析这两个因素的变动对工资总额的影响程度。

工资总额与平均工资和劳动者人数之间的关系为：

$$工资总额 = 平均工资 \times 劳动者人数$$

根据此关系式建立指数体系：

$$工资总额指数 = 平均工资指数 \times 劳动者人数指数$$

利用此指数体系对工资总额的变动进行因素分析：

相对数体系：$\dfrac{\sum \bar{x}_1 f_1}{\sum \bar{x}_0 f_0} = \dfrac{\sum \bar{x}_1 f_1}{\sum \bar{x}_0 f_1} \times \dfrac{\sum \bar{x}_0 f_1}{\sum \bar{x}_0 f_0}$

绝对数体系：$\sum \bar{x}_1 f_0 - \sum \bar{x}_0 f_0 = \left(\sum \bar{x}_1 f_0 - \sum \bar{x}_0 f_1 \right) + \left(\sum \bar{x}_0 f_1 - \sum \bar{x}_0 f_0 \right)$

式中：$\bar{x}$ 表示各类人员的平均工资；f 表示各类人员的人数；1 表示报告期；0 表示基期。

（二）企业平均工资变动分析

企业劳动者平均工资的变动情况，可通过计算平均工资指数来加以分析。平均工资指数是两个不同时期平均工资对比的结果。其计算公式为

$$平均工资指数 = \frac{报告期平均工资}{基期平均工资}$$

该指数反映了企业劳动者工资水平的一般变化情况。由于企业全部劳动者工资水平的变化受到两个因素的影响，即企业各类人员工资水平的变动和工资水平不同的各类人员所占比重的变动，因此为了分析这两个因素的变动对企业劳动者工资总水平变动的影响程度，就需要建立指数体系来进行因素分析。

平均工资指数体系为：

平均工资可变动构成指数 = 平均工作固定构成指数 × 平均工资结构变动影响指数

（三）实际工资变动分析

实际工资指消除了消费品和服务价格变动影响后的工资水平，或者说是企业劳动者通过货币工资实际能够购买到的消费品和服务的数量。其计算公式为

$$实际工资 = \frac{报告期平均工资（货币工资）}{生活费指数}$$

实际工资的变动是用实际工资指数来反映的。其计算公式为：

$$实际工资指数 = \frac{报告期实际工资}{基期实际工资} \times 100\%$$

或

$$实际工资指数 = \frac{货币工资指数}{生活费指数} \times 100\%$$

因此，实际工资的变动受到劳动者货币工资的变动和生活费价格变动两个因素的影响。货币工资的增长与实际工资的增长成正比关系，生活费价格的增长与实际工资的增长成反比关系，只有当货币工资的增长快于生活费价格的增长，或货币工资不变，而生活费价格指数下降时，才能引起劳动者实际工资水平的提高。

例 7.3.5 某年某市职工货币工资指数为 110%，同期职工生活费指数为 106%，则有：

$$职工实际工资指数 = \frac{110\%}{105\%} \times 100\%$$

这说明该市职工工资水平在消除了生活费价格变动以后，实际增长了 4.07%

（四）平均工资增长与劳动生产率增长关系的分析

平均工资是反映劳动者收入水平的指标，劳动生产率是反映企业劳动者在一定时期内劳动效率高低的指标。一般来讲，劳动者劳动效率的提高，可以降低企业成本，为企业带来更大的利润。

同时，劳动者因为创造了更多的利润，所以就应该得到更多的劳动报酬，否则会影响到劳动者的积极性。这时，就涉及劳动者工资的增长与劳动生产率的增长的关系问题。如果工资的增长超过了劳动生产率的增长，则企业不仅不能降低成本，反而会增加成本，减少利润。所以，平均工资增长与劳动生产率增长之间的对比关系分析，就是要反映平均工资与劳动生产率的增长是否相适应的问题。反映二者间的关系，可计算工资相对增长系数指标。其计算公式为

$$工资相对增长系数=\frac{平均工资指数}{劳动生产率指数}$$

上式中，系数为1，表明二者同步变动；系数小于1，表明劳动生产率的增长大于工资的增长，企业在提高劳动生产率的同时，相对节约了工资成本，增加了利润；系数大于1，表明工资的增长超过了劳动生产率的增长，说明企业劳动生产率虽然提高了，但没有节约工资费用，反而增加了工资成本，减少了利润。

若劳动生产率用"人均产值"表示，则工资相对增长系数实质上反映的是人均产值工资费用率的变动情况。系数大于100%，人均产值工资费用率上升，工资成本增加，利润下降；反之，人均产值工资费用率下降，工资成本减少，利润增加。

例 7.3.6 某企业的职工工资和劳动生产率资料如表 7.3.4 所示。

表 7.3.4　　　　　　　　　　某企业相关指标情况表

指标	基期	报告期	指数/%
年平均工资/元	1 520	1 672	110
年劳动生产率/元·人$^{-1}$	20 160	24 192	120

根据表 7.3.4 资料计算工资相对增长系数：

$$工资相对增长系数=\frac{110\%}{120\%}\times100\%=91.67\%$$

计算结果表明，人均产值工资费用率报告期比基期下降了8.33%（91.67%-100%）。由于人均产值工资费用率降低而相对节约的工资费用额为：

$$人均工资费用降低额 = 报告期平均工资-基期平均工资\times劳动生产率指标$$
$$=1\,672-1\,520\times120\% = -152（元）$$

三、企业原材料利用情况统计分析

分析企业原材料利用情况有两种方法，一是将实际单耗与消耗定额进行对比，检查定额的执行情况；二是将本期实际单耗与上期实际单耗进行对比，反映单耗的变动情况。

（一）原材料消耗定额执行情况的检查

原材料消耗定额是指在一定的生产技术条件下，生产单位产品或完成单位工作量所必需消耗的原材料数量的标准。对其执行情况进行检查，可以反映企业原材料的使用情况。具体检查方法分为三种情况。

1. 一种产品消耗一种原材料的定额执行情况的检查

此种情况可用某种产品消耗某种原材料的实际单耗与消耗定额进行对比，反映定额的执行情况。其计算公式为

$$\frac{一种产品消耗一种}{原材料的定额完成程度}=\frac{实际单耗（m_1）}{消耗定额（m_n）}\times100\%$$

$$单位产品原材料节约（或超支）数量 = m_1 - m_n$$
$$全部产品原材料节约（或超支）数量 = (m_1 - m_n)q_1$$

式中，q_1 为报告期产品产量。

2. 多种产品消耗一种原材料的定额执行情况的检查

此种情况可用各种产品产量作为同度量因素，采用综合指数的形式进行检查。其计算公式为：

$$多种产品消耗一种原材料的定额完成程度 = \frac{\sum m_1 q_1}{\sum m_n q_1} \times 100\%$$

3. 一种产品消耗多种原材料的定额执行情况的检查

此种情况可用原材料价格作为同度量因素，采用综合指数的形式进行检查。其计算公式为：

$$某种产品消耗多种原材料的定额完成程度 = \frac{\sum m_1 p_n}{\sum m_n p_n} \times 100\%$$

$$原材料节约（或超支）数量 = \sum m_1 p_n - \sum m_n p_n$$

式中，p_n 为计划价格。

例 7.3.7　某企业生产 A 产品消耗甲、乙两种材料，有关资料如表 3.7.5 所示。

表 7.3.5　　　　　　　　　　　　　　某企业材料消耗情况表

材料名称	消耗定额/件·公斤$^{-1}$	实际单耗/件·公斤$^{-1}$	材料计划价格/公斤·元$^{-1}$
甲	10	9	6
乙	15	12	10

则该企业生产 A 产品原材料消耗定额完成程度为：

$$材料消耗定额完成程度 = \frac{9 \times 6 + 12 \times 10}{10 \times 6 + 15 \times 10} = 82.86\%$$

（二）原材料消耗变动情况分析

分析原材料消耗的变动情况，可编制原材料单耗指数。与检查原材料消耗定额执行情况一样，通过编制原材料单耗指数，反映原材料消耗的变动情况也分三种情况：

① 一种产品消耗一种原材料变动情况分析；

② 多种产品消耗一种原材料变动情况分析；

③ 一种产品消耗多种原材料变动情况分析。

各种情况分析时采用的公式形式也与检查定额执行情况的一样，只不过将公式中的消耗定额 m_n 改为基期实际单耗 m_0，将价格 p_n 改为基期价格 p_0 即可。

四、企业技术投入效益分析

（一）企业技术投入使企业劳动生产率提高的经济效益分析

提高企业劳动效率是企业进行技术投入的目的之一。采用新技术后劳动生产率提高带来的经济效益可通过两种方法衡量：①用劳动生产率提高后增加的劳动成果衡量；②用劳动生产率提高后节约的劳动力数量衡量。集体分析方法与本节前面讲到的"企业劳动生产率变动效果分析"方法相同。

（二）企业技术投入使原材料节约产生的经济效益分析

降低原材料消耗是企业进行技术投入的又一目的。企业采用新技术、新工艺后对原材料的节约可用下面的方法分析：

$$技术投入节约的原材料数量 = （m_1 - m_n）\times q_1$$

式中：m_1 代表采用新技术后的单耗；m_n 代表采用新技术前的单耗；q_1 代表采用新技术后的产量。

（三）企业技术投入使产品质量提高产生的经济效益分析

企业采用新技术、新工艺可以使产品质量得到提高，产品质量的提高无疑可以提高企业的经济效益。技术投入使产品质量提高，主要表现为企业产品合格率的提高。产品合格率提高产生的经济效益可通过采用新技术、新工艺前后的产品合格率对比分析。分析方法如下：

$$\begin{matrix} 因产品合格率 \\ 提高增加的产量 \end{matrix} = \left(\begin{matrix} 采用新技术 \\ 后的合格率 \end{matrix} - \begin{matrix} 原合 \\ 格率 \end{matrix} \right) \times \begin{matrix} 报告期 \\ 产量 \end{matrix}$$

五、企业财务状况统计分析

（一）企业资产短期偿债能力分析

短期偿债能力指企业用流动资产偿还流动负债的现金保障程度。对企业短期偿债能力加以分析的主要指标包括：流动比率和速动比率。

1. 流动比率

流动比率是企业流动资产与流动负债的比值，它是反映企业短期偿债能力的核心指标。其内涵是企业每 1 元流动负债有多少元流动资产做保障。它的计算公式为

$$流动比率 = \frac{流动资产}{流动负债}$$

一般来讲，流动比率越高，说明企业每 1 元流动负债的保障程度越高，企业短期偿债能力越强。但我们在具体应用时需要分析流动比率指标的质量。如果流动比率较高，但其质量比较差，就会影响到企业短期偿债能力。对流动比率指标质量分析主要是计算流动资产中的存货周转率和应收账款周转率，如果这两个指标周转率较好，说明企业流动比率指标质量较好。

2. 速动比率

速动比率是从企业流动资产中扣除存货后，再与流动负债进行对比得到的结果。因为存货在企业流动资产中流动性最差，因此将其扣除后计算的速动比率，可以更准确地表明企业流动资产的变现能力。其计算公式为

$$速动比率 = \frac{流动资产 - 存货}{流动负债}$$

对企业资产短期偿债能力进行分析时，将本企业报告期的流动比率、速动比率与同业、本企业历史、预算指标加以比较，可以反映本企业报告期企业资产短期偿债能力在同行业中所处的水平、变化情况及预算指标的完成情况。

（二）企业资产周转率分析

企业资产周转率计量了企业使用资产的强度，反映了企业资产的利用情况。其基本计算公

式为：

$$资产周转率=\frac{销售收入}{资产}$$

该指标可以就企业全部资产或各类资产来计算，分别反映企业总资产和各类资产的利用情况。下面主要介绍企业流动资产及其主要构成项目的周转率指标。

1. 企业流动资产周转率分析

流动资产周转率反映了企业流动资产参与企业活动过程的周转速度。根据流动资产的特性，周转速度越快，其利用效果就越好，企业获利就越多。流动资产周转率的计算公式为

$$流动资金周转率（次）=\frac{报告期产品销售收入总额}{报告期流动资金平均占用额}$$

流动资产周转次数反映了企业在报告期内一定数量的流动资产参加企业生产经营过程循环的次数。显然，流动资金在报告期内周转次数越多，流动资金周转速度越快。因此，周转次数是反映流动资金周转速度的正指标。

与此相联系的是流动资产周转天数。其计算公式为

$$流动资金周转天数=\frac{报告期日历日数}{报告期流动资金周转次数}$$

流动资金周转天数反映了企业报告期内一定数量的流动资产循环一次所用的时间。显然，流动资金周转一次所用的天数越多，流动资金周转速度越慢。周转天数是反映流动资金周转速度的逆指标。

提高流动资产的周转率，是提高企业经济效益的重要途径。流动资产周转率的高低，受到流动资产构成的影响，因此分析流动资金周转率时需要对各种形态的流动资产的占用情况进行分析。

2. 企业应收账款周转率分析

应收账款周转率是销售收入与应收账款平均余额的比值。该指标反映了企业应收账款回收的一般速度。在实际应用中，我们应注意对应收账款周转率过低或过高的现象加以分析。

应收账款周转率过低，可能是由于企业赊账期限过长，或收款力度不够，或消费者没有能力支付等原因造成的；应收账款周转率过高，可能是由于企业严格的赊销政策或不愿意赊销等原因造成的。应收账款周转率的计算公式为

$$应收账款周转率（次）=\frac{企业销售收入}{应收账款余额}$$

与该指标相联系的是应收账款周转天数，其计算公式为

$$应收账款周转天数=\frac{报告期日历日数}{报告期周转次数}$$

应收账款周转天数反映了企业应收账款周转一次所用的时间。时间越短，应收账款周转速度越快。

3. 企业存货周转率分析

企业存货周转率是反映企业存货运用效率的指标，它与企业的获利能力直接相关。一定时期内企业存货周转率越高，企业存货的变现能力越强，资产流动性越强，则企业盈利能力越强。存货周转率有两种计算方法：①以成本为基础的存货周转率，主要用于流动性分析；②以收入为基础的存货周转率，主要用于盈利性分析。其计算公式为

$$存货周转率=\frac{主营业务成本}{存货平均净额}$$

或

$$存货周转率=\frac{主营业务收入}{存货平均净额}$$

（三）企业资产产出率分析

在企业资产规模一定的情况下，产出越多，则企业对资产的利用效果越好。因此，提高企业资产的产出率，有利于节约基建投资，降低产品成本。反映企业资产产出率的主要指标有每百元固定资产产值和每百元产值占用的固定资产。

1. 每百元固定资产产值率

每百元固定资产产值率的计算公式为

$$每百元固定资产产值率=\frac{全年企业固定值（增加值）（元）}{企业资产平均占用额（百元）}$$

该指标反映了每百元固定资产贡献的产值，指标数越大，说明固定资产利用效果越好。

2. 每百元产值占用的固定资产

每百元产值占用的固定资产原值的计算公式为

$$每百元产值占用的固定资产原值=\frac{企业固定资产平均占用额（元）}{全年企业总产值（增加值）（百元）}$$

该指标反映了企业创造每百元产值所需要占用的固定资产，指标数值越小，说明固定资产利用效果越好。

本 章 小 结

本章主要介绍企业经营要素统计内容、统计指标的种类，计算方法以及如何进行统计分析。

1. 企业经营要素统计含义是指对企业所拥有的经营资源及经营手段在经营过程所发挥的效率，从数量方面进行描述、评价、分析、决策与控制等管理活动。

2. 企业经营统计内容有：①劳动力资源统计，即劳动力数量、素质统计、劳动时间统计、劳动效率和劳动报酬统计；②劳动资料统计，即设备、厂房、建筑物等固定资产数量统计，构成统计、利用效率统计以及生产能力统计；③劳动对象统计，主要包括原材料、能源等被加工对象数量统计、消耗利用统计、能源消费统计。

3. 企业经营要素统计指标及其体系共 5 个类别：

① 劳动力要素指标及体系；

② 劳动资料要素指标及其体系；

③ 劳动对象要素指标及其体系；

④ 技术投入指标及其体系；

⑤ 企业财务指标及其体系。

4. 企业经营要素统计分析方法：结构分析法、动态分析法和因素分析法。

实　务　题

一、思考题

1. 什么是企业经营要素统计？
2. 企业经营要素统计有哪些统计指标及体系？
3. 企业经营要素统计分析有哪些方法？
4. 企业生产设备数量利用指标有哪些具体指标？
5. 什么是产品生产能力指标？工业产品生产能力有哪些主要指标？

二、选择题

（一）单选题

1. 下列属于企业经营要素统计内容的是（　　　）
   A. 企业经营成果
   B. 企业经营环境
   C. 企业经营活动
   D. 企业经营中劳动资料要素和劳动对象要素
2. 下列指标属于企业劳动力统计指标的是（　　　）。
   A. 劳动生产率
   B. 实际使用设备数量
   C. 设备综合利用率
   D. 原材料利用率
3. 下列指标中不属于能源消费指标的是（　　　）。
   A. 单位产量综合消耗
   B. 能源最终消费量
   C. 产品生产能力利用率
   D. 单位产值综合消耗
4. 企业流动资产平均占用额是反映（　　　）。
   A. 资金筹集指标
   B. 企业流动资产统计指标
   C. 技术开发成果指标
   D. 原材料消耗指标
5. 下列计算格式正确的是（　　　）。
   A. 工资相对增长系数＝平均工资指数/劳动生产率指标
   B. 工资相对增长系数＝平均工资额/劳动生产率
   C. 工资相对增长系数＝1＋货币工资/实际工资
   D. 工资相对增长系数＝货币工资/实际工资－1

（二）多项选择题

1. 下列属于企业经营要素的是（　　　）。
   A. 经营环境　　B. 自然资源　　C. 生产资料
   D. 劳动手段　　E. 生产技术　　F. 人力资源
2. 经营要素统计分析方法常有（　　　）。
   A. 结构分析法　　B. 动态分析法　　C. 因素分析
   D. 指标分析法　　E. 抽样估计法
3. 劳动时间利用指标有（　　　）。
   A. 出勤率　　B. 出勤时间利用率　C. 制度时间利率

  C. 能源利用率   E. 工资报酬变动率

 4. 下列公式正确的有（ ）。

  A. 工资总额指数 = 报告期工资总额/基期工资总额

  B. 工资总额 = 平均工资指数 × 劳动者人数

  C. 工资总额指数 = 平均工资指数 × 劳动人数指数

  D. 实际工资指数 = 货币工资指数/生活费指数 × 100%

  E. 工资相对增长系数 = 平均工资指数/劳动生产率指数

 5. 下列指标中反映企业短期偿债能力强弱的有（ ）。

  A. 资产负债比率 B. 流动比率   C. 速动比率

  D. 权益乘数   E. 存货周转率

三、判断题

 1. 劳动生产率是劳动者在一定时期内完成生产经营成果数量与相应的劳动消耗量的比率。

（ ）

 2. 企业劳动报酬主要用工资总额表示。   （ ）

 3. 实际设备安装率等于已安装设备完好率、实有设备利用率、完好设备利用率的连乘之积。

（ ）

 4. 产品生产能力指标受设备实际能力和设备可能利用时间两因素影响。 （ ）

 5. 能源最后消费量简称净能耗，对该指标研究可以发现提高能源利用率的途径。（ ）

 6. 反映企业技术投入的指标有技术开发人员统计指标、技术开发经费指标、技术开发物质条件统计指标三类。

 7. 企业财务统计指标可分为企业资金筹集指标、企业资金占用统计指标。 （ ）

 8. 分析企业劳动生产率变动效果，可利用因素分析法，从劳动生产率变动对劳动成果影响以及劳动生产率变动对劳动投入量的影响进行分析。   （ ）

 9. 企业经营要素包括劳动力、劳动资料、劳动对象。   （ ）

 10. 企业经营要素统计分析方法有结构分析法、动态分析法和因素分析法。 （ ）

四、计算题

 1. 某公司 8 月份平均每月生产工人数为 300 人，该月份公休假日为 8 天，每天制度工作日为 8 小时。该月缺勤工时数为 750 小时，停工工时数为 200 工时，非生产工时数为 300 小时。试计算该公司该月的时间利用指标。

 2. 某企业生产 B 产品需要消耗甲、乙两种材料有关资料如表 1 所示：

表 1   某企业材料消耗情况表

材料名称	消耗总额/件·公斤$^{-1}$	实际单耗/件·公斤$^{-1}$	单价/元·斤$^{-1}$
甲	10	9.5	6
乙	15	12.5	10

 计算该企业生产 A 产品原材料消耗定额完成程度指标。

五、综合题

 某企业生产 A 产品需要消耗甲种材料，有关材料的消耗定额、单价及其 A 产品变动资料如表 2 所示。

表 2　　　　　　　　　　　　　A 产品消耗材料定额及单价资料

项目	计划	实际
产量/件	100	120
材料单耗/公斤·件$^{-1}$	10	9
材料单价/元·公斤$^{-1}$	6	8
材料消耗费用/元	6 000	8 640

要求：通过因素分析法分析材料消耗费用变动的原因。

第八章
企业经营成果统计

【学习目的与要求】
通过本章学习，了解经营成果内容，理解企业经营成果的特征，重点掌握企业产品实物量指标的计算原则，能够应用多种统计方法对企业经营成果进行统计分析。

【导读】
胸中有"数"，就是说，对情况和问题一定要注意到它们的数量方面，要有基本的数量分析。任何质量都表现为一定的数量，没有数量也就没有质量。我们有许多同志至今不懂得注意事物的数量方面，不懂得注意基本的统计、主要的百分比，不懂得注意决定事物质量的数量界限，一切都是胸中无"数"，结果就不能不犯错误。

（资料来源：毛泽东，《党委会的工作方法》，《毛泽东选集》第4卷，第1 380～1 381页）

第一节　企业经营成果统计的意义

一、企业经营成果概述

企业经营成果是指一定时期内企业生产经营活动所创造的有效劳动成果的总和。企业统计一般从实物量和价值量两个方面反映企业经营成果。

（一）企业经营成果的实物量

企业经营的实物量可以归纳为实物产品和服务产品的数量、品种和质量3个方面。社会对企业、对产品使用的基本要求，是企业生产的产品数量多、品种全、质量好。这3者是辩证统一的，不可偏颇。

（二）企业经营成果的价值量

企业经营成果的价值量一般从生产经营的总产出、净产出、纯收益3个层次加以说明。指标包括总产值、增加值、销售产值、销售收入、营业收入、利润和税金等。

（1）总产值是指在一定时期内生产的以货币表现的全部产品和劳务的总量。它包含反映物质产品生产总量的总产值和反映劳务总量的劳务总值。

（2）增加值是以货币表现的一定时期内社会最终产品和劳务的价值。

（3）销售产值是以货币表现的企业在一定时期销售的本企业生产的产品和劳务的总量。

（4）销售收入是指企业在一定时期内出售的产品和劳务的销售收入。

（5）利润是企业的销售收入扣除销售成本、销售税金后的余额。

（6）税金是国家用法律形式规定，按照一定的税率向企业征收的一种纯收入。

二、企业经营成果统计的意义

（1）企业经营成果统计可以向企业内部管理者提供企业生产经营活动产出的各种总体信息。

（2）企业经营成果统计可以反映生产成果的各项指标的变动情况和计划完成情况，考察各种经济资源的利用效果，挖掘增加产量，提高经济效益的潜力。

（3）企业经营统计反映企业产品销售情况及经营成果的综合信息。

第二节　企业经营成果统计指标

一、企业产品实物量统计指标

(一) 企业产品实物量统计的意义

企业产品实物量即企业产品产量，它是以实物单位来计量企业产品的数量。所谓实物单位是指符合企业物理化学性能及外部特征，并在一定程度上体现产品使用价值的计量单位。如钢铁、煤炭用"吨"表示称为自然单位与度量衡单位。有些产品用一种计量单位不能确切地反映其使用价值，需要同时用两种或两种以上的计量单位表示，这种计量单位称之为复合单位（或双重单位）。

产品实物量统计具有以下重要的经济意义：

① 反映国家经济实力和经济发展水平；

② 是编制各类平衡表的主要依据；

③ 是经济统计分析指标的计算基础。

(二) 企业产品实物量指标的计算原则

其原则为：

（1）质量原则。计入企业产品实物量的产品，必须符合规定的质量标准或是订货合同规定的技术标准。计入产品实物量的必须是合格品。

（2）入库原则。计入产品实物量的产品，必须是已入库或已办理了入库手续的产品产量。未入库或未办理入库手续的产品，不能计入产品产量。

（3）时限原则。为了准确地计算产品实物量，必须严格确定一个时间界限。计入产品实物量的，必须是报告期内的产量。

(三) 企业产品实物量产量指标

企业产品实物量的表示方法有两种，即混合量指标和折合量（标准量）指标。

混合实物量指把各种产品名称相同、用途相同，但规格、含量不同的产品数量直接加总而得到的产量。

采用混合量指标，计算比较简单，但比较粗略，只能概括地说明某些同类产品的总量。

计算标准实物量时，主要采取以下步骤：

① 确定标准产品；

② 确定各种不同规格、含量的产品与标准产品的折合系数；

③ 把各种产品的产量乘以相应的折合系数；

④ 进行加总，得到该类产品的标准实物量。

$$折合系数 = \frac{产品的实际规格或含量}{标准产品的规格或含量}$$

$$标准实物量 = \sum（实物产量 \times 折合系数）$$

表 8.2.1 所示为产品标准量折合示例。

表 8.2.1   产品标准量折合

产品名称	产量/吨	有效成分含量（含氮量）/%	折合标准量
硝酸铵	1 160	34	394.4
碳酸氢钠	1 500	18	270
尿素	3 900	46	1 794
氨水	200	15	30
合计	6 760	—	2 488.4

（四）企业产品实物量品种指标

企业产品品种统计的基本指标介绍如下。

（1）企业产品品种数。企业产品品种数指企业在报告期内投产的品种数量，不包括企业试制的品种。

（2）品种计划完成情况指标。反映企业产品品种计划完成情况的指标具体包括：品种数计划完成率和品种计划完成程度。

品种数计划完成率，是报告期完成计划产量的品种数与计划品种数的比率。其计算公式为：

$$品种数计划完成率 = \frac{报告期完成产量计划的品种数}{报告期计划品种数} \times 100\%$$

在品种数计划完成率中，只要是没有完成产量计划的品种均不计入完成计划品种数中，但未完成产量计划的品种，其完成产量计划的程度可以相差很大，比如完成产量计划的 95% 和 10%。这种差别，在品种数计划完成率的指标中考虑是不够的，所以，有必要用品种计划完成程度加以补充。

品种计划完成程度的计算公式如下：

$$\frac{品种计划}{完成程度} = \frac{\sum（计划期内各品种完成产量半划百分比）}{计划内产品品种数} \times 100\%$$

$$\frac{品种计划}{完成程度} = \frac{计划内品种实际产量（产值）之和}{计划内品种计划产量（产值）之和} \times 100\%$$

两个公式的分子都采取"不抵补原则"加总，即超额完成计划的，超计划部分不能计入，不能以超补亏，最多按 100% 计算。

例 8.2.1 某公司所属企业生产情况如表 8.2.2 和表 8.2.3 所示。试根据表中资料计算品种计划完成率和品种计划完成程度。

表 8.2.2　　　　　　　　　　　　　　计划完成程度表

产品品种名称	产量/台		价格/元
	计划	实际	
甲	1 000	950	4 000
乙	2 000	2 000	6 000
丙	512	500	5 000
丁		200	3 000

表 8.2.3　　　　　　　　　　　　　　计划完成程度表

产品品种名	产量/台		价格/元	总产值/万元		
	计划	实际		计划	实际	完成品种计划
甲	1 000	950	4 000	400	380	380
乙	2 000	2 000	6 000	1 200	1 200	1 200
丙	512	500	5 000	256	250	250
丁		200	3 000		60	
合计				1 856	1 890	1 830

根据上述资料计算：

全部品种数计划完成率 = 1/3 × 100% = 33.33%

全部品种产量计划完成情况 = 1 830/1 856 × 100% = 98.6%

（五）企业产品质量统计指标

产品质量统计指标包括两个方面的内容，其一是产品质量统计指标，其二是工作或经营质量统计指标。

产品质量统计指标具有多种表现形式，常用的有产品平均技术性能指标、产品质量分指标和产品等级指标。

工作或经营质量统计指标包括产品合格率、废品率和返修率。

例 8.2.2 某电视机厂生产 34 英寸电视，定期对产品质量进行抽查，抽查比率为 1%。抽取结果如表 8.2.4 所示。

表 8.2.4　　　　　　　　　某电视机厂产品质量抽查表

时间	抽样数/台	样本号	寿命/小时
一季度	1	A	4 800
二季度	2	B，C	4 900，5 000
三季度	2	D，E	5 100，4 900
四季度	1	F	5 200

要求：计算该厂本年生产的 34 英寸电视机的平均寿命。

解：

电视机平均寿命 = 抽中电视机寿命之和/抽中电视机台数

= （4 800 + 4 900 + 5 000 + 5 100 + 4 900 + 5 200）/（1 + 2+2 + 1）= 4 983.3（小时/台）

二、价值量统计指标

（一）企业经营成果价值量统计的意义

企业经营成果价值量也称企业产出价值量，指以货币表现的企业在一定时期内市场经营成果的数量。

企业经营成果价值量统计在企业经营管理与经济分析中具有以下重要意义：

（1）价值量指标是企业在一定时期内生产经营管理活动有效成果的综合反映。由于商品的计量单位和使用价值不同，生产企业的不同实物产品或提供的不同服务无法直接相加汇总，而按价格计算价值量指标，可以获得企业生产经营活动成果的总量，综合考察生产经营活动成果的总规模、总水平。

（2）价值量指标是企业进行各种统计分析和经营管理的重要依据。企业考核经济效益，评级生产经营状况，研究经营过程的各种结果和比例关系，进行各种专题分析，以及对企业生产经营活动及成果进行预测、决策、控制和管理，都要使用一系列的价值指标。因而，价值量指标是对企业生产经营活动成果进行统计分析和经营管理的依据。

企业经营成果价值量主要用总产出、增加值、利润等指标表示。企业的各种价值量指标有两种：一是以机构单位为核算范围，即一般说的以整个企业为单位进行核算；二是以基层单位为核算范围。

（二）企业经营成果的核算价格

核算企业的产值指标一般采用两种价格形式，即现行价格和可比价格。

1. 现行价格

现行价格也称实际价格，指报告期产品的实际销售价格。报告期的产品销售价格前后有变动，或同一种产品在同一时期有几种销售价格的，应分别按不同价格计算总产值，如生产完成时还不能确定按哪一种价格销售，可按报告期实际平均销售价格计算。实际销售价格是指产品销售时的实际出厂价格。工业总产值中有些项目，如自制设备、提供本企业基本建设和生产福利部门的产品和工业性作业等，没有出厂价格，可以把它们的实际成本作为现行价格。

2. 可比价格

可比价格也称固定价格，指在计算不同时期的产值指标时，采用同一时期或同一时点的价格。这种不变价格计算的总产值指标，可以消除价格变动因素的影响，便于对不同时期进行历史对比，以观察国民经济的发展情况。

按可比价格计算总量指标有两种方法：一种是直接用产品产量和某一年的不变价格相乘来计算；另一种是用价格指数进行缩减。

（三）企业产出总量指标

企业生产经营活动产出总量指标主要有总产出、销售收入总额等。

1. 企业总产出

企业总产出是指一个企业在一定时期内创造出的所有货物或服务的价值，是企业在该时期内生产活动的总成果，既包括新增价值，也包括转移价值。企业总产出一般按生产者价格计算。其内容具体包括本期生产的已出售和可供出售的货物和服务、在建工程及自产自用消费品和固定资产价值。

从产出的使用方向不同，总产出可分为市场产出、非市场产出和为自己最终使用的产出。

市场产出是指在市场上按有经济意义的价格出售或以其他方式处置的产出。有经济意义的价格是指对生产者志愿提供的产品数量和购买者希望购买的数量有显著影响的价格。

非市场产出是指为住户服务的非营利机构或政府机构和个人或公共服务部门，以免费或按没有经济意义的低价提供给其他经济单位或全社会的产出。

为自己最终使用的产出是指生产该产出的企业所有者留作自身最终使用的货物或服务。

从价值构成角度分析，总产出包括生产过程中生产要素最初投入的价值、对货物与服务的中间消耗的价值、生产税净额的价值几部分。

生产要素最初投入的价值主要是指企业最初投入的生产因素，包括土地、劳动、资本和管理。在市场经济条件下，这些投入生产的要素，都要从总产出中分得本要素在生产中形成的价值，即要素收入。要素收入一般表现为地租、工资、利息和利润。

对货物与服务的中间消耗的价值包括两部分内容，一是生产对固定资产的消耗，二是生产对中间产品的消耗。固定资产消耗表现为固定资产的折旧，中间消耗是指生产工程中生产对原材料、服务等的一次性完全消耗。这两种消耗都是生产对物化劳动的消耗，是货物或服务的价值向总产出的转移，即一般说的转移价值，但两者在转移过程和形态上都有很大不同。固定资产单位价值比较大，在较长时间内可供企业生产使用，而实物形态在使用中基本保持不变，其价值量是以折旧的形式逐次、逐批的转移到产出中去的；而对中间产品的消耗是生产过程中生产活动使中间产品的物理或化学性质一次性发生变化，该部分中间产品仅在一次生产过程中发挥作用，另一生产过程又需要重新投入中间产品。所以，中间产品是一次投入、一次消耗的，而固定资产消耗是一次投入、多次消耗的。

生产税净额是指生产税减去生产补贴后的余额。生产税是政府对企业在生产、销售和消费环节所征收的税，即对企业生产、销售和从事经营活动以及因生产活动使用某些生产要素所征收的各种税，主要包括销售税、增值税、营业税等。生产补贴是政府对低于市场价格出售商品的企业给予的补偿，是政府对生产单位的单方面转移，可视为负生产税，现阶段主要包括政策亏损补贴、粮食系统补贴、外贸企业出口退税等。生产税是为了将产品按要素收入价值转换为按市场价格计算的商品价值的一个加项，而补贴的作用正好相反，是由要素收入价格转换为市场价格的一个减项，从市场价格要素收入构成分析，可以将其视为政府为企业提供服务所获得的报酬。

不同行业企业其总产出的计算方法不同，下面简要介绍主要行业企业总产出的计算方法。

（1）企业工业总产出

企业工业总产出是企业在一定时期内工业生产的最终有效成果的价值总和。工业企业总产出采用"工厂法"计算。所谓"工厂法"就是以工业企业作为一个整体，按企业工业生产活动的最终成果来计算，企业内部不允许重复计算。在社会再生产过程中，一个企业的产成品可能是另一个企业的原材料。作为产成品，其价格已计入本企业的产出，而作为原材料，其价值在另一企业的生产过程中发生转移，构成该企业产品价值的一部分，计入总产出。所以，在全社会范围内，这部分价值将被重复计算。

计算时应遵循以下原则：一是计算对象必须是本企业工业活动成果，其他施工建筑、农林栽培等活动成果都不能计入；二是必须是本企业工业生产的最终成果，本期内在本企业内不再进一步被加工；三是必须是本期内工业生产活动成果，以前各期生产成果不能计入。

企业工业总产出包括成品价值、工业性作业价值、自制半成品及在制品期末期初差额价值。

其计算公式为：

$$工业总产出 = 成品价值 + 自制半成品期末期初差额价值 + 工业性作业价格$$

成品价值是指本企业在报告期内已完成全部生产过程，经检验合格并已包装入库，或已办理入库手续的产成品价值。成品价值具体包括以下内容：企业自备原材料生产的已经销售或准备销售的成品价值。用订货者来料加工生产的已经销售或准备销售的成品价值。已经销售或准备销售的半成品价值。企业生产的提供本企业基本建设部门、其他非工业部门和生产福利部门等单位使用的成品价值。企业自制设备的价值。

自制半成品、在制品期末期初差额价值：企业自制的半成品、在制品期初结存价值是上期生产成果，其价值已经计入上期总产出，但在本期对其继续加工后，成为产成品或期末半成品，其价格包含在产品价值中，为不重复计算，应将其扣除。期末减期初得到自制半成品、在制品本期生产的价值。

工业性作业价值是指企业在报告期内完成的以生产性劳动形式表现出来的产品价值。工业性作业价值一般按加工费计算，即不包括被修理、加工产品的价值，但包括在加工过程中被耗用的材料和零件的价值。

工业总产出按报告期实际销售价格计算，没有出厂价格的按成本计算。

按"工厂法"计算的企业总产出具有以下特点：①总产出指标是企业全部工业产品的总价值，包括物质消耗转移价值和新创造价值。因而，总产出受物质消耗转移价值大小的影响。②总产出指标是按企业最终产品计算的，企业生产起点的变化，不会引起企业最终产品的变化，因而总产出不会受到企业生产起点变化的影响。③总产出指标不允许在企业内部重复计算，但允许在企业之间重复计算。所以，总产出指标受企业组织结构变化的影响。

企业工业总产出的特点，决定了企业工业总产出的指标的作用：

① 总产出指标可大致反映企业生产经营的总规模和总水平；

② 可以反映企业之间的技术经济联系；

③ 可以为计算气压指标提供依据。

（2）其他产业总产出

农林渔牧业企业总产出采用产品法计算，即按农产品产量乘以单位产品价值的方法计算。

建筑业企业产出有两种计算方法：一是从施工企业和自营建设单位的建筑生产活动角度计算总产出；二是从建筑产品所有方的建筑工程造价角度计算总产出。一般以第二种方法为主。

交通运输仓储和邮政业务企业总产出按其营业收入计算。

批发和零售企业总产出按其商业附加费计算，即按商品销售收入净额减去商品销售成本来计算。

住宿和餐饮企业的总产出按其营业收入计算。

银行业企业总产出等于金融媒介服务活动的虚拟服务收入加上实际服务费收入。虚拟服务费收入等于利息收入减去利息支出的差额，再减去银行利用自有资金获得的利息收入。实际服务费收入包括手续费收入和其他业务收入。

$$银行企业中产出 = 虚拟服务费收入 + 实际服务费收入$$
$$=各项利息收入-各项利息支出 + 手续费收入 + 信托业务收入 + 融资租赁业务收入$$
$$+ 外汇业务收入 + 咨询业务收入 + 投资分红收入$$

其他服务业企业总产出计算分两种情况：一是盈利性单位，其总产出一般按企业实际的营业收入总额计算；二是非盈利性单位，其总产出一般按业务活动支出额计算，业务活动支出额包括经常性业务支出和虚拟折旧。

2. 营业收入

营业收入是指企业生产经营活动中由于销售商品、产品或提供劳务而取得的收入。工业收入可分为主营业务收入和其他业务收入。主营业务收入是指在企业中占主要地位的生产经营活动所取得的收入，如工业企业销售工业产品所取得的收入。其他业务收入是指主营业务以外的经营活动所取得的收入，如工业企业提供非工业性劳务、出租固定资产等经营活动取得的收入。企业主营业务收入和其他业务收入是以某种业务收入占全部营业收入的比重及该种业务的经常性来加以划分的。一般来说，其他业务收入在全部营业收入中所占比重较小，且十分不稳定。

不同行业的企业主营业务收入内容是不相同的。工业企业的主营业务收入主要是指企业销售工业性产品、提供工业性劳务等所取得的收入。工业企业销售收入是已经实现的工业品价值的货币表现，是工业企业生产经营成果的综合反映。商品流通企业的主营业务收入是指商品的销售收入，包括自购自销商品的销售收入、接受其他单位委托代销商品的销售收入以及代购代销的手续费收入。建筑业企业营业收入是指工程结算收入。交通运输企业营业收入是指营运业务收入。

其他业务收入是指企业附带经营的业务所取得的收入，如工业企业由于出售材料、转让技术、出租固定资产、出租包装物等获得的收入。

企业营业收入是企业取得资金的主要渠道。

（四）企业增加值

企业增加值指一定时期内企业在生产产品中增加的价值，价值构成为 $C_1 + V + M$。企业在报告期内以货币形式表现的本企业生产活动的最终成果，是企业全部生产活动的最终成果扣除了在生产过程中消耗和转换的物质产品和劳务价值后的余额，是企业生产过程中新创造的价值。企业增加值的计算方法主要有生产法和收入法。

1. 生产法

生产法是从生产角度计算的增加值的一种方法，是从总产出中扣除中间消耗的余额，体现了增加值的形成过程。其公式为：

$$增加值 = 总产出 - 中间消耗$$

中间消耗，又称中间投入，是指在生产过程中作为投入所消耗的非耐用性货物和服务的价值，其内容具体包括生产者在生产经营过程中所消耗的原料、材料、燃料、动力等货物，以及运输、邮电、仓储、修理、金融、保险、广告等服务。计算中间投入应遵循两条原则：一是中间投入要和总产出的口径范围一致；二是中间投入必须是本期投入，并一次性消耗的货物和服务。

例 8.2.3 某厂有关生产资料如下，根据资料采用"生产法"计算工业增加值。

（1）报告期生产成品价值 250 万元。

（2）自制半成品、在制品差额成本 5 万元。

（3）本期消耗的物质资料和支付的服务费用具体项目如下。

① 为生产产品消耗外购材料 90 万元，外购燃料 30 万元，外购动力 20 万元，消耗本厂生产的半成品 5 万元。

② 各生产车间在生产产品过程中支付取暖费、水电费、办公费、劳动保护费、租赁费等 1 万元。

③ 本期为销售产品支付广告费 0.7 万元，差旅费 0.2 万元，销售佣金 0.3 万元，展览费 0.8 万元。

④ 本期为研究开发新产品支出 0.8 万元，尚未开发成功。

⑤ 本期一台生产设备报废，价值 1 万元。

⑥ 因没有按合同规定准时交货，而支出违约金 0.6 万元。

⑦ 本期需分摊的低值易耗品，价值共 0.7 万元。

⑧ 本期发生的利息净支出 1.5 万元。

解：

$$增加值 = 总产出 - 中间投入（消耗）= 255 - 145.8 = 109.2（万元）$$

$$总产出 = 250 + 5 = 255（万元）$$

$$中间投入（消耗）=（90 + 30 + 20）+ 1 +（0.7 + 0.2 + 0.3 + 0.8）+ 0.6 + 0.7 + 1.5$$
$$= 145.8（万元）$$

2. 收入法

收入法也称分配法，从生产过程形成收入的角度，对常住单位的生产活动成果进行核算。国民经济各产业部门收入法增加值由劳动者报酬、生产税净额、固定资产折旧和营业盈余四个部分组成。计算公式为：

$$增加值 = 劳动者报酬 + 生产税净额 + 固定资产折旧 + 营业盈余$$

例 8.2.4 某企业 2010 年各项生产经营活动中支付的劳动报酬为 3 000 万元，固定资产折旧为 2 000 万元，向政府缴纳的生产税净额为 400 万元，企业盈利为 4 000 万元。则该企业：

$$2010 年增加值 = 3 000 + 2 000 + 400 + 4 000 = 9 400（万元）$$

（五）企业利润指标

利润是企业在一定时期内生产经营活动的最终成果。企业生产经营活动的主要目标就是不断提高盈利水平、增强获利能力、取得最大限度的合法利润。企业利润指标主要有利润总额、营业利润、净利润等。

1. 主营业务利润

主营业务利润是指企业从事某种主要生产、经营活动所产生的利润。不同行业的企业其主营业务利润也各不相同。对于工业企业来讲，其主营业务利润就是产品销售利润。

产品销售利润是指企业销售产品和提供劳务等主要经营活动所产生的利润。其计算公式如下：

$$产品销售利润 = 产品销售收入 - 产品销售成本 - 产品销售费用 - 产品销售税金及附加$$

式中产品销售收入是指产品销售净收入，即产品销售收入扣除销售退回、折让、折扣后的净额。产品销售成本是指企业生产产品或提供劳务所发生的物化劳务和必要的活劳动的货币支出。产品销售税金及附加是指企业销售产品、提供劳务等活动应负担的销售税、营业税、城市维护建设税、资源税和教育附加等。

2. 营业利润

营业利润是指企业从事生产经营活动所产生的利润。它包括主营业务利润和其他业务利润。其计算公式如下：

$$营业利润 = 产品销售利润 + 其他业务利润 - 管理费用 - 财务费用$$

其他业务支出是指企业从事其他业务活动时发生的业务成本、费用和相关税金等的支出。

3. 利润总额

利润总额是指企业在生产经营过程中各项收入扣除各项消耗后的盈余，反映企业在一定时期内实现的盈亏总额。它包括营业利润、投资净收益和营业外收支净额等。其计算公式如下：

利润总额＝营业利润＋投资净收益＋营业外收支净额＋补贴收入

投资净收益是指企业对外投资所获得的利润、股利和利息等投资收入扣除损失后的余额。

营业外收支净额是指营业外收入减去营业外支出后的差额。营业外收入和营业外支出是指企业生产经营活动没有直接关系的各项收入和支出。

补贴收入是指企业按规定应获取的政策性亏损补贴和其他补贴。

4. 净利润

净利润是指企业在一定时期内所取得的所有税后净收益，是真正属于投资者所有，能够用于弥补亏损、提取盈余公积及向投资者支付股利的利润。其计算公式为：

净利润＝利润总额－所得税

第三节　企业经营成果统计分析

一、企业产品统计分析

（一）产品产量统计分析

产品产量统计分析主要包括产量计划完成情况分析、产量增减变动分析及变动因素分析。产量统计分析可以从实物量角度展开，在企业同时生产多种不同类产品时，也需要从价值量角度展开分析。

企业生产一种产品和同类型产品时，对产品产量的分析可以用实物量指标分析，主要分析计划完成情况、未完成计划对企业的影响。

例 8.3.1　某企业各车间生产同一类产品，生产情况如表 8.3.1 所示。

表 8.3.1　　　　　　　　　　某企业产品资料

车间	2011 年				计划完成程度/%	2010 年实际产量/件	2011 年比 2010 年增长率/%
	计划		实际				
	产量/件	比重/%	产量/件	比重/%			
一	500	29	520	31	104	440	13.64
二	400	24	410	24	102.5	360	11.11
三	800	47	747	45	93.34	720	10
合计	1 700	100	1 677	100	98.65	1 520	11.84

由上表可以看出，该企业总体上没有完成产品产量计划。尽管第一、二车间分别超额完成计划的 4% 和 2.5%，但第三车间仅完成计划的 93.34%，并且第三车间所占比重最大，其计划产量和实际产量分别占到计划总产量和实际总产量的 47% 和 45%，第三车间少完成 1% 对全企业的影响相当于第一车间少完成 1.6%、第二车间少完成 2%，可以说，第三车间少完成计划的 6.6%，将第一、二车间超额完成的 4% 和 2.5% 全部抵消了还有剩余。所以，造成全企业没有完成计划，仅完成计划的 98.65%，相当于全企业少完成计划的 1.35%，使企业少生产产品 23 件。如果第三车间也能完成计划，全企业的计划完成情况指标将达到 101.76%，能够超额完成生产 30 件。

从实际产量比上年增长情况看，第一车间增加 60 件，第二、三车间分别增加 40 件、80 件，但从增加速度来看，第一、二车间分别为 13.64%、11.11%，而第三车间仅为 10%，分别比第一、第二车间低 3.64%、1.11%，使得全企业产品实际产量仅比上年增长 11.84%，如果第三车间也完成计划，全企业产量增长速度将达到 13.82%，增产 210 件。

具体分析第三车间没有完成计划的原因，需进一步调查详细情况。若一种产品需要多个车间合作按工序完成，则需分析产品生产的均衡性。

在企业同时生产多种不同类型的产品时，产品实物量无法直接相加，需用到价值量指标分析，如总产出、增加值、销售产值等指标。

例 8.3.2　某企业产品生产情况如表 8.3.2 所示。

表 8.3.2　　　　　　　　　　　　企业产出情况表

指标	上年实际产量	本年实际产量	本年实际				
			产量	比计划增减	完成计划/%	比上年增减	比上年增减/%
总产出/万元可比价	1 000	1 200	1 500	300	125	500	50
销售产量/万元	1 200	1 500	1 600	100	106.67	400	33.33
增加值/万元	500	600	800	200	133.33	300	60
甲产品/万件	10	12	15	3	125	5	50
乙产品/万台	12	15	15	0	100	3	25
丙产品/辆	600	600	540	−60	90	−60	−10
丁产品/个	—	—	100				

注：资料数据来源于纪宏主编的《企业统计》

由表 8.3.2 可以看出，从价值量角度分析，总产出、销售产值和增加值均完成了计划，但程度不同。其原因在于各指标计价标准不完全相同，经济含义也有所不同。总产出是以货币形式表现的企业在一定时期内所生产的产品总量，反映了企业生产活动的总成果，包括企业生产的全部产品价值，不仅包括企业本期产成品的价值，而且还包括半成品、在产品期末期初差额的价值，以及订货者来料加工的产品的价值。销售产值是以货币表现的企业在一定时期内所生产的，并可以作为商品出售的产品总价值量，不包括企业在产品、半成品期初期末的差额价值以及订货者来料的价值。所以，当企业在产品、半成品期初期末差额较大时，总产出与销售产值就会出现较大的差别。就本例来讲，本年实际总产出比本年销售产值少 100 万元，说明企业本期在产品和半成品存货在减少，这种减少是否正常或是否有利，还需要进一步调查分析。

从增加值角度看，超额完成计划 33.33%，是 3 个价值量指标中最高的。增加值是企业生产活动中增加到产品中的价值，与总产出、销售产值不同，它不包括生产中转移的原材料等价值，也不包括对非物质生产部门劳务的支付，仅包括企业范围内新创造的价值和固定资产折旧的价值。从本例数据看，计划增加值占计划总产出的比重为 50%，实际占到 53.33%，这说明企业中间消耗的比重在减小，而新创造价值或折旧的比重在增加，这些一定可以从计划完成情况指标环比增长速度指标中可以发现。

从主要产品实物量指标分析，甲产品不但完成了计划，与上年相比还有较大幅度增长，产量超额完成计划 25%，增产达 50%。乙产品恰好完成计划，与上年相比有一定的增加。而丙产品不但没有完成计划，而且与上年相比还减少了 10% 的产量。

为了正确评价企业产品产量的变动，需对产品变动的原因进行具体分析，查明产量变动对企业的影响是有利还是不利，进而采取相应措施。

影响企业产品产量变动的因素是多种多样的，既有企业内部原因也有外部如市场、价格等原因，既有生产技术、设备工艺方面的，也有人员素质的投入劳动量方面的等。

例 8.3.3　上述企业生产的进一步资料如表 8.3.3 所示。

表 8.3.3　　　　　　　　　　　　　　　劳动生产率及工人人数

车间	计划			实际		
	人均产量/件·人$^{-1}$	工人人数/人	产量/件	人均产量/件·人$^{-1}$	工人人数/人	产量/件
一	40	30	1 200	32	38	1 216
二	30	35	1 050	23	50	1 150
三	60	26	1 560	66	21	1 386
合计	41.8	91	3 810	34.4	109	3 752

由表 8.3.3 可以发现，第一、二车间完成计划的主要原因是工人人数的增加，而不是生产效率的提高。第一车间工人人数由计划的 30 人变成实际的 38 人，增加了 8 人，人数超计划 26%，而生产效率却降低了，如果工人人数不增加，第一车间产量仅为 960 件，不可能完成计划。第二车间工人人数由计划的 35 人增加到实际的 50 人，增加了 15 人，超计划 42%。若工人人数不增加，第二车间产量仅为 805 件。而第三车间生产效率实际比计划提高了 6 件，如果工人人数不减少，实际产量将达到 1 716 件，超额完成计划，但由于工人人数减少 5 人，造成该车间没有完成计划。如果第一、第二车间也能像第三车间一样将生产效率提高，计划完成程度将提高。

对全企业产品产量计划完成情况分析可以通过指数因素分析法展开讨论。我们用"p"表示生产效率，即人均产量，用"q"表示工人人数，用"0"表示计划，用"1"表示实际，则有：

$$产品产量总指数\sum\frac{p_1 q_1}{p_0 q_0}=\frac{1\,216+1\,150+1\,386}{1\,200+1\,050+1\,560}=\frac{3\,752}{3\,810}=98.48\%$$

$$\sum p_1 q_1-\sum p_0 q_0=3\,752-3\,810=-58(件)$$

$$工人人数总指数\sum\frac{p_0 q_1}{p_0 q_0}=\frac{1\,520+1\,500+1\,260}{3\,810}=\frac{4\,280}{3\,810}=112.34\%$$

$$\sum p_0 q_1-\sum p_0 q_0=4\,280-3\,810=470(件)$$

$$生产效率总指数\sum\frac{p_1 q_1}{p_0 q_1}=\frac{3\,752}{4\,280}=87.66\%$$

$$\sum p_1 q_1-\sum p_0 q_1=3\,752-4\,280=-528(件)$$

计算结果表明：从企业整体上看，影响企业产品产量的直接因素有劳动生产效率和工人人数。工人人数实际比计划增加了 18 人，使得产品产量增长 12.34%，增加 470 件；工人劳动生产率由计划的 41.8 件/人降低到实际的 34.4 件/人，减少 528 件。两因素共同作用，使得全企业产品计划完成情况达到 98.48%，比计划少生产 58 件产品。

不同的产品具有不同的生产成本和生产价格，不同的品种构成会形成不同的产品产出。产品品种构成是指各种产品的产量在全部产出中的比重。

例 8.3.4　某企业生产产品实物量、总产出及工时消耗情况如表 8.3.4 所示。

表 8.3.4　　　　　　　　　　　　某企业生产资料

产品名称	实物量			产品总产出				增加值			
	计划/件	实际/件	计划完成/%	产品单价/元	计划/件	实际/件	计划完成/%	单位产品增加值/元	计划/件	实际/件	计划完成/%
甲	3 000	2 700	90	4	12 000	10 800	90	2	6 000	5 400	90
乙	1 500	1 500	100	5	7 500	7 500	100	3	4 500	4 500	100
丙	2 250	2 550	113	6	13 500	15 300	113	1.2	2 700	3 060	113
丁		1 650		8		13 200		0.8		1 320	
合计					33 000	46 800	102		13 200	14 280	98

由表 8.3.4 资料可以看出，从实物量分析，甲产品没有完成计划，乙产品刚好完成计划，丙产品超额完成计划，并生产了计划外丁产品。因该企业生产的产品为不同类产品，不能直接计算综合计划完成程度指标。

从总产出指标与增加值指标分析，各种产品总产出完成计划情况、增加值计划完成情况与相应产品实物量完成计划情况一致，但全企业总产出计划完成情况指标为 102%，而全企业增加值计划完成情况仅为 98%，相差很远。究其原因是计划产品品种结构与实际生产不一致，由于不同产品实物量不能直接汇总，我们不能直接得到个产品实物量的比重，但可以实物量的计划完成情况分析各产品在总体中的分量变动情况。甲产品计划完成情况为 90%，没有完成计划，丙产品超额完成计划，并增加了计划外丁产品，这表明甲、乙产品实际比重低于计划比重，而丙、丁产品实际比重高于计划比重。而单位产品价值甲、乙产品较低，丙、丁产品较高，相当于企业降低了单位价值低的产品数量而增加了单位价值高的产品数量，从而使得企业总产出超额完成计划，超计划 42%。增加值情况与总产出相反，甲产品单位产品增加值为 2 元，乙产品为 3 元，都高于丙产品和丁产品的 1.2 元和 0.8 元，企业降低了单位增加值高的产品的比重，而提高了单位增加值低的产品的比重，使得全企业的增加值计划完成情况不如总产出完成情况好，仅完成计划的 98%。

（二）企业产品质量分析

产品质量分析包括各种质量指标的核算，也包括产品质量对总产出、利润等的影响分析。

例 8.3.5　某企业 A 产品质量情况如表 8.3.5 所示。

表 8.3.5　　　　　　　　　　　某企业 A 产品资料

等级	折合率	2009 年		2010 年		不变价格/元	总产出/元	
		产量/件	比重/%	产量/件	比重/%		2009 年	2010 年
一等	1.00	700	70	850	85	10	7 000	8 500
二等	0.80	200	20	100	10	8	1 600	800
三等	0.60	100	10	50	5	6	600	300
合计		1 000	100	1 000	100		9 200	9 600

由上表数据可见，在该企业合格品数量和单位价格不变的情况下，产品质量发生变化会造成总产出的变化。一等品率由 2009 年的 70% 提高到 2010 年的 85%，二等品率由 20% 降低为 10%，三等品率由 10% 降为 5%，产品平均等级由 1.4% 降为 1.2%，产品等级系数由 0.92 上升为 0.96，这说明该企业本年度产品质量比 2009 年有明显提高。由于产品质量提高，企业总产出由 2009 年

的 9 200 元上升到 2010 年的 9 600 元，提高 4.35%。

产品质量还可以通过产品平均单价来反映。在市场经济条件下，产品按质论价，质量高的产品售价也高，质量低的产品售价也低，产品质量的提高会给企业带来较高的平均价格，从而增加企业销售收入。如例 8.3.5 中一等品销售率为 95%，二等品销售率为 85%，三等品销售率为 75%。则 A 产品 2009 年和 2010 年的平均销售价格为：

2009 年平均销售价格

＝（700 × 0.95 × 10 + 200 × 0.85 × 8 + 100 × 0.75 × 6）/(700 × 0.95 + 200 × 0.85 + 100 × 0.75)

＝ 9.30(元/件)

2010 年平均销售价格

＝（850 × 0.95 × 10 + 100 × 0.85 × 8 + 50 × 0.75 × 6）/（850 × 0.95 + 100 × 0.85 + 50 × 0.75）

＝ 9.66（元/件）

计算表明，由于产品质量提高该企业 2010 年产品平均销售单价由 9.301 4 元/件提高到 9.66 元/件，仅此一项就使得该企业销售收入增加 334.1 元。由资料也可以看出，质量提高也增加了企业产品的销售率，产销率由 2009 年的 91% 提高到 2010 年的 93%，由此增加销售收入 185.9 元。

产品质量分析还可以将实际情况与计划指标、历史最好指标、同行业平均指标对比说明本企业产品质量水平。

二、企业总产出、增加值分析

企业产出受到产品结构、产品价格等因素的影响，我们分析时可从这些方面来考察企业总产出、增加值完成情况及其原因。

（一）计划完成情况分析

例 8.3.6　某企业产出完成情况如表 8.3.6 所示。

表 8.3.6　　　　　　　　　　　　企业生产消耗情况

产品名称	产量（件）		中间消耗		单价/（元·件）	
	计划	实际	计划	实际	计划	实际
甲产品	2 000	2 200	80 000	86 000	55	60
乙产品	1 900	1 900	60 000	61 000	45	40
丙产品	3 000	2 600	100 000	95 000	65	65
合计	6 900	6 700	240 000	242 000		

由上表数据可以整理出该企业总产出、增加值资料如表 8.3.7 所示。

表 8.3.7　　　　　　　　　　　　各产品价值量完成情况

产品名称	总产出			增加值		
	计划	实际	完成计划/%	计划	实际	完成计划/%
甲产品	110 000	132 000	120	30 000	46 000	153.33
乙产品	85 500	76 000	88.88	25 500	15 000	58.82
丙产品	195 000	169 000	86.66	95 000	74 000	77.89
合计	390 500	377 000	96.54	150 500	135 000	89.70

由计算结果表明，该企业总产出和增加值均未完成计划。就总产出而言，未完成计划的原因从产出角度分析有两个方面，一是产品产量，二是产品单价。从产品产量角度看，三种产品中甲产品超额完成 10%，乙产品刚好完成计划，而丙产品未完成计划，仅完成计划的 87%。应用指数因素分析法可以计算出产品产量的影响使企业总产出减少 15 000 元，降幅达 3.84%。

从产品价格方面看，虽然三种产品价格变动方向不同，但从总体上讲价格有所上升，由此带来总产出增加 150 元，升幅为 0.4%。两因素共同作用使得企业总产出比计划少完成 13 500 元，仅完成计划的 96.54%，其主要原因是丙产品产量降幅太大，仅此一项就减少总产出 26 000 元。

就增加值而言，它除受到产品产量和价格影响外还受到中间消耗的影响。从甲产品看，中间消耗占总产出的比重计划为 73%，实际为 65%，这说明甲产品在生产中降低了原材料等的消耗，使甲产品的增加值增长 10 000 元；从乙产品看，中间消耗占总产出的比重由计划的 70%提高到实际的 80%，造成乙产品增加值减少 7 667 元，这说明乙产品在生产中消耗有所增加；从丙产品看，中间消耗占总产出的比重计划为 51%，实际为 56%，也有所提高，由此使得增加值减少 8 333 元。所以仅中间消耗的变动就使得增加值减少 6 000 元。

（二）增加值构成分析

从分配法角度看，增加值包括固定资产折旧、劳动者报酬、生产税净额和营业盈余，反映了生产过程中创造的增加值在各生产要素之间进行的直接分配。

例 8.3.8　某企业增加值历年构成情况如表 8.3.8 所示。

表 8.3.8　　　　　　　　　　企业增加值历年构成情况

年份/年	增加值/万元	固定资产折旧/万元	劳动者报酬/万元	生产税净额/万元	营业盈余/万元
1985	147 788.3	9 442	41 513.2	22 986.4	73 846.7
1986	156 103.3	17 922	49 597.9	22 831.1	65 752.3
1987	160 755.9	19 646	56 558.1	23 993.1	60 558.7
1988	185 231.9	20 789	69 193	23 688.1	71 561.8
1989	179 035.7	23 135	83 038.6	37 358.1	35 504
1990	182 831.7	26 931	97 216.2	38 349.3	20 335.2
1991	228 838	29 238.5	105 814.5	43 113.8	50 671.2
1992	310 289.1	31 871	148 137.9	47 746.6	82 533.6
1993	405 793	38 419	214 757.7	65 881.8	86 734.5
1994	455 369	45 785	287 920.8	121 047.1	6 16.1
1995	546 390.5	84 325	329 526.5	146 732.2	−14193.2

注：资料来源摘自张小平《增加值核算与分析》

在增加值包括的 4 个项目中，劳动者报酬反映劳动者个人所得的部分，生产税净额是政府所得的部分，而固定资产折旧和营业盈余是企业所得的部分，因此，增加值因分配主体不同分为 3 部分，反映不同分配主体对增加值分配份额的变动情况。依据表 8.3.8 整理可得表 8.3.9。

表 8.3.9　　　　　　　　　　　　　　企业增加值历年构成情况

年份/年	总量/万元				比重/%			
	政府所得	企业所得	个人所得	合计	政府所得	企业所得	个人所得	合计
1985	22 986.4	83 288.7	41 513.2	147 788.3	15.56	56.35	28.09	100
1986	22 831.1	83 674.3	49 597.9	156 103.3	14.63	53.6	31.77	100
1987	23 993.1	80 204.7	56 558.1	160 755.9	14.93	49.89	35.18	100
1988	23 688.1	92 350.8	69 193	185 231.9	12.79	49.86	37.35	100
1989	37 358.1	58 639	83 038.6	179 035.7	20.87	32.75	46.38	100
1990	38 349.3	47 266.2	97 216.2	182 831.7	20.98	25.85	53.17	100
1991	43 113.8	79 909.7	105 814.5	228 838	18.84	34.92	46.24	100
1992	47 746.6	114 404.6	148 137.9	310 289.1	15.39	36.87	47.74	100
1993	65 881.8	125 153.5	214 757.7	405 793	16.24	30.84	52.92	100
1994	121 047.1	46 401.1	287 920.8	455 369	26.58	10.19	63.23	100

从分析数据可以看出，政府、个人和企业三个收入主体收入总量增长不均衡。政府所得平均每年增长 20.37%，企业所得平均每年增长-1.7%，个人所得平均每年增长 23.02%，而整个企业增加值平均每年增长 13.97%。可见在增加值分配主体中个人所得增长最快，高于增加值增长速度近 10 个百分点，政府所得增速也较快，而企业所得不增反降，年均下降 1.7 个百分点。

从 3 个收入主体占增加值的比重变化情况看，个人所得比重持续上升，1995 年的比重达到 1985 年的 2 倍多，政府所得比重虽有波动，但总体上呈现出上升趋势，这也体现出我国财政体制改革的过程。企业所得比重急剧减少，由 1985 年的 56.35%降低到 1995 年的 12.84%，由收入分配最大的占有者成为最少占有者。所有情况说明该企业还没有形成良好的、成熟的分配机制，当然这也受到我国宏观分配体制的影响。但企业所得急剧下降，不利于企业的持续发展，长此以往将会影响到个人和国家的长远利益。

三、企业营业收入及利润分析

利润是企业在一定时期的财务成果，是衡量企业经营管理水平的主要指标之一。利润分析主要包括以下内容。

（一）利润额构成情况的分析

在市场经济条件下，企业可以通过扩大销售渠道、改善经营管理、降低成本和费用来增加利润。通过分析企业的损益表和资产负债表，可以得到有关企业利润变动及其构成的情况。

例 8.3.10　通过分析企业有关会计报表得到如表 8.3.10 所示的资料。

表 8.3.10　　　　　　　　　　　　某企业利润构成情况表

项目	上期实际/元	本期计划/元	本期实际/元	比上期		比计划	
				增减额/元	增长/%	增减额/元	完成计划/%
营业收入	43 670	44 330	46 221	2 551	5.84	1891	104.27
营业毛利润	13 224	13 311	13 388	164	1.24	77	100.58
营业净利润	6 250	6 432	5 312	-938	-15.01	-1 120	82.59
利润总额	5 234	5 398	5 542	308	5.88	144	102.67
净利润	3 517	3 618	3 718	201	5.72	100	102.76

通过上述计算说明，该企业报告期利润总额完成了计划，并比上期有所增长。具体来看，利润增长受到营业收入、销售成本、期间费用等的影响。营业收入比上期增长 5.84%，达到 2551 元，而营业毛利润仅比上期增长 164 元，增幅为 1.24%，远低于营业收入的增长。这说明销售成本增长程度较大，增幅超过了营业收入的增长幅度。与计划指标相比也表现出同样的情况，营业收入超计划完成 1891 元，超额 4.27%，而营业毛利润净超计划 77 元，说明本期实际销售成本严重超计划。企业应对这种情况加以注意，进一步调查销售成本变动的原因。

从营业毛利润与营业净利润对比看，营业净利润不但没有完成计划，与上期相比也是负增长。这说明企业本期实际产品销售费用、销售税金及附加以及期间费用增长幅度超过了营业毛利润的增长，与计划相比也出现了大幅增加。在销售成本和营业费用较大幅度增长的情况下，营业净利润未增长也未完成计划。

在营业净利润减少的情况下，利润总额和净利润与上期相比有较大幅度增长，增长额分别为 308 元和 201 元，增幅都达到 5.7% 以上，并且超额完成了计划。这说明企业非营业活动如对外投资、营业外收入等盈利较多，对实现利润增长计划起了较大作用。但应当认识到企业主营业务盈利有所萎缩，非主营业活动盈利是不可靠的，所以采取措施振兴主营业务才是企业的当务之急。

（二）利润变动趋势分析

分析企业利润变动趋势时，应结合企业生产、销售及其他各项活动进行综合分析。

例 8.3.11 某企业历年收入及利润资料如表 8.3.11 所示。

表 8.3.11　　　　　　　　　　　　　　某企业历年财务成果情况

项目	2006 年	2007 年	2008 年	2009 年	2010 年
营业收入/元	200 000	210 000	231 000	261 030	313 236
营业净利润/元	40 000	43 200	45 792	45 792	44 876
利润总额/元	36 000	36 720	38 556	41 640	45 804

由上表计算各项目发展变动速度指标如表 8.3.12 所示。

表 8.3.12　　　　　　　　　　　　　　某企业财务成果分析表

项目	2007 年	2008 年	2009 年	2010 年	平均发展速度
营业收入/%	105	110	113	120	11 2.00
营业净利润/%	108	106	100	98	103.00
利润总额/%	102	105	108	110	106.25

由上述计算说明，该企业近几年营业收入增长较快，企业生产规模在快速扩大，平均每年增速达到 12%。在企业营业收入快速增长的同时，营业净利润增速减慢，并表现出增速逐年下降的趋势，到 2002 年不增反降。这表明尽管企业生产规模在扩大，但经济效益提升较慢，甚至出现了下降，造成这种情况的原因可能是成本费用上升较快也可能是销量增长的同时，价格也在下降，造成企业无利可图。从利润总额看，近几年来都在稳步增长，并呈现出增幅逐年增加的趋势，利润总额平均增幅达到 6.25%，远超过营业净利润的平均增幅，这表明企业在扩大主营业务生产规模的同时，取得了比较稳定的营业外利润，营业外利润成为企业盈利的主要途径。

（三）量本利分析法

量本利分析法是在成本划分为变动成本和固定成本的基础上，依据销售成本、销售量与销售收入和销售利润之间的关系，分析销售收入、销售利润情况的方法。

销售成本、销售量与销售收入、销售利润情况的关系为：

销售利润＝销售量×销售单价－销售量×产品单位变动成本－销售税金－固定成本

销售利润＋固定成本＝销售量×（销售单价－产品单位变动成本－单位产品销售税金）

其中：（销售单价－产品单位变动成本－单位产品销售税金）成为单位边际贡献或单位边际利润，其占销售单价的比率成为单位边际利润率或单位边际贡献率。

利用量本利分析法可以分析企业销售收入、销售利润的各种特征值，包括保本点销售量、保本点销售收入、实现目标利润的销售量、实现目标利润的销售收入、安全边际等。

（四）指数因素分析法

指数因素分析法就是利用统计指数体系，分析影响销售收入或销售利润的各种因素对销售收入或利润的影响。利用企业经济活动的有关变量间的关系可以建立以下指数体系：

销售收入＝销售量×销售单价

即有：

销售收入总指数＝销售量指数×销售价格指数

产品销售利润＝销售量×销售价格×销售收入利润率

产品销售利润总指数＝销售量指数×销售收入指数×销售收入利润率指数

（五）回归分析法

企业销售收入、销售利润会受到多方面原因影响，如市场因素、企业生产成本、劳动生产率、生产技术、管理水平、广告宣传、销售策略等。企业可以通过收集有关资料，运用相关回归方法来分析各种因素对销售收入、销售利润的影响规律。

本 章 小 结

本章主要介绍经营成果内容，企业经营成果的特征，企业产品实物量指标的计算原则，企业经营成果主要价值量指标核算方法，以及如何对企业经营成果进行统计分析。

1. 企业经营成果是指一定时期内企业生产经营活动所创造的有效劳动成果的总和。企业统计一般从实物量和价值量两个方面反映企业经营成果。

2. 企业经营成果统计的意义：

（1）企业经营成果统计可以向企业内部管理者提供企业生产经营活动各种产出的总体信息。

（2）企业经营成果统计可以反映生产成果的各项指标的变动情况和计划完成情况，考察各种经济资源的利用效果，挖掘增加产量，提高经济效益的潜力；

（3）企业经营统计反映企业产品销售情况及经营成果的综合信息。

3. 企业产品实物量指标的计算原则：

（1）质量原则；

（2）入库原则；

（3）时限原则。

4. 核算企业的产值指标一般采用两种价格形式：现行价格、可比价格。

实 务 题

一、填空题

1. 从实物量角度，企业经营成果统计既包括主要产品，也包括副产品和（　　　）。

2. 企业产品实物量，是指由企业生产的用（　　　）表示的产品的数量。

3. 在产品产量指标中，（　　　）是最具体、最直观的。

4. 为了准确地计算产品实物量，必须严格确定一个（　　　）。

5. （　　　）是企业制定产品存储、运输计划的基础。

6. 进行产品品种统计，首先要正确确定产品品种，划分的标志是（　　　）。

7. 在品种数的总汇中，同一品种在不同车间生产时，作为（　　　）计算。

8. 在计算品种计划完成程度指标时，对超额完成计划的，超计划部分（　　　）

9. 废品是指产品某些（　　　）不合格，不能按原用途使用的产品。

10. 次品是指产品某些（　　　）不合格，但可按原用途使用的产品。

11. 企业产品质量统计指标包括两方面的内容，其一是产品质量统计指标，其二是（　　　）统计指标。

12. 企业的各种价值质量指标有两种途径：一是以机构单位为核算范围，二是以（　　　）为核算范围。

13. （　　　）也称实际价格，是指报告期产品的实际销售价格。

14. 工业企业总产出采用（　　　）计算。

15. 住宿和餐饮企业的总产出按其（　　　）计算。

二、单选题

1. 标准实物量（　　　）。

    A. 与实物量成正比   B. 与实物量成反比

    C. 一定大于实物量   D. 一定小于实物量

2. 在统计企业品种数时（　　　）。

    A. 不包括企业试制的品种   B. 包括企业试制的品种

    C. 不包括企业未完成计划数量的品种   D. 允许车间之间的重复统计

3. 根据品种完成计划产量百分比计算品种计划完成程度，相对于格局各种的产值计算时（　　　）。

    A. 前者公式中分子采用不抵补原则加总，而后者不采用

    B. 前者公式中分子采用不抵补原则加总，而后者采用

    C. 两者都不采用不抵补原则

    D. 两者都采用不抵补原则

4. 下列指标中不能反映企业工作或经营质量的统计指标是（　　　）。

    A. 产品合格率   B. 废品率   C. 优等品率   D. 一次检验合格率

5. 从价值构成角度分析，企业总产出（　　）。

    A. 仅不包括生产过程中生产要素量初投入的价值

    B. 仅不包括对货物与服务的中间消耗的价值

    C. 以上两部分都不包括

    D. 以上都不对

三、多选题（从下列每题的备选答案中选出 2 至 5 个正确答案）

1. 企业经营成果（　　）。

    A. 是本企业生产经营活动的成果

    B. 是劳动成果

    C. 是生产经营活动的有效成果

    D. 是本企业生产经营成果的直接成果

    E. 不仅包括企业生产的主产品，还包括企业生产的副产品和关联产品

2. 工业实物价值和工业性作业（　　）。

    A. 都能用货币单位计量   B. 都不能用货币单位计量

    C. 都能用实物单位计量   D. 都不能用实物单位计量

    E. 其中有一项不能用实物单位计量

3. 计算企业产品实物量的原则有（　　）。

    A. 质量原则   B. 数量原则   C. 空间原则

    D. 时限原则   E. 入库原则

4. 进行产品生产实物量统计（　　）。

    A. 企业产品实物量是反映企业生产经营规模和经济实力的重要资料

    B. 企业产品实物量是检验企业完成经营计划及国民经济各部门、各环节供需的重要资料

    C. 企业产品实物量是企业计算其他一系列指标的基础

    D. 产品实物量指标是最具体、最直接的

    E. 通过标准实物量的折合，企业产品实物量是完全可以直接汇总的

5. 实物计量单位（　　）。

    A. 可以用于不同产品的加总统计   B. 不可以用于不同产品的加总统计

    C. 可以用于统计工业生产作业量   D. 不可以用于统计工业生产作业量

    E. 可以用于统计工业率成品生产量

6. 计算标准实物量时，采取的步骤包括（　　）。

    A. 确定标准产品

    B. 分析各种产品与标准产品的差别

    C. 确定各种不同规格、含量产品与标准产品的折合系数

    D. 把各种产品的产量乘以相应的折合系数

    E. 进行加总，得到该类产品的标准实物量

第九章
企业经营统计预测

【学习目的与要求】
　　通过本章的学习，掌握统计预测的各种方法和适用条件，掌握产出市场需求结构预测、企业成本预测、企业利润预测的方法。能够运用统计的指标与方法进行预测，并且分析预测结果。

【导读】
　　凡事预则立，不预则废。(《礼记·中庸》)

第一节　企业经营统计预测概述

一、企业经营统计预测的职能

　　企业经营统计预测的职能，概括地说，就是为企业经营决策提供信息。

　　(1)一个企业要想存在和发展就离不开特定的生存环境。企业的生存环境最主要的是企业的市场环境，而企业的市场环境又取决于各种各样的因素。如果通过科学的预测能提供环境发展的前景，无疑会有助于决策者做出正确的判断。因此，提供系统的环境预测是企业经营统计预测的第一项任务。

　　(2)在企业的日常经营活动中，最主要的任务是根据市场需求的变化做出各种各样的决策，如增加产量还是削减库存，增加投资还是削减开支等。而所有这些活动都围绕着市场需要来运转。因此，提供准确的需求预测是企业经营统计预测的一项重要任务，也可以说是最为重要的任务。因为，一旦预测有误将直接造成企业计划的失误，使本应获得的利益白白失去，本应避免的损失难以避免。

　　(3)企业的决策是多方面的，涉及产、供、销、投资、利润等众多具体目标。这些目标能否达到，什么时间达到，在什么样的水平上达到等，也是需要统计预测加以回答的。如果不把预测仅仅理解为运用各种数学模型进行的学究式运算的话，企业的各级领导人实际上经常做着与上述目标有关的预测。对企业领导人而言，其预测活动的关键在于是否有意识地进行科学的预测，以及把预测活动纳入必要的管理规范之中。

　　企业预测活动所涉及的方面是很多的，预测作为决策的辅助手段之一，的确会为企业经营带来利益，但重要的前提是必须全面、正确地认识它。

二、企业经营预测的统计方法和种类

企业经营预测的方法分为两大类：统计预测方法和非统计预测方法。

企业经营预测的统计方法的特点是：利用统计方法（包括经济统计方法和概率统计方法）给出企业经营中各种要素、各个方面的定量预测。

常用的统计预测方法有 5 种，它们是指标预测法、概率预测法、回归预测法、时间数列预测法、马尔可夫预测法。

（一）指标预测法

指标预测法是指利用统计指标及指标之间的联系，推测现象未来状况及可能达到的水平。这里既包括利用某项有关指标的发展趋势做出定性判断，也包括利用指标之间的严格数量关系推测未来水平。例如，消费品生产企业和居民服务企业可以从国家或地方公开发表的统计数字获悉，本年度居民收入有较大幅度提高，由此判断市场需求将会有明显提高。再如，已知下一年产品销售额将达 10 000 万元，本年度销售利润率为 20%，则估计明年销售利润额为：$1\,000 \times 20\% = 2\,000$（万元）。

（二）概率预测法

概率是现象不确定性的量化表示。如我们说消费者购买本企业产品的可能性有 30%，30% 就是概率。

概率预测法就是针对现象发生的概率进行预测的统计方法。概率法的基本特点是：先将现象划分为若干可能出现的状态（事件），然后分别就每个状态出现的概率进行预测，通过概率大小的比较来确定哪个状态最可能出现。

例 9.1.1　某企业对下一年度产品销售情况做出预测（如表 9.1.1 所示）：

表 9.1.1　　　　　　　　　　　　　　某企业销售情况预测

预测销售状态	好	一般	滞销
预测概率	0.1	0.6	0.3

概率的预测有两种基本途径：

第一，主观概率，即凭借预测的知识、经验及对有关资料的分析，主观赋予各个状态以一定的概率数值。

第二，客观概率，即以实际经历或历史资料为依据，经过严格统计，得出概率的估计值。例如，本企业产品有 10 年是畅销的，其中 3 年是畅销后转入滞销。假如本年产品畅销，那么，下一年度产品滞销的概率为 0.3 或 30%。

（三）回归预测法

回归预测法是根据现象之间的因果关系，建立数学模型，然后利用模型和各种因素未来可能达到的水平，推测现象未来水平的统计方法。

例 9.1.2　某企业通过分析有关统计资料，认为影响企业销售额（Y）的主要因素包括居民可支配收入（X_1）、产品的价格（X_2）、企业的生产投资（X_3）和广告费支出（X_4）。该企业根据这几个方面的历史资料建立如下预测模型：

$$\hat{Y} = 3\ 276.55 + 5.70\ X_1 - 15.18\ X_2 + 1.55\ X_3 + 7.57\ X_4$$

如果下年度居民可支配收入预计达到 470 万元，产品价格预计为 83 万元，生产投资计划为 150 万元，广告费支出计划为 12.7 万元，则预计销售额为：

$$\hat{Y} = 3\ 276.55 + 5.70 \times 470 - 15.18 \times 83 + 1.55 \times 150 + 7.57 \times 12.7$$
$$= 5\ 024.249（万元）$$

（四）时间数列预测法

时间数列方法是根据某一现象的历史资料推测该现象未来水平的统计方法。这一方法的特点是：在预测过程中不考虑其他现象的发展状况，仅仅根据该现象自身的规律和特点，并通过选择适合这些规律和特点的统计方法，做出定量预测。例如，在研究市场容量时，就可利用历年人口统计数字来推测今后该地区人口可能达到的规模。

综上所述，各种预测方法的适用条件不同（如表 9.1.2 所示）。

表 9.1.2　　　　　　　　　　各种统计预测方法的适用条件

预测方法种类	适用条件	
	统计资料	对预测者的要求
指标预测	尽可能齐备	精通指标，熟悉经济统计知识，有一定分析问题的能力
概率预测	缺乏	精通业务，熟悉情况，有较强的分析、判断能力
回归预测	齐备且丰富	熟悉统计方法，有一定数据处理能力，能使用计算机
时间数列预测	齐备	善于观察，有一定数据处理能力，最好会使用计算机

三、企业经营统计预测的程序

(一) 企业经营统计预测的步骤

企业经营统计预测的程序如下，包括 6 个必经阶段。

1. 确定预测目的和预测对象，即预测的选题阶段

在这个阶段要明确开展一项预测的确切原因和所要达到的目的。比如，某企业要推出一种新产品，但不知市场需求如何，因此要开展市场预测，预测目的是基本弄清产品有没有销路。在这个阶段还要落实预测对象，即对什么进行预测，如例 9.1.1 预测对象是新产品的销路。

2. 收集、审核、调整资料

预测的基础和依据是尽可能地占有与预测对象有关的各种信息，如有关新产品的性能、质量、订货、价格、外观和以往类似产品推出阶段的情报等。只有这样，才便于统计人员从各个方面进行分析，逐步减少不确定性因素，使得预测的可靠性不断提高。

3. 预测对象的描述和分析

这是正式预测之前的准备阶段。这个阶段的任务是尽可能将预测对象、预测对象与其影响因素的关系具体化、明朗化，以便判断何种方法更适于该预测对象。例如，某企业要了解资金市场的供给情况，可以将历年由资金市场借入的资金数额编制成时间数列，并绘成动态曲线，如果该曲线的变动有明显的规律性，那么，就可以选择时间数列分析法预测今后的资金供给状况。

4. 选择预测方法并正式进行预测

这是预测的主要环节，企业应根据条件选择最适当的方法。

5. 对预测结果的分析和评价

这是预测质量的检验阶段。如果一项预测质量不高，那么预测者就须对资料收集到产生结果之间的任何阶段或环节——加以核查，找出原因，予以纠正。

6. 报告预测结果

如果预测通过了质量检验，企业预测就到了出成果阶段，预测者就可以用书面报告或口头形式汇报预测结果。

（二）预测精度和预测费用

评价一项预测的优劣，一般需要从精度和费用两方面加以考虑，但是，这两者之间常常发生矛盾。要想获得良好的精度，就需要占有丰富的资料，选择更先进可靠的方法，有时还要邀请专家、培训人员，而这一切又意味着较大的开支。因此，从管理的角度出发，应当对预测精度和费用有基本的了解，以便尽力确保在一定费用条件下获得最佳预测精度。预测精度与预测费用的关系见图 9.1.1。

1. 预测精度的影响因素及预测精度的计算

一般来说，预测精度的高低取决于如下几个因素：①统计资料及其他信息的准确性；②预测方法的复杂性和适用性；③预测步骤的多少；④操作人员的水平。

统计资料的准确是统计预测准确的基础。要想获得准确的资料，就必须在资料收集、整理和分析

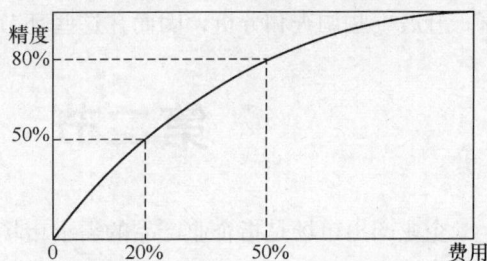

图 9.1.1　预测精度与预测费用的关系

环节投入较大的人力、物力和财力。预测方法越复杂，操作起来越困难，就越容易出差错，而方法的适用与否直接决定预测结果是否可靠，这就需要由较高素质的人员来承担预测责任，还要给予充足的时间制订预测方案。一个完整的预测过程由许多环节构成，减少一些环节会简化预测过程，但同时也要承担"把关不严"的风险。

预测精度在大多数场合可以通过预测误差来反映。所谓预测误差是指预测值与实际值的差距，其公式为：

$$预测误差 = 实际值 - 预测值$$

一般，记 y_i 为某一次预测的实际值，$\hat{y}_i$ 为相应的预测值，e_i 为预测误差，因此该次预测误差为：

$$e_i = y_i - \hat{y}_i$$

一种预测方法精度是否高，不能仅根据一次预测结果进行判断，应根据多次预测结果进行综合度量。预测误差综合度量的方法有：

$$平均绝对误差\ MAE = \frac{\sum\limits_{i=1}^{n}\left|y_i - \hat{y}_i\right|}{n}$$

$$平均绝对百分误差\ MAPE = \frac{\sum\limits_{i=1}^{n}\left|\dfrac{y_i - \hat{y}_i}{y_i}\right|}{n} \times 100$$

$$均方误差\ MSE = \frac{\sum\limits_{i=1}^{n}\left|y_i - \hat{y_i}\right|^2}{n}$$

$$标准误差\ SDE = \sqrt{\frac{\sum\limits_{i=1}^{n}\left|y_i - \hat{y_i}\right|^2}{n}}$$

此外，对于概率预测法还可以用如下方法估计预测误差：

$$预测误差 = \sqrt{预测概率 \times (1 - 预测概率)}$$

2. 预测费用的影响因素及预测费用的构成

一般来说，影响预测费用的大小主要取决于以下几个因素；①预测过程的时间长短；②预测项目的多少；③预测方法和预测步骤。

预测费用大致包括：研究制定预测方案的费用，资料的收集，存储费用，实际操作费用，维护费用，人员培训费等。预测费用的多少与预测方法有关，如概率预测一般不需要在资料收集、存储环节上支付过多费用，但是一个质量较高的概率预测需要预先制定周密的方案，还要聘请专家，开展一些调查和分析，因而在这些环节上往往要真付更多的费用。

第二节　企业市场预测

企业产出市场是指企业产品的需求市场。对企业产出市场的预测，即针对企业某种产品的市场需求的预测，也就是站在整个行业的立场上预测全社会对企业该产品的需要量。提供准确、及时的需求预测是企业经营统计预测的最重要的内容，但它不同于后面所讲的销售预测。

一、产出市场预测的内容

企业产出市场预测的中心内容是确定未来市场的需求总量，除此之外，还需考虑市场需求的结构及消费者购买力的投向。随着生产技术的发展、人民生活水平的提高和市场竞争的加剧，产品社会需求经常会发生变动，这种变动不仅体现在消费总量上，而且体现在消费结构上，即社会需要花色品种更多、质量更好、功能更全的商品。

因此，企业不仅要了解产品需求总量的变动趋势，还应考察社会对产品结构要求的变化。另一方面，经济的发展会改变社会购买力，这种改变也不仅仅是总量上的变动，还包括结构上的变动。如随着经济的发展，居民生活费支出中用于食品支出的比例会下降，这表明居民购买力会从食品转移到其他项目上。因此，企业提前预测到购买力投向的变动，对于调整其生产结构或经营方向无疑是十分必要的。

二、产出市场需求结构的预测

产品市场需求不仅包括总量需求，而且包括结构需求。从企业的角度看，所谓产品结构需求就是指市场对产品不同品种、款式、花色、档次等的需求。研究需求结构的意义在于，企业通过研究需求结构的发展趋势，可以了解不同产品的市场前景，为企业调整产品结构和经营方向提供依据。

1. 需求结构的直接预测

（1）分量预测法。分量预测法是根据各种产品各自销售量的预测值来判断未来市场需求结构的方法。这种方法的优点是：由于不同产品所处的经济生命周期不同，影响因素也不相同，可以采用不同的预测方法单独进行预测。

例 9.2.1 在一项关于某省城乡家电市场需求的预测中，采用了多元回归预测方法，其中，各种家电预测所采用的因素变量不尽相同。

电冰箱 $\hat{Y} = -15.85 + 0.01 x_1 + 0.02 x_2 + 0.07 x_5$

电视机 $\hat{Y} = -3.05 + 0.02 x_2 + 0.31 x_4 + 0.16 x_3$

洗衣机 $\hat{Y} = -10.29 + 0.01 x_2 + 0.06 x_3 + 0.59 x_4$

电风扇 $\hat{Y} = -238.81 + 0.28 x_1 + 0.31 x_2 + 0.4 x_4$

收录机 $\hat{Y} = -84.82 + 0.11 x_1 + 0.03 x_2 + 0.18 x_4$

其中，x_1 为居民户数，x_2 为居民收入，x_3 为居民储蓄，x_4 为日用品、娱乐品零售额，x_5 为生活用电。

分量预测的缺点：由于各分量预测有一定预测误差，从而在加总时容易造成总量较大的预测误差。另一方面，分量预测往往忽略了产品之间的制约关系。例如，在收入一定的情况下，消费者必须在各种家电的购买计划中，排出一个先后顺序，这个顺序不可能不影响一定时期家电产品的需求结构。

（2）市场调查法。市场调查是了解消费者购买意图的最直接的途径。在市场调查中不仅要了解用户对产品数量的要求，还要了解用户在价格、款式、功能以及实现时间方面的态度。

（3）德尔菲法。德尔菲法是由专家给出需求结构的判断。我们可以预先设定需求结构（一般是比重）的取值范围，由专家选择他认为合适的取值范围或赋予每个实现范围一定的概率。

2. 购买力投向与需求结构的预测

就消费品和生活服务而言，研究购买力投向的变化趋势是预测需求结构变动的有效方法。所谓购买力投向是指消费者的货币收入向不同消费项目上的投放。衡量居民购买力投向的方法是计算消费倾向和收入弹性。

（1）消费倾向和收入弹性的定义

所谓消费倾向是指单位收入投向某种商品的支出。消费倾向按考虑问题的角度和计算方法上的不同分为平均消费倾向和边际消费倾向。平均消费倾向指一定时期单位货币收入中实际用于某项生活消费支出的比例。如果，记 y 为货币收入，x 为该项支出，则有：

$$平均消费倾向 = \frac{某项生活消费支出}{货币收入} = \frac{x}{y}$$

边际消费倾向指某项支出增加量（Δx）与货币收入增加量（Δy）之比，即边际消费倾向是从收入增量角度出发来考虑问题的，它表示每增加一个单位的收入，该项支出增加多少。

收入弹性指收入每相对增加一个单位，某项支出增长的百分比，即：

$$某项商品的收入弹性 = \frac{该项生活消费支出增长率}{货币收入增长率} = \frac{\Delta x}{\Delta y} \cdot \frac{y}{x}$$

它反映生活消费支出对收入的敏感程度。

（2）购买力投向预测

对购买力投向进行预测，首先应正确判别购买力投向的变化趋势，然后选择适当的数学模型来描述购买力投向的变化，并对其未来的变化趋势进行预测。其方法与利用时间数列进行预测基本相同。

例 9.2.2 表 9.2.1 是某省城乡居民衣着类商品的平均消费倾向的资料。

表 9.2.1 某省城乡居民衣着类商品的平均消费倾向资料

年份/年	1996	1997	1998	1999
平均消费倾向/元·百元$^{-1}$	13.65	13.22	13.69	11.83

从表 9.2.1 可以看出，某省城乡居民对衣着类商品的购买意愿发生了很大变化：从趋势看，衣着类消费支出占居民收入的比重还会继续下降。

（3）需求结构的预测

消费倾向预测（即购买力投向预测）与消费需求结构预测的关系为：

$$某类商品预测需求量 = 该类商品预测消费倾向 \times 预测期居民货币收入$$

$$预测需求结构相对数（\%）= \frac{某类商品预测需求量}{全部商品预测需求量} \times 100\%$$

第三节　企业销售预测

一、影响企业销售的主要因素

企业销售即企业向社会提供产品或服务。企业销售预测是指对企业未来可能达到的销售规模和水平的预测。一个企业的销售规模，首先取决于产品市场的总体供求关系，其次，要看企业本身的经营能力。企业本身的经营能力包括企业的生产能力、经营水平和技术实力。这些因素通常反映在企业规模、营销活动的费用支出及其效益、科技开发投资额等指标上。另外，企业的销售规模还要看市场竞争的情况。市场竞争是企业之间的经营能力的较量，市场竞争的激烈程度集中体现在企业的市场占有率上。一个企业的市场占有率的高低，往往可以表明它在市场竞争中的地位优劣。

企业销售预测不同于产品需求预测，前者是站在单一企业的立场上预测企业未来可能达到的销售水平，而后者是站在整个行业的立场上预测全社会对该产品或服务的需要量。如果假定企业的生产能力充足，销售预测值与市场需求预测值的关系为：

$$销售预测值 = 某产品市场需求量 \times 该企业市场占有率$$

二、企业销售的预测

对企业销售量（额）进行预测，应当综合考虑影响企业销售的各种因素，运用各种预测技术作出预测。常用的预测技术有：市场占有率预测法、时间数列预测法、回归预测法等。由于市场占有率预测技术较为复杂，这里仅运用时间数列预测法和回归预测法对企业销售规模进行预测。

（一）时间数列预测法

时间数列预测法指根据企业产品销售情况的历史资料，分析时间数列的发展变化趋势，建立以时间序列 t 为自变量、时间数列变量值 y_t 为因变量的趋势模型，以预测企业未来的销售量（额）。

（二）回归预测法

企业的销售活动受到多种因素的影响和制约，回归预测法就是将这些影响因素与销售量（额）联系起来，建立以影响 H 素为自变量，销售量（额）为因变量的回归模型，利用回归模型对销售量（额）进行预测。

回归预测的主要优点有：

第一，可将影响或制约销售的因素系统全面地加以考虑。某些凭经验不易确定的因素也可放到模型中去，并通过计算来确认这些因素对销售的作用有多大。

第二，可以自由选取预测人员认为重要的因素，由建立模型的自动程序逐步剔除其中不太重要的因素变量。

第三，预测模型有多种用途，既可用于预测，又可用来分析销售成果与各主要因素之间的数量关系。

第四节　企业成本利润预测

为了规划企业的经济活动，首先要对企业一些重要的经济指标如销售、成本、利润、资金等进行科学的预测分析，并将企业的目标销售、目标成本、目标利润、所需资金等指标确定下来，然后制订完成这些目标的具体措施，使企业在这些目标的引导下，组织生产经营活动。下面介绍企业成本和利润的预测。

一、企业成本预测

成本预测是在企业已经预测出市场需求的情况下，根据预期产量对产品成本的推测，通常包括产品总成本预测和单位成本预测。

（一）成本预测的一般方法

成本预测主要考虑的影响因素是产品的预期产量。

从短期来看：

产品预期产量＝预计销售量＋预计期末库存量－预计期初库存量

长期预测时，可以忽略库存变量因素，即以预计销售量作为考虑问题的出发点。

在产量一定的情况下，成本与产量的关系是：

总成本＝固定成本＋单位变动成本×产量

因此，根据预期产量进行成本预测的关键是正确估计固定成本和单位变动成本。

1. 高低点法

高低点法是根据一定时期的历史资料，查出最高点和最低点产量以及最高点和最低点产量各自对应的总成本，以总成本差额除以产品产量差额，求得单位变动成本，然后分解出固定成本；最后根据预期产量预测出总成本和单位成本。单位变动成本公式为：

$$单位变动成本 = \frac{产量最高点相应总成本 - 产量最低点相应总成本}{最高点产量 - 最低点产量}$$

如果用 b 表示单位变动成本，x 表示产量，y 表示相应的总成本，x_h 表示最高点产量，x_l 表示最低点产量，y_h 表示最高点产量对应的总成本，y_l 表示最低点产量对应的总成本。则有：

$$b = \frac{y_h - y_l}{x_h - x_l}$$

固定成本 = 最高(低)点成本总额 − 单位变动成本 × 最高(低)点产量

如果用 a 表示固定成本，则有：

$$a = y_h - bx_h = y_l - bx_l$$

预期总成本 = 固定成本 + 单位变动成本 × 预期产量

即：

$$y = a + bx$$

预期单位成本 = $\dfrac{\text{预期总成本}}{\text{预期产量}} = \dfrac{y}{x}$

例 9.4.1   某企业生产的主要产品产量和总成本资料如表 9.4.1 所示：

表 9.4.1 主要产品产量和总成本资料

年份/年	产量（x）/台	总成本（y）/万元
2000	2 050	280
2001	2 350	305
2002	2 700	334
2003	3 150	368
2004	3 150	397
2005	4 050	440
2006	3 870	410

根据高低点法，单位变动成本为：

$$b = \frac{y_h - y_l}{x_h - x_l} = \frac{(440 - 280) \times 10\,000}{4\,050 - 2\,050} = 800 \ (\text{元/台}) = 0.08 \ (\text{万元/台})$$

固定成本为：

$$a = y_h - bx_h = y_l - bx_l = 440 - 0.08 \times 4\,050 = 280 - 0.08 \times 2\,050 = 116 \ (\text{万元})$$

预期 2007 年的产量为 4 100 台，则预期总成本为：

$$y = a + bx = 116 + 0.08 \times 4\,100 = 444 \ (\text{万元})$$

预期单位成本 = $\dfrac{y}{x} = \dfrac{444}{4\,100} = 0.108\,3 \ (\text{万元}) = 1\,083 \ (\text{元})$

高低点法适于生产条件较为稳定的企业。如果某企业生产条件不够稳定，高低点值很可能是极大值或极小值，容易扭曲产量与成本的正常关系。

2. 回归分析法

关于回归分析的原理和步骤在销售预测中已经有过介绍。这里，假设我们只考虑产量这个影响因素，就可以构造以产量为自变量、成本为因变量的一元回归方程。假如两者的变动大体趋势呈直线，应构造一元线性回归方程：

$$\hat{y} = a + bx$$

这里，a 为固定成本，b 为单位变动成本。

根据最小平方法，可得：

$$b = \frac{n\sum xy - \sum x \sum y}{n\sum x^2 - \left(\sum x\right)^2}, \quad a = \frac{\sum y}{n} - b\frac{\sum x}{n}$$

求出回归方程，根据预期产量就可以对总成本和单位成本作出预测。

例 9.4.2　引用上例资料，可以看出，产量与总成本的变动大体呈直线关系，则计算表和计算过程如表 9.4.2 所示。

表 9.4.2　　　　　　　　　　　　回归方程计算表

年份	产量（x）/台	总成本（y）/万元	xy	x^2
2000	2 050	280	574 000	4 202 500
2001	2 350	300	705 000	5 522 500
2002	2 700	330	891 000	7 290 000
2003	3 150	360	1 134 000	9 922 500
2004	3 150	390	1 228 500	9 922 500
2005	4 050	440	1 782 000	16 402 500
2006	3 870	410	1 586 700	14 976 900
合计	21 320	2 510	7 901 200	68 239 400

$$b = \frac{n\sum xy - \sum x \sum y}{n\sum x^2 - (\sum x)^2} = \frac{7 \times 7\,901\,200 - 21\,320 \times 2\,510}{7 \times 68\,239\,400 - 21\,320^2} = 0.077\,6$$

$$a = \frac{\sum y}{n} - b\frac{\sum x}{n} = \frac{2\,510}{7} - \frac{0.077\,6 \times 213\,20}{7} = 122.217\,7$$

则：

$$\hat{y} = 122.217\,7 + 0.077\,6x$$

2007 年预期产量为 4 100 台，则预期总成本为：

$$\hat{y} = 122.217\,7 + 0.077\,6x = 122.217\,7 + 0.077\,6 \times 4\,100 = 440.38（万元）$$

$$预期单位成本 = \frac{\hat{y}}{x} = \frac{444.38}{4\,100} = 0.107\,4（万元）= 1\,074（元）$$

（二）目标成本的预测

有时企业预测成本的目的不是仅仅看在既定市场条件下成本可能达到的水平，而是进一步研究在特定利润目标下，可以控制的成本水平是多少。这就需要进行目标成本的预测（这里假设生产量和销售量相同）。我们知道：

利润 ＝ 销售量×销售价格−总成本

＝ 销售量× 销售价格 − 固定成本 − 销售量× 单位变动成本

所以：

目标总成本 ＝ 销售量×销售价格−目标利润

$$目标单位成本 = \frac{目标总成本}{销售量} = 销售价格 - \frac{目标利润}{销售量}$$

$$目标单位变动成本 = 销售价格 - \frac{固定成本+目标利润}{销售量}$$

例 9.4.3　某企业根据测算，某产品预期销售量为 4 000 台，固定成本为 116 000 元。产品定价为每台 160 元，企业计划获利 200 000 元。则有：

$$目标总成本 = 160 \times 4\,000 - 200\,000 = 440\,000（元）$$

$$目标单位成本 = \frac{440\,000}{4\,000} = 110(元)$$

$$目标单位变动成本 = 160 - \frac{116\,000 + 200\,000}{4\,000} = 81（元）$$

目标成本的预测一般广泛应用于新产品的成本预测中。在预测中，企业根据生产条件和新产品的预测销售量，可以确定固定成本，而新产品的价格应低于老产品或同类产品，否则会缺乏竞争力。新产品在试销期的主要任务是占领市场，因此，利润目标不能定得太高。企业根据上述原则可大致确定新产品的价格、利润，从而为计算目标成本创造条件。

（三）成本降低的预测

有时企业要分析某一成本项目的变动对企业综合成本的影响，成本降低预测就是要观察这种变化并分析其对总成本的影响。分析这类问题主要从以下关系式出发：

1. 原材料、燃料、动力节约对总成本降低的影响预测

由于原材料、燃料、动力的影响，则有：

$$\begin{array}{l}预期总成本\\降低率\end{array} = \begin{array}{l}原材料、燃料、动力费用\\占总成本的比重\end{array} \times \begin{array}{l}原材料、燃料、动力\\费用预期降低率\end{array}$$

2. 劳动生产率提高对总成本降低的影响预测

由于劳动生产率提高，则有：

$$\begin{array}{l}预期总成本\\降低率\end{array} = \begin{array}{l}生产工人工资\\占总成本的比重\end{array} \times \left(1 + \frac{1 + 平均工资增长率}{1 + 劳动生产率预期提高率} \right)$$

3. 固定费用压缩对总成本降低的影响预测

由于固定费用压缩，则有：

$$\begin{array}{l}预期总成本\\降低率\end{array} = \begin{array}{l}固定费用占\\总成本的比重\end{array} \times \begin{array}{l}固定费用\\预期降低率\end{array}$$

例 9.4.4 某产品原材料费用占总成本的 50%，固定费用占 20%，根据成本预算，原材料费用降低 10%，固定费用降低 5%，则：

$$\begin{array}{l}原材料费用降低预期使\\总成本降低的百分比\end{array} = 50\% \times 10\% = 5\%$$

$$\begin{array}{l}固定费用降低预期使\\总成本降低的百分比\end{array} = 20\% \times 5\% = 1\%$$

二、企业利润预测

企业进行利润预测有两个主要目的，一是通过预期未来利润总额，以检查利润计划完成程度；二是通过利润变动的因素分析，以分析各种影响因素变动对预期利润可能产生的影响。

（一）利润总额的预测

根据前面的知识，我们知道：

$$利润 = 销售收入 - 销售成本$$
$$= 销售量 \times 销售价格 - 销售成本$$

所以相应可得到：

$$预期利润 = 预期销售收入 - 预期销售成本$$
$$= 预期销量 \times 销售价格 - 预期销售成本$$

假定预测期内产量和销量大体一致，则有：

$$预期销售成本 = 固定成本 + 单位变动成本 \times 预期销量$$

因此：

$$\frac{预期}{利润} = \frac{预期}{销量} \times \frac{销售}{价格} - \frac{固定}{成本} - \frac{单位}{变动成本} \times \frac{预期}{销量}$$

$$= \left(\frac{销量}{价格} - \frac{单位}{变动成本} \right) \times \frac{预期}{销量} - \frac{固定}{成本}$$

例 9.4.5 某种产品每件价格 50 元，每件变动成本 35 元，固定成本 40 000 元，预期下一季度销售量为 5 000 件，则有：

$$预期利润 = （50 - 35）\times 5 000 - 40 000 = 35 000（元）$$

(二) 利润变动的因素分析及影响预测

从利润的公式可以看出，影响利润的因素有销量、销售价格、固定成本和单位变动成本。下面分析并预测每个因素变动对利润产生的影响。

1. 增加销量对利润的影响预测

根据利润的预测公式，在其他条件不变的情况下，由于销量增加，则有：

$$\frac{预期增加}{的利润额} = \left(\frac{销量}{价格} - \frac{单位}{变动成本} \right) \times \frac{预期增加}{的销售量}$$

上例中，预期销售量增加为 8 000 件，则有：

$$预期增加的利润额 = (50 - 35) \times (8 000 - 5 000) = 45 000（元）$$

2. 提高价格对利润的影响预测

假如其他条件不变，由于价格提高，则有：

$$\frac{预期增加}{的利润额} = \left(\frac{预期提高}{后价格} - \frac{提高前}{价格} \right) \times \frac{原定}{销售量}$$

上例中，如果销售价格从每件 50 元提高到每件 55 元，则有：

$$预期增加的利润额 = (55 - 50) \times 5 000 = 25 000（元）$$

3. 降低单位变动成本对利润的影响预测

假如其他条件不变，由于单位变动成本降低，则有：

$$\frac{预期增加}{的利润额} = \left(\frac{降低前}{成本} - \frac{预期降低}{后成本} \right) \times \frac{原定}{销售量}$$

上例中，预期单位变动成本从 35 元降低为 32 元，则有：

$$预期增加的利润额 = (35 - 32) \times 5 000 = 15 000（元）$$

4. 节约固定费用对利润的影响预测

假如其他条件不变，由于固定费用降低，则有：

$$预期增加的利润额 = 降低前的固定费用 - 降低后的固定费用$$

上例中，预期固定费用从 40 000 元降为 35 000 元，则有：

$$预期增加利润额 = 40 000 - 35 000 = 5 000（元）$$

上述各种因素变动所引起的综合结果为：

预期利润总额增加额 = 45 000 + 25 000 + 15 000 + 5 000 = 90 000（元）

本 章 小 结

本章介绍企业经营活动中经常用到的统计预测方法。

企业经营活动中要用到多种统计预测方法，常用的有指标预测法、概率预测法、回归预测法、时间数列预测法和马尔可夫预测法，各种预测方法都有其各自的特点和适用条件，我们在工作中应根据实际情况选择适合的预测方法。统计预测应遵循一定的程序。评价一项预测的优劣，一般需要从精度和费用两方面加以考虑。

企业市场预测的统计方法应与预测对象的特点相结合。对企业所处的外部宏观经济环境进行预测，可以运用领先指标法、概率预测法和时间数列预测法。对企业产出市场进行预测，包括对市场需求总量的预测和对市场需求结构的预测。对市场需求总量进行预测，可用关联指标预测法、时间数列预测法、回归方程预测法和产品经济生命周期预测法；对市场需求结构进行预测，可进行直接预测，也可通过研究购买力投向的变化趋势来进行预测。

企业销售预测是企业经营领域的重点。对企业销售量或销售额进行预测，应当综合考虑影响企业销售的各种因素，运用各种预测技术作出预测，常用的预测技术有市场占有率预测法、时间数列预测法、回归预测法等。

对企业成本进行预测，一般方法有高低点法和回归分析法，成本项目的短期预测可用指数平滑法，成本降低的预测可根据成本与各影响因素之间的关系进行。利润预测包括对利润总额的预测和对利润变动的预测，预测利润变动时应假定其他因素不变而只分析其中某一因素变动产生的影响。

实 务 题

一、思考题

1. 常用的统计预测方法有哪些？
2. 企业经营预测的基本步骤是什么？
3. 简述企业销售的预测方法。
4. 成本预测的主要影响因素。

二、实务题

（一）单选题

1. 利用统计指标及指标之间的联系，推测现象未来状况及可能达到的水平的预测方法是（　　）。

　　A. 概率预测法　　　B. 回归预测法　　　C. 指标预测法　　　D. 时间数列方法

2. 当统计资料缺乏时，应采用的预测方法是（　　）。

　　A. 指标预测法　　　B. 概率预测法　　　C. 回归预测法　　　D. 时间数列方法

3. 当企业经营统计预测中，如果不考虑其他的发展状况，只根据某一现象的历史资料推测该现象未来水平，这种预测方法是（　　　　）。

　　A. 指标预测法　　　　B. 概率预测法　　　　C. 回归预测法　　　　D. 时间数列方法

4. 评价一项预测的优劣，一般需要考虑的是（　　　　）。

　　A. 精度问题　　　　　　　　　　　B. 费用问题

　　C. 预测误差　　　　　　　　　　　D. 精度和费用两方面问题

5. 只能对各组频率和列联系数进行分析的计量尺度是市场需求预测的中心内容是确定未来市场的（　　　　）。

　　A. 销售总量　　　　B. 需求总量　　　　C. 生产总量　　　　D. 消费总量

6. 企业保本销售量即目标利润为（　　　　）时的销售量。

　　A. 0　　　　　　　B. 1　　　　　　　C. 10　　　　　　　D. 100

7. 利用高低点法进行成本预测适用于（　　　　）。

　　A. 生产产量较高　　B. 生产条件较稳定　　C. 生产条件不稳定　　D. 产量逐年递增

8. 某产品每吨价格 150 元，每吨变动成本 100 元，固定成本 5 000 元，如果下一年产品产量达到 500 吨，那么，总利润的预测值为（　　　　）。

　　A. 500 000　　　　B. 400 000　　　　C. 20 000　　　　D. 10 000

9. 企业生产某种产品，根据近 5 年资料，利用高低点法，得出单位变动成本 60 元，固定成本 10 000 元，如果下一年产品产量达到 500 吨，那么，总成本的预测值为（　　　　）。

　　A. 2 000 元　　　　B. 40 000 元　　　　C. 20 000 元　　　　D. 10 000 元

（二）多选题

1. 企业经营环境的统计预测方法有（　　　　）。

　　A. 指标预测法　　　　B. 概率预测法　　　　C. 回归预测法

　　D. 时间数列法　　　　E. 抽样预测法

2. 市场需求预测的统计方法主要有（　　　　）。

　　A. 指标预测法　　　　B. 关联指标法　　　　C. 时间数列方法

　　D. 概率预测法　　　　E. 回归分析预测法

3. 一个完整的产品生命周期应包括（　　　　）。

　　A. 试制期　　　　　　B. 试销期　　　　　　C. 成长期

　　D. 成熟期　　　　　　E. 衰退期

4. 企业统计的 5 个基本职能是（　　　　）。

　　A. 描述　　　　　　　B. 评价　　　　　　　C. 决策

　　D. 控制　　　　　　　E. 预测

5. 固定成本是指在一定时期内与产量变动无关的各种费用的总和。下列费用属于固定成本的有（　　　　）。

　　A. 固定资产折旧费　　B. 原材料燃料费　　　C. 保险费

　　D. 计件工资　　　　　E. 租金

6. 下列因素中影响企业销售预测的有（　　　　）。

　　A. 产品市场供求关系　　　　　　　B. 企业的技术能力

　　C. 企业的经营水平　　　　　　　　D. 市场竞争情况

E. 营销活动的效益

7. 产品市场需求预测包括（　　　）。

A. 收入预测

B. 结构需求预测

C. 总量需求预测

D. 平均消费倾向预测

E. 收入弹性预测

（三）判断题

1. 企业经营统计预测的职能是为企业经营决策提供信息。　　　　　　　（　　　）
2. 回归分析法是根据某一现象的历史资料推断该现象未来水平的统计方法。　（　　　）
3. 市场需求预测的中心内容是确定未来市场的消费总量。　　　　　　　（　　　）
4. 新产品进入市场阶段是产品生命周期的成长期。　　　　　　　　　　（　　　）
5. 成本预测主要考虑的因素是产品的预期产量。　　　　　　　　　　　（　　　）

第十章
企业经营综合统计评价

【学习目的与要求】

通过学习本章，了解统计评价的基本职能；掌握统计评价的基本程序；理解综合评价的统计思想；理解统计评价的数学模型；掌握综合评价的常用指标体系；了解企业绩效综合评价的方法。要求能够运用基本的统计评价指标分析问题。

【导读】

企业经营的统计综合评价，是将描述企业经营系统或某个子系统各个方面量纲不同的各项指标，转化成无量纲的相对评价值，并对这些评价值进行统计合成，对企业经营状态或对企业经营活动某一侧面的状况作出整体评判的方法体系。企业经营统计综合评价的基本职能是，弥补用单项统计的指标描述企业经营活动某一方面状况的局限性，便于对企业经营总体状况在不同时间或空间进行整体数量比较和排序。

第一节　企业经营综合评价概述

一、企业经营综合统计评价的职能

（一）企业经营综合统计评价的涵义

企业经营系统各方面指标单位是不同的，即是有量纲的，企业经营综合统计评价是把企业经营系统或某子系统量纲不同的多项指标，转化成无量纲的相对评价指标，并将这些评价指标进行合成，对企业经营系统或某个子系统的整体状态作出综合评判的方法体系。

企业经营综合评价的基本职能是弥补企业经营统计描述的局限性，便于对企业经营总体状况在不同时间或空间进行整体数量比较和排序。

（二）企业综合统计评价的意义

1. 企业综合评价有利于系统、深刻地认识企业经营活动状态，获取全面的统计信息

企业经营活动是一个复杂的体系。企业经营的统计描述只能从经营过程的某一方面获取信息，职能是有限的，有时甚至会出现认识上的片面性，犯以偏概全的错误。如企业实际生产中片面"追求产值"，片面"追求速度"，日常生活统计中"追求收入"等，与我们在认识上缺乏综合性是有关系的。统计综合评价解决了不同性质的指标没有统一的同度量因素、难

以对多个向量综合比较和排序的问题，可以对企业经营系统及子系统作出整体评判，有助于全面认识事物。

2. 综合评价有利于在对客观现象取得全面认识的基础上，对企业的经营实行整体优化

被评价的指标值之间存在着既矛盾又互相依存的现象，如果不存在这种矛盾我们就没有必要进行多指标综合评价。企业经营综合统计评价正是对这种现象的认识、合成和抽象，它能综合反映企业经营总的状况和整体实力。在市场经济中，企业不可能始终处于绝对优势、排序始终领先。通过综合评价，我们获得了对企业经营活动各方面状态的全面认识，明确了好与差、优与劣、快与慢，以及等级、排序等。这样，企业就可能在经营活动中扬长避短，实行整体优化，促进经济发展。

二、企业经营综合统计评价的程序与方法

（一）企业经营综合统计评价的基本步骤

（1）选择评价指标，建立评价指标体系。

（2）选择综合评价方法，即根据被评价现象的实际情况和特点，选定所用无量纲化方法和合成方法。

（3）根据综合评价方法和研究目的的要求确定评价标准值，即确定指标的临界值和参数。

（4）确定合成时所使用的反映评价指标重要程度不同的权数。

（5）将指标实际值转化为指标评价值，即无量纲化。

（6）将各指标评价值合成为综合评价值，并依据综合评价值的大小，进行排序和其他分析研究。

综合统计评价的具体方法不同，步骤和内容也略有不同。上述六个步骤中，前四步是准备工作，后两步是实际操作。

（二）评价指标体系确定的原则

（1）目的性。选择指标，构造评价指标体系，首先要注意从评价目的出发。例如，要评价企业经济效益，就应对企业经济效益的含义及层次进行科学界定，在此基础上选取经济效益指标；要研究企业活力状况，就应在正确理解企业活力含义的基础上，确定反映企业竞争力的指标。总之，评价指标体系的设置要能够反映不同评价对象的含义及特征，符合特定的研究目的。

（2）全面性。企业经营综合统计评价是一种全面性的评价，因而选取的指标应具有代表性，指标体系的扫描范围要力求全面，应能从不同的侧面、不同的角度全面反映其被评价对象的整体情况。全面性并不是包括所有的指标，而应根据精简、效能的原则，选择既能反映全面状况，又能体现被研究对象本质特征的概括性强的指标，使指标体系形成一个极大无关组，尽量减少指标间的相关影响。

（3）可行性。设计评价指标体系时，要考虑到指标数据是否容易获得，数据质量是否真实可靠。例如，对企业及产品的竞争能力进行综合评价，一般可以用竞争对手的相应资料作为对比标准，由于存在着竞争，这些资料的取得是比较困难的。因此，选择评价指标，要考虑到信息来源是否畅通，能否通过变通处理获取资料。

（三）数据处理方法的选择

我们在确定了综合评价的指数体系后，还需要对数据进行统一处理，然后才可以进行综合评价。评价时数据处理方法的选择与评价的问题有关，也与人们掌握的资料有关。这里，处理数据的目标主要有两个：一是对数据进行可比化处理，即使不同量纲条件下原本不能相比的数据成为可比的数据；二是对数据进行合成化处理，即将经过可比化处理的若干个指标按一定的运算规则合成为一体，用来对企业经营系统或其中的某个子系统进行整体评价。一定的数据处理方法与一定的合成方法相结合，就形成了各种不同的具体评价方法。

1. 数据的可比化处理基础——直线型无量纲化方法

在评价指标体系中，各指标间的量纲可能是不同的。一方面表现在计量单位的不同；另一方面表现在使用相同计量单位时，指标值数量级的差异。数据可比化处理的意义在于将量纲不同的各评价指标实际值转化为可比的、易于进行统计处理的数量，从而使其成为可以直接用于进行综合评价的指标评价值。这一处理过程通常称为数据的无量纲化。无量纲化是指通过数量变换来消除评价指标量纲影响，使指标实际值转化为指标评价值的方法。无量纲化也可以称为单指标或单因素评价。无量纲化方法大体上可归纳为三类：直线型无量纲化方法、折线形无量纲化方法和曲线形无量纲化方法。这里主要介绍直线型无量纲化方法。

直线型无量纲化方法设实际值 x_i 与指标评议值 y_i 之间呈线性关系，可用直线型无量纲化方法将指标实际值转化为指标评价值。直线型无量纲化公式主要有：

$$y_i = \frac{x_i}{x_i'}$$

$$y_i = \frac{x_i}{\max_{1 \leq i \leq 4n} x_i'}$$

$$y_i = \frac{\max_{1 \leq i \leq n} x_i' - x_i}{\max_{1 \leq i \leq n} x_i'}$$

$$y_i = \frac{x_i - \min_{1 \leq i \leq n} x_i'}{x_i}$$

$$y_i = \frac{x_i - \min_{1 \leq i \leq n} x_i'}{\max_{1 \leq i \leq n} x_i' - \min_{1 \leq i \leq n} x_i'}$$

$$y_i = \frac{x_i - \min_{1 \leq i \leq n} x_i'}{\max_{1 \leq i \leq n} x_i' - \min_{1 \leq i \leq n} x_i'} \times a + b$$

$$y_i = \frac{x_i - \bar{x}}{s}$$

$$y_i = \frac{x_i}{\sum_{i=1}^{n} x_i}$$

式中：x_i' 为第 i 项指标的评价标准值，x_i' 为第 i 项指标的实际值。

以上 8 种形式都是在进行无量纲化处理时常用的直线型公式，在实际应用时，我们应根据实际评价标准和占有的资料选择适当的公式进行。

2. 数据的整体化处理基础——数据合成方法

企业经济综合统计评价中,合成是指运用一定的算式将消除量纲的各指标评价值综合在一起,得到一个对企业经营系统或某子系统的整体性评价。合成的方法较多,常用的有以下几种:

(1)加法合成。当各评价指标相互独立,其重要程度差异较大,而且各指标评价值之间的差异较小时,宜采用加法合成。其基本公式为:

$$y = \sum_{i=1}^{n} y_i w_i \qquad (i = 1, 2, \cdots, n)$$

式中,y 为综合评价值;y_i 为第 i 项评价指标的权数;n 为评价指标的个数。

(2)乘法合成。当各评价指标间相互关联,其重要程度的差异不大,而且各指标评价值之间的差异较大时,宜采用乘法合成。其基本公式为:

$$y = \prod_{i=1}^{n} y_i \qquad (y_i \geqslant 0)$$

$$y = \prod_{i=1}^{n-m} y_i / \prod_{i=1}^{n} y_i^{'} \qquad (y_i > 0, \ y_i^{'} > 0)$$

式中,y_i 与 $y_i^{'}$ 为变化方向相反的两类指标;y_i 为正指标,则 $y_i^{'}$ 为逆指标;y_i 为逆指标,则 $y_i^{'}$ 为正指标;m 为 $y_i^{'}$ 类指标的个数。

乘法合成的变形形式为几何平均法,即:

简单式:
$$y = (\prod_{i=1}^{n} y_i)^{\frac{1}{n}} \qquad (y_i > 0)$$

加权式:
$$y = (\prod_{i=1}^{n} y_i^{w_i})^{\frac{1}{\sum w_i}} \qquad (y_i > 0)$$

(3)加乘混合法。将加法和乘法混合在一起,可以得到兼顾两种适用场合的合成方法。其计算公式有:

$$y = \sum_{i=1}^{n-m} y_i + \prod_{j=1}^{m} y_j^{'}$$

$$y = \prod_{i=1}^{n-m} y_i / \prod_{j=1}^{m} y_j^{'}$$

$$y = \prod_{i=1}^{n-m} y_i / \sum_{j=1}^{m} y_j^{'}$$

式中,y_i 与 $y_j^{'}$ 不表现为变化方向相反的两类指标。

加乘混合法还可以将评价指标分成几类,根据指标间相互关系的紧密程度进行分类,使类内指标间相关关系较为紧密,而类间指标间相关关系较为松散,则可在类内做乘法处理,类间做加法处理。

$$y^{'} = \sum_{j=1}^{k} w_j \prod_{i=1}^{nk} y_i$$

式中,k 为类的个数。

(四)评价标准的确定

在综合评价中,根据不同的研究目的,确定合适的评价标准是企业经营综合统计评价的重要内容,同时评价标准值也是进行评价操作时的重要参数。

1．评价标准的意义和种类

在综合评价中，无量纲化时使用的临界值和参数称为评价标准。事实上，评价标准往往直接参与数据的无量纲化过程，即常常是有了评价标准，数据的无量纲化才能得以实现。同时，评价指标的确定对综合评价结果的影响也是至关重要的。

在实际工作中，常用的评价标准有以下几种：

（1）计划标准。计划标准是以企业经营中的计划指标、经营目标、定额指标等数据作为评判尺度。以计划作为评价标准，有利于在制定计划时综合考虑各个方面的因素，全面考虑计划执行进度及综合结果。

（2）时间标准。时间标准是以企业经营系统的历史水平作为评判尺度，又称历史标准。根据综合评价的目的不同，时间标准可有以下几种选择：①历史平均水平标准，即以历史上几个时期指标的序时平均数作为评价标准。②历史最好时期标准，即以历史上最佳时期的指标值作为评价标准，往往采用极大值或极小值，简称极值。正指标使用极大值，逆指标使用极小值。③前期标准，即以评价对象前一期的指标值为评价标准。④关键时期标准，即以历史上有特殊意义的关键时期指标数值作为评价的标准。

（3）空间标准。空间标准是将评价对象置于相似或更广泛的空间范围内考察而建立的评判尺度。根据不同的评价目的，空间标准又可分为：①最优空间标准，即以处于先进水平的企业的指标值作为评价标准，也可称为极值标准，根据对比的层次不同，它又分为国际先进水平、全国先进水平、地区先进水平和同行业先进水平等。②相似空间标准，即以生产规模、产品类型、生产条件等因素与本企业相似的企业的指标值作为评价标准，如以主要竞争对手的资料作为评价本企业竞争能力的标准等。③扩大空间标准，即以比企业更大的空间范围的平均水平或平均先进水平作为评价标准。根据对比的层次不同，它也可分为同行业平均水平或平均先进水平，地区的、全国的、国际的平均水平、平均先进水平等。

（4）主观标准。主观标准是以对大量历史资料的归纳总结而得出的经验数据，或凭借经验得出的主观指标作为综合评价的尺度等。

2．确定评价标准的原则

无量纲化的处理结果一般是以各种形式的相对数表示。从评价方法上看，评价标准的作用在于使作为对比基数的指标的实际值转化为评价值。因此，确定评价标准，应注意以下几个问题。

（1）同一性。同一性即评价标准要与评价指标保持同一性，使之具有可比性。同一性包括评价标准与评价指标之间要保持内涵与口径的同一、计量单位的同一、计算方法的同一、时空限制的同一等。

（2）目的性。对同一评价对象，根据不同的研究目的，其评价标准可以有多种选择。例如，对企业经济效益进行综合评价时，若以分析经济效益的发展变化为目的，可以选择时间标准，如以前年度的最佳值；若以寻找与先进水平的差距为目的，可以选择空间标准，如国际先进水平；若以检查经济效益目标的完成情况为目的，则应选择计划标准，等等。

（3）稳定性。在选择时间标准时，要注意不应选择那些经营活动不稳定的时期的指标值作为基数，如受宏观环境影响明显的时期数据。确定其他各种标准，也要注意指标值分布的状况，对异常值进行检验与调整。

（4）协调性。评价标准的选择要与无量纲化和合成方法的要求相适应，与其协调一致。

（五）权数的确定

在进行数据处理时，不论是进行可比化处理还是进行合成化处理都会遇到一个共同的问题，即数据的加权问题。因此，不论在数据处理阶段还是在最终的分析评价阶段，权数的确定都是综合评价中的一个重要问题。

由于各评价指标在指标体系中的重要程度不同，因而在对指标评价值进行合成时，首先应确定各指标相对重要性的权数。权数值的确定直接影响到综合评价的结果，因而科学地确定权数是企业经营综合统计评价中的重要问题。

由于各评价指标的量纲不同，不存在统一的同度量因素，我们也就无法确定像指数中的同度量因素、平均数中的频率那样的有明确经济意义的权数。因而，我们需要用专门的方法来确定权数。

权数的确定方法主要有：排队法、德尔菲法、层次分析法等。

企业经营综合统计评价中常用的综合评价方法有综合指数法、功效系数法、函数方法3种，我们将重点介绍综合指数法。

第二节　综合指数法在企业经营综合统计评价中的应用

在企业经营经济效益综合评价与企业绩效综合评价中常用综合指数法。

一、企业经营经济效益的综合评价

通过前面章节对指标体系的介绍，我们知道一个指标只能反映企业经济效益的一个方面，因此要对企业经营的经济效益作出总体判断就需要对企业经营经济效益做出综合评价。综合指数法是以各项经济效益指标的实际值分别除以各项指标的标准值得出各项指标的评价值，再对指标评价值进行加权算术平均，得出综合评价值的一种方法。各项指标的标准值可以采用时间标准，也可以采用空间标准。

现以工业企业为例，对企业经济效益综合评价的指数法予以说明。

例 10.2.1　某企业经济效益指标及有关资料如表 10.2.1 所示。

表 10.2.1　　　　　　　　　　某企业相关经营情况表

指标	本企业实际水平		地区同行业最高水平	地区同行业平均水平	地区同行业最低水平
	报告期	基期			
劳动生产率/元·人$^{-1}$	13 500	12 000	15 000	12 800	11 000
原材料利用率/%	86.53	80.12	90	85.62	83.22
生产能力利用率/%	96.35	90.26	98	94.25	90
成本利税率/%	18.22	18.01	19.63	17.99	13.63
资金利税率/%	14.19	12.99	20.96	18.15	11.32
流动资金周转天数/天	65	70	50	68	90
优质产品率/%	76.33	62.56	83.22	70	55.63
产品销售率/%	98.10	95.67	99.19	98.38	90.12

利用指数法对该企业经济效益进行综合评价，见表 10.2.2 资料。

表 10.2.2　　　　　　　　　　　某企业相关经营效益情况表

指标	$y_i = x_i / x_i' \times 100\%$			W_i	$y_i W_i$		
	与基期相比	与最高水平比	与平均水平比		与基期相比	与最高水平比	与平均水平比
劳动生产率	1.125	0.9	1.055	0.1	0.112 5	0.09	0.105 5
原材料利用率	1.08	0.96	1.01	0.1	0.108	0.096	0.101
生产能力利用率	1.067	0.98	1.022	0.1	0.106 7	0.098	0.102 2
成本利税率	1.01	0.928	1.01	0.2	0.202	0.185 6	0.202
资金利税率	1.09	0.677	0.78	0.2	0.218	0.135 4	0.156
流动资金周转天数	1.08	0.769	1.046	0.1	0.108	0.076 9	0.104 6
优质产品率	1.22	0.917	1.09	0.1	0.122	0.091 7	0.109
产品销售率	1.025	0.989	0.997	0.1	0.102 5	0.098 9	0.099 7
合计	—	—	—	1.00	1.079 7	0.872 5	0.98

从表 10.2.2 可以看出，该企业报告期的经济效益的综合评价的状况或水平，为基期水平的107.97%，为行业最高水平的 87.25%，为同行业平均水平的 98%。该企业的综合经济效益，用时间标准评价有所提高；用空间标准衡量，接近于平均水平，与先进水平差距较大。

二、企业效绩综合评价

企业效绩评价是伴随着现代企业的发展逐步兴起的一种管理评价方法。真正意义上的企业效绩评价是在 19 世纪中后期现代公司制度诞生以后才开始的，是公司的所有者为了加强对资本所有权的控制而提出并实施的。经过一个多世纪的实践和积累，企业效绩评价已经成为一种比较成熟的监管手段，在促进企业改善经营管理、提高经济效益等方面发挥着越来越大的作用。

企业效绩评价不仅包括对企业经营效益的评价，还包含了对企业经营者业绩的评价，并将两者结合起来。其基本特征是以企业的法人作为具体评价的对象，评价的内容重点在财务效益状况、资产运营水平、偿债能力和企业发展能力等方面。企业效绩评价以能够准确反映上述内容的各项定量和定性的指标作为主要评价依据，通过与全国同行业和同等规模的平均水平的对比，达到对企业公正、客观地评价。

（一）中央企业财务绩效评价体系介绍

1．基本概念

企业财务绩效评价是指以投入产出分析为基本方法，通过建立综合评价指标体系，对照相应行业标准，对企业特定经营期间的盈利能力、资产质量、债务风险、经营增长以及管理状况等进行的综合评判。

2．基本目标

（1）根本目标。正确引导企业经营行为，全面推动企业依法经营，规范管理，实现可持续发展。

（2）具体目标。通过从出资人角度对企业绩效的综合分析与评价，全面了解企业的经营成果与资产运营效益质量，客观反映企业的财务风险与发展前景，深入诊断企业经营管理中存在的问题与不足，推动企业协调短期利益与长期发展，树立正确的业绩观，不断提高企业的经济效益，增强市场竞争能力，实现国有资本保值增值。

3. 基本功能

（1）全面反映。充分反映企业的经营管理状况，包括企业偿债能力、资产运营、盈利能力、成长前景以及管理状况。

（2）评价功能。能够客观、公正地评价企业经营绩效，认定企业经营者的努力程度以及企业管理水平，得出真实可靠的评价结论。

（3）诊断功能。了解企业财务运营中存在的薄弱环节，发现企业经营管理中存在的突出问题和原因，促进提高企业经营管理水平。

（4）引导功能。促进企业树立正确的经营价值观念，完善建立内部控制制度、提高经济效益、拥有自主知识产权和知名品牌、具有国际竞争力的大型企业集团的目标。

4. 设计思路

以投入产出为核心，兼顾债务风险、资产质量、盈利能力、成长能力和管理成效等方面的情况，按照定量分析与定性分析相结合、横向对比与纵向对比相统一的原则，参照行业标准实施多维度综合评价。

5. 基本要素

其基本要素为：① 评价内容；② 评价指标；③ 评价标准；④ 评价方法；⑤ 评价结果。

（二）评价内容

评价内容分财务绩效与管理绩效两个方面：

① 财务绩效。财务绩效评价体系包括债务风险、资产质量、盈利能力、经营增长四类指标；

② 管理绩效。管理绩效评价体系包括基础管理、人力资源、行业影响、社会贡献、战略管理、经营决策、风险控制、发展创新 8 类指标（评议指标）。

具体的指标体系构成见图 10.2.1。

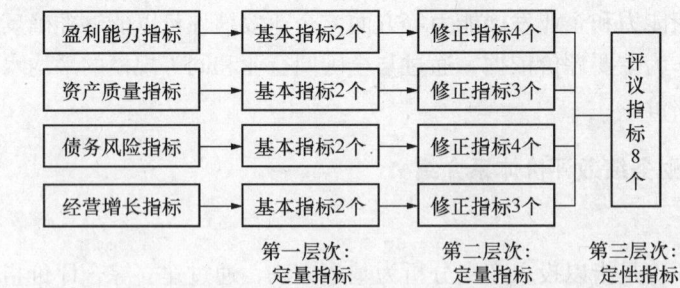

图 10.2.1　企业绩效综合评价

我们把上述指标分成三个层次，并对各层次指标按照其重要性赋予不同的权重，各指标一起构成了一套完整的指标体系。其中，第一层的权数和为 100，然后在层内对指标进行分解赋权。具体的权数分配见表 10.2.3。

表 10.2.3 　　　　　　　　　　　　绩效指标权数分配表

评价内容	权数	财务绩效（70%）					管理绩效（30%）	
		基本指标	权数	修正指标		权数	评议指标	权数
盈利能力状况	34	净资产收益率 总资产报酬率	20 14	销售（营业）利润率 盈余现金保障倍数 成本费用利润率 资本收益率		10 9 8 7	战略管理 发展创新 经营决策 风险控制 基础管理 人力资源 行业影响 社会贡献	18 15 16 13 14 8 8 8
资产质量状况	22	总资产周转率 应收账款周转率	10 12	不良资产比率 流动资产周转率 资产现金回收率		9 7 6		
债务风险状况	22	资产负债率 已获利息倍数	12 10	速动比率 现金流动负债率 带息负债比率 或有负债比率		6 6 5 5		
经营增长状况	22	销售(营业)增长率 资本保值增值率	12 10	销售利润增长率 总资产增长率 技术投入比率		10 7 5		

（三）评价标准

从指标体系看，企业绩效评价指标体系分为定量指标和定性指标两大类，因此，评价标准也分为定量指标和定性指标两大部分。

1. 企业绩效评价的定量标准

定量评价标准主要包括行业标准、经验标准、历史标准和计划标准等。实际操作中要根据评价目的、信息采集和评价环境等条件来确定评价标准，其中满足评价目的是评价标准制定方法选择的主要依据。

定量评价标准体系由定量评价指标标准和与之相适应的标准系数组成。其中每项定量评价指标的标准值分为行业标准值和规模标准值两大类，并分为优秀、良好、平均、较低和较差 5 个档次。标准系数则是对应定量指标五档标准值所确定的水平参数，以反映各档次评价标准值所代表的水平，用来计算指标实际值对应于 5 档标准值的得分。标准系数用介于 0~1 的数值表示，具体规定如表 10.2.4 所示：

表 10.2.4 　　　　　　　　　　　　标准值等级系数表

标准值等级	系数	标准值等级	系数
优秀及以上	1.0	良好及以上到优秀以下	0.8
平均及以上到良好以下	0.6	较低以上到平均以下	0.4
较差及以上到较低以下	0.2	较差以下	0.0

2. 企业绩效评价定性指标评议参考标准

定性评价指标较定量评价指标相比客观性要弱一些。对定性指标的评价，更多的是依靠评价人员的个人判断进行。评价人员将各个考察内容划分成不同的档次和等级，采用赋值法对不同的等级赋予相应的参数，无需建立类似定量指标的评价标准。

在实际操作中，定性指标参考评价标准的划分是根据每项定性指标的内涵，参考国家有关的法律法规、经济管理体制、企业管理经验和惯例、相关产业政策与发展趋势等，将每项定性指标的标准从高到低划分为 A、B、C、D、E 5 档标准。对应于评议指标 5 档参考标准确定的转换系数叫做等级参数，它是用于转换评议人员给定等级的评价分数。对应于 A、B、C、D、E 5 档参考标准，相应的等级参数为 1.0，0.8，0.6，0.4，0.2。

（四）评价方法

1. 财务绩效评价计分

（1）基本指标得分。其主要公式为：

$$单项指标得分 = 本档基础分 + 调整分$$

$$本档基础分 = 指标权数 \times 本档标准系数$$

$$调整分 = \frac{实际值 - 本档标准值}{上档标准值 - 本档标准值} \times （上档基础分 - 本档基础分）$$

$$基本指标总分 = \sum 单项指标得分$$

$$某部分基本指标分析系数 = 该部分指标分数 / 该部分权数$$

例 10.2.2 以某企业盈利能力状况为例介绍这种计算方法。通过净资产收益率和总资产报酬率两项指标反映企业的盈利能力，这两项指标的综合得分构成企业的基本得分。如表 10.2.5 所示。

表 10.2.5　　　　　　　　　　　　　　　　某企业盈利能力状况表

指标名称	权重	2010年指标值	行业标准（2011）及标准系数					基本指标得分		
			优秀（1.0）	较好（0.8）	平均（0.6）	较低（0.4）	较差（0.2）	基础分	调整分	单项指标得分
净资产收益率/%	20	13.19	12.9	8.7	5.6	1.5	−3.5	20.0	—	20.00
总资产报酬率/%	14	4.16	7.5	4.8	2.8	0.9	−1.7	8.4	1.9	10.30

净资产报酬率：此项指标为优秀，单项指标得分为 20 分；

总资产报酬率：本档指标值为平均档。

$$本档基础分 = 指标权数 \times 本档标准系数 = 14 \times 0.6 = 8.4$$

$$调整分 = \frac{实际值 - 本档标准值}{上档标准值 - 本档标准值} \times （上档基础分 - 本档基础分） = \frac{4.16 - 2.8}{4.8 - 2.8} \times (14 \times 0.8 - 14 \times 0.6) = 1.9$$

$$单项指标得分 = 本档基础分 + 调整分 = 8.4 + 1.90 = 10.30$$

采用相同方法计算各项指标得分如表 10.2.6 所示。

表 10.2.6　　　　　　　　　　　　　　　　某企业盈利能力状况表

指标名称	权重	2010年指标值	行业标准（2011）及标准系数					基本指标得分		
			优秀（1.0）	较好（0.8）	平均（0.6）	较低（0.4）	较差（0.2）	基础分	调整分	单项指标得分
净资产收益率/%	20	15.44	13.1	8.5	5.3	1.3	−3.2	20.0	—	20.00
总资产报酬率/%	14	4.16	7.0	4.8	2.8	0.8	−1.5	8.4	1.9	10.30
合计	34									30.3

盈利能力基本指标分析系数 = 该部分指标分数/该部分权数= 30.30 / 34 = 0.891

（2）修正指标的计分

修正指标的计分主要公式为：

单项修正系数 = 1.0 +（本档标准系数 + 功效系数 × 0.2-该部分基本指标分析系数）

功效系数 =（指标实际值-本档标准值）/（上档标准值-本档标准值）

某指标加权修正系数 =（修正指标权数/该部分权数）× 该指标单项修正系数

某部分综合修正系数 = Σ该部分各指标加权修正系数之和

某部分修正后得分 = 该部分基本分数 × 该部分综合修正系数

修正后总得分 = Σ四部分修正后得分

例 10.2.3　以表 10.2.7 中数据为例计算相关指标。

表 10.2.7　　　　　　　　　　　盈利能力基本指标分析系数

指标名称	权重	2010年指标值	行业标准（2011）及标准系数					修正指标修正系数			
			优秀（1.0）	较好（0.8）	平均（0.6）	较低（0.4）	较差（0.2）	单项指标得分	单项指标得分率	单项指标修正系数	单项指标加权修正系数
营业利润率/%	10	19.04	22.9	16.8	11	5.2	0.8	8.73	0.87	0.983	0.289

营业利润率指标值 19.04，为较好档：

单项修正系数 = 1.0 +(本档标准系数 + 功效系数 × 0.2-该部分基本指标分析系数)

= 1.0 +(0.8 +(19.04-16.8)/ (22.9-16.8) × 0.2-0.891)

= 1.0 +(0.874-0.891) = 0.983

某指标加权修正系数 =（修正指标权数/该部分权数）× 该指标单项修正系数

=（10 / 34）× 0.983 = 0.289

因为，单项修正系数 = 1.0 +(本档标准系数 + 功效系数 × 0.2-该部分基本指标分析系数)

同时，单项修正系数 = 1 + X = 1 + 0.874-0.891 = 0.983

X = 该指标得分率-该部分基本指标分析系数= 0.874-0.891 =-0.017

单项修正系数控制修正幅度为 0.7～1.3。

盈利能力状况方面 4 项修正指标及其得分（率）如表 10.2.8 所示。

表 10.2.8　　　　　　　　　　盈利能力状况方面 4 项修正指标及其得分(率)

指标名称	权重	2010年指标值	行业标准（2011）及标准系数					修正指标				综合修正系数	修正后得分
			优秀（1.0）	较好（0.8）	平均（0.6）	较低（0.4）	较差（0.2）	单项指标得分	单项指标得分率	单项指标修正系数	单项指标加权修正系数		
营业利润率/%	10	19.04	22.9	16.8	11	5.2	0.8	8.73	0.87	0.983	0.289	0.98	29.85

指标名称	权重	2010年指标值	行业标准（2011）及标准系数					修正指标				综合修正系数	修正后得分
			优秀（1.0）	较好（0.8）	平均（0.6）	较低（0.4）	较差（0.2）	单项指标得分	单项指标得分率	单项指标修正系数	单项指标加权修正系数		
盈余现金保障倍数	9	0.14	4.3	2.3	1.1	−1.5	−4	4.74	0.53	0.700	0.185		
成本费用利润率/%	8	10.66	12.6	7.7	3.3	0.8	−4.8	7.37	0.92	1.031	0.243	0.98	29.85
资本收益率/%	7	24.15	19.3	12.8	8.1	3.6	−2.1	7.00	1.00	1.300	0.268		

修正指标加减分计算过程如表 10.2.9 所示。

表 10.2.9　　　　　盈利能力状况方面 4 项修正指标修正情况

指标名称	权重	2010年指标值	修正指标				综合修正系数	修正后得分
			单项指标得分	单项指标得分率	单项指标修正系数	单项指标加权修正系数		
营业利润率/%	10	19.04	8.73	0.87	0.983	0.289	−0.005	−0.15
盈余现金保障倍数	9	0.14	4.74	0.53	0.700	0.185	−0.079	−2.41
成本费用利润率/%	8	10.66	7.37	0.92	1.031	0.243	0.007	0.22
资本收益率/%	7	24.15	7.00	1.00	1.300	0.268	0.062	1.87

修正分 =（单项指标修正系数−1）×（修正指标权数 / 该部分权数）× 该部分基本指标得分

营业利润率：修正分 =（0.983−1）×（10 / 34）×30.30= −0.15

盈余现金保障倍数：修正分 =（0.7−1）×（9 / 34）× 30.30= −2.41

成本费用利润率：修正分 =（1.031−1）×（8 / 34）× 30.30= 0.22

资本收益率：修正分 = (1.300-1) × (7/ 34) × 30.30= 1.87

盈利能力 4 项修正指标及其得分（率）如表 10.2.10 所示。

表 10.2.10　　　　　　　盈利能力状况方面 4 项修正指标及其得分(率)

评价内容及权重	指标名称	权重	2010 年指标值	基本指标得分				基本指标分析系数	综合修正系数	修正后得分	修正分
				基础分	调整分	单项指标得分	各部分基本指标得分				
盈利能力状况（34）	净资产收益率/%	20	13.19	20.0	0	20.00	30.30	0.89	0.985	29.85	-0.45
	总资产报酬率/%	14	4.16	8.4	1.90	10.30					
资产质量状况（22）	总资产周转率/次	10	0.42	4.0	1.47	5.47	15.24	0.69	0.987	15.06	-0.19
	应收账款周转率/次	12	9.68	9.6	0.17	9.77					
债务风险状况（22）	资产负债率/%	12	77.04	4.8	1.10	5.90	15.90	0.72	0.986	15.68	-0.22
	已获利息倍数	10	80.38	10.0		10.00					
经营增长状况（22）	销售增长率/%	12	23.86	9.6	1.12	10.72	17.46	0.79	1.027	17.93	0.48
	国有资本保值增值率/%	10	111.73	6.0	0.74	6.74					
合计		100				78.90	78.90			78.52	-0.38

（3）修正指标的几种特殊情况如下：

① 如果修正指标实际值达到优秀值以上，其单项修正系数的计算公式如下：

单项修正系数 = 本档标准系数（1）+ 1.2-该部分基本指标分析系数

② 如果修正指标实际值处于较差值以下，其单项修正系数的计算公式如下：

单项修正系数 = 1.0-该部分基本指标分析系数

③ 如果资产负债率≥100%，指标得 0 分；其他情况按照规定的公式计分。

④ 如果盈余现金保障倍数分子为正数，分母为负数，单项修正系数确定为 1.1；如果分子为负数，分母为正数，单项修正系数确定为 0.9；如果分子分母同为负数，单项修正系数确定为 0.8。

⑤ 如果不良资产比率≥100%或分母为负数，单项修正系数确定为 0.8。

⑥ 对于销售（营业）利润增长率指标，如果上年主营业务利润为负数，本年为正数，单项修正系数为 1.1；如果上年主营业务利润为零本年为正数，或者上年为负数本年为零，单项修正系数确定为 1.0。

⑦ 如果个别指标难以确定行业标准，该指标单项修正系数确定为 1.0。

2. 管理绩效的评价计分

其计算公式为：

$$单项指标分数 = \frac{\sum_{i=1}^{n} 单项指标权数 \times 每位专家选定的等级参数}{专家人数}$$

$$评议指标得分 = \sum 单项指标分数$$

3. 综合绩效评价计分

其计算公式为：

$$综合评价分数 = 财务绩效评价分数 \times 0.7 + 管理绩效评价分数 \times 0.3$$

4. 重大事项加分和扣分因素

（1）加分因素。效益提升、经营难度、重大科技创新。

（2）扣分因素。重大资产损失；存在巨额表外资产；存在巨额逾期债务；重大安全生产事故；国资委认定的其他事项。

对存在的上述事项应适当增加或扣减企业的评价分数。

5. 评价基础数据调整

（1）任期评价由企业上报调整申请，国资委认定。年度评价由国资委根据审计意见和审核情况进行调整。

（2）企业评价期间会计政策与会计估计发生重大变更；资产无偿划入划出；被出具非标准无保留意见审计报告；国资委在财务决算批复中要求纠正、整改；在损益中消化处理以前年度或上一任期资产损失；承担国家某项特殊任务或落实国家专项政策对经营成果产生重大影响。经国资委认定后，对评价基础数据进行适当调整。

（五）评价结果

根据绩效评价结果分数，将评价结果划分 5 个档次（如表 10.2.11 所示）。

表 10.2.11　　　　　　　　　　　　绩效评价的档次划分

档次	优秀	良好	中等	较低	差
分数/分	> 85	70～85	60～70	40～60	< 40

【阅读材料】

表 10.2.12 是 2010 年部分央企绩效评价结果及排名情况。

表 10.2.12　　　　　　　　2010 年未考虑加分因素企业绩效评价结果及排名情况

序号	单位名称	2010 年			2009 年		
		资产总额/亿元	综合得分	评价结果	资产总额/亿元	综合得分	评价结果
1	电子科技			优	732.2	90.8	优秀
2	航天科工	1 317.2	90.41	优	1 117.8	83.9	良
3	航天科技			优	1 573.0	87.9	优秀
4	中船集团			优	1 591.7	70.1	良
5	兵器装备			良	1 898.8	80.6	良
6	兵器工业			良	2 058.8	75.5	良
7	中船重工			良	2 646.1	80.3	良
8	中核集团			良	1 864.3	74.5	良
9	中航工业			良	3 931.8	74.3	良
10	中核建设			中等	186.6	71.3	良

本 章 小 结

1. 企业经营综合评价的基本职能是：弥补企业经营统计描述的局限性，便于对企业经营总体状况在不同时间或空间进行整体数量比较和排序。

2. 评价指标体系确定的原则：目的性、全面性、可行性。

3. 评价时数据处理方法：①数据的可比化处理基础——直线型无量纲化方法；②数据的整体化处理基础——数据合成方法。

4. 在企业经营经济效益综合评价与企业绩效综合评价中常用综合指数法。

实 务 题

运用财务绩效评价计分法，进行资产质量状况、债务风险状况、经营增长状况进行综合评分。

实训方式：1. 通过网络查询对于相关指标进行赋值；

2. 对于学生进行分组，每组 3～5 人；

3. 每组找一名同学进行汇报，老师做总结。

绩效指标权数分配表

评价内容	权数	财务绩效（70%）				管理绩效（30%）	
		基本指标	权数	修正指标	权数	评议指标	权数
盈利能力状况	34	净资产收益率	20	销售(营业)利润率	10	战略管理	18
		总资产报酬率	14	盈余现金保障倍数	9	发展创新	15
				成本费用利润率	8	经营决策	16
				资本收益率	7	风险控制	13
资产质量状况	22	总资产周转率	10	不良资产比率	9	基础管理	14
		应收账款周转率	12	流动资产周转率	7	人力资源	8
				资产现金回收率	6	行业影响	8
债务风险状况	22	资产负债率	12	速动比率	6	社会贡献	8
		已获利息倍数	10	现金流动负债率	6		
				带息负债比率	5		
				或有负债比率	5		
经营增长状况	22	销售(营业)增长率	12	销售利润增长率	10		
		资本保值增值率	10	总资产增长率	7		
				技术投入比率	5		

正态分布概率表

t	$R(t)$	t	$R(t)$	t	$R(t)$	t	$R(t)$
0.00	0.0000	0.35	0.2737	0.70	0.5161	1.05	0.7063
0.01	0.0080	0.36	0.2812	0.71	0.5223	1.06	0.7109
0.02	0.0160	0.37	0.2886	0.72	0.5285	1.07	0.7154
0.03	0.0239	0.38	0.2961	0.73	0.5346	1.08	0.7199
0.04	0.0319	0.39	0.3035	0.74	0.5407	1.09	0.7243
0.05	0.0399	0.40	0.3108	0.75	0.5467	1.10	0.7287
0.06	0.0478	0.41	0.3182	0.76	0.5527	1.11	0.7330
0.07	0.0558	0.42	0.3255	0.77	0.5587	1.12	0.7373
0.08	0.0638	0.43	0.3328	0.78	0.5646	1.13	0.7415
0.09	0.0717	0.44	0.3401	0.79	0.5705	1.14	0.7457
0.10	0.0797	0.45	0.3473	0.80	0.5763	1.15	0.7499
0.11	0.0876	0.46	0.3545	0.81	0.5821	1.16	0.7540
0.12	0.0955	0.47	0.3616	0.82	0.5878	1.17	0.7580
0.13	0.1034	0.48	0.3688	0.83	0.5935	1.18	0.7620
0.14	0.1113	0.49	0.3759	0.84	0.5991	1.19	0.7660
0.15	0.1192	0.50	0.3829	0.85	0.6047	1.20	0.7699
0.16	0.1271	0.51	0.3899	0.86	0.6102	1.21	0.7737
0.17	0.1350	0.52	0.3969	0.87	0.6157	1.22	0.7775
0.18	0.1428	0.53	0.4039	0.88	0.6211	1.23	0.7813
0.19	0.1507	0.54	0.4108	0.89	0.6265	1.24	0.7850
0.20	0.1585	0.55	0.4177	0.90	0.6319	1.25	0.7887
0.21	0.1663	0.56	0.4245	0.91	0.6372	1.26	0.7923
0.22	0.1741	0.57	0.4313	0.92	0.6424	1.27	0.7959
0.23	0.1819	0.58	0.4381	0.93	0.6476	1.28	0.7995
0.24	0.1897	0.59	0.4448	0.94	0.6528	1.29	0.8030
0.25	0.1974	0.60	0.4515	0.95	0.6579	1.30	0.8064
0.26	0.2051	0.61	0.4581	0.96	0.6629	1.31	0.8098
0.27	0.2128	0.62	0.4647	0.97	0.6680	1.32	0.8132
0.28	0.2205	0.63	0.4713	0.98	0.6729	1.33	0.8165
0.29	0.2282	0.64	0.4778	0.99	0.6778	1.34	0.8198
0.30	0.2358	0.65	0.4843	1.00	0.6827	1.35	0.8230
0.31	0.2434	0.66	0.4907	1.01	0.6875	1.36	0.8262
0.32	0.2510	0.67	0.4971	1.02	0.6923	1.37	0.8293

续表

t	$R(t)$	t	$R(t)$	t	$R(t)$	t	$R(t)$
0.33	0.2586	0.68	0.5035	1.03	0.6970	1.38	0.8324
0.34	0.2661	0.69	0.5098	1.04	0.7017	1.39	0.8355
1.40	0.8385	1.70	0.9109	2.00	0.9545	2.60	0.9907
1.41	0.8415	1.71	0.9127	2.02	0.9566	2.62	0.9912
1.42	0.8444	1.72	0.9146	2.04	0.9587	2.64	0.9917
1.43	0.8473	1.73	0.9164	2.06	0.9606	2.66	0.9922
1.44	0.8501	1.74	0.9181	2.08	0.9625	2.68	0.9926
1.45	0.8529	1.75	0.9199	2.10	0.9643	2.70	0.9931
1.46	0.8557	1.76	0.9216	2.12	0.9660	2.72	0.9935
1.47	0.8584	1.77	0.9233	2.14	0.9676	2.74	0.9939
1.48	0.8611	1.78	0.9249	2.16	0.9692	2.76	0.9942
1.49	0.8638	1.79	0.9265	2.18	0.9707	2.78	0.9946
1.50	0.8664	1.80	0.9281	2.20	0.9722	2.80	0.9949
1.51	0.8690	1.81	0.9297	2.22	0.9736	2.82	0.9952
1.52	0.8715	1.82	0.9312	2.24	0.9749	2.84	0.9955
1.53	0.8740	1.83	0.9328	2.26	0.9762	2.86	0.9958
1.54	0.8764	1.84	0.9342	2.28	0.9774	2.88	0.9960
1.55	0.8789	1.85	0.9357	2.30	0.9786	2.90	0.9962
1.56	0.8812	1.86	0.9371	2.32	0.9797	2.92	0.9965
1.57	0.8836	1.87	0.9385	2.34	0.9807	2.94	0.9967
1.58	0.8859	1.88	0.9399	2.36	0.9817	2.96	0.9969
1.59	0.8882	1.89	0.9412	2.38	0.9827	2.98	0.9971
1.60	0.8904	1.90	0.9426	2.40	0.9836	3.00	0.9973
1.61	0.8926	1.91	0.9439	2.42	0.9845	3.20	0.9986
1.62	0.8948	1.92	0.9451	2.44	0.9853	3.40	0.9993
1.63	0.8969	1.93	0.9464	2.46	0.9861	3.60	0.99968
1.64	0.8990	1.94	0.9476	2.48	0.9869	3.80	0.99986
1.65	0.9011	1.95	0.9488	2.50	0.9876	4.00	0.99994
1.66	0.9031	1.96	0.9500	2.52	0.9883	4.50	0.999993
1.67	0.9051	1.97	0.9512	2.54	0.9889	5.00	0.999999
1.68	0.9070	1.98	0.9523	2.56	0.9895		
1.69	0.9090	1.99	0.9534	2.58	0.9901		

参考文献

［1］纪宏. 企业统计［M］. 北京：中国广播电视大学出版社，2003.

［2］刘秋苹，杨桂玲. 统计学原理［M］. 济南：山东大学出版社，2007.

［3］陈嗣成. 新编统计学原理［M］. 北京：首都经济贸易大学出版社，2012.

［4］贾俊平. 统计学基础［M］. 北京：中国人民大学出版社，2011.

［5］杨桂玲. 物质统计［M］. 北京：中国对外贸易出版社，1988.

［6］杨桂玲. 劳动人事统计［M］. 北京：中国统计出版社，1990.

［7］周恩荣. 应用统计学［M］. 北京：北京交通大学出版社，2007.

［8］郭风艳，申斯. 统计学［M］. 北京：北京理工大学出版社，2006.

［9］陈时艳. 统计学原理［M］. 厦门：厦门大学出版社，2011.

［10］李洁明，祁新娥. 统计学原理［M］. 上海：复旦大学出版社，2010.

［11］张志勇. 物流企业统计［M］. 北京：中央广播电视大学出版社，2011.

［12］冯虹，王静. 现代企业统计分析［M］. 北京：经济管理出版社，2006.

［13］陈时艳. 统计学原理［M］. 厦门：厦门大学出版社，2011.

［14］马三生，刘明星. 统计学原理［M］. 北京：冶金工业出版社，2008.

［15］田爱国. 统计学［M］. 北京：中国铁道出版社，2011.

［16］孙炎. 统计基础与实务［M］. 北京：水利水电出版社，2011.

［17］蔡定萍. 物流企业统计［M］. 北京：清华大学出版社，2006.

［18］卞毓宁. 统计学概论［M］. 北京：高等教育出版社，2002.

［19］姚增明，高安吉，师亚红. 统计学［M］. 北京：北京交通大学出版社，2011.